Beiträge zur Reform der Grundschule – Band 98
Herausgeber: Rudolf Schmitt, Renate Valtin
im Auftrag des Vorstandes des
Arbeitskreis Grundschule
– Der Grundschulverband – e. V.

Gabriele Faust-Siehl, Ariane Garlichs, Jörg Ramseger,
Hermann Schwarz, Ute Warm

Die Zukunft beginnt
in der Grundschule

Empfehlungen zur Neugestaltung der Primarstufe

Ein Projekt des Grundschulverbandes
Arbeitskreis Grundschule – Der Grundschulverband – e. V.
unter Mitarbeit von Klaus Klemm

Rowohlt

rororo Mit Kindern leben
Lektorat Bernd Gottwald

9. – 12. Tausend Dezember 1996

Originalausgabe
Veröffentlicht im Rowohlt Taschenbuch Verlag GmbH,
Reinbek bei Hamburg, Mai 1996
Copyright © 1996 by Rowohlt Taschenbuch Verlag GmbH,
Reinbek bei Hamburg, und Arbeitskreis Grundschule
– Der Grundschulverband – e. V., Frankfurt am Main
Umschlaggestaltung Peter Wippermann / Jürgen Kaffer
Illustration Mike Loos
Satz Aldus und Optima (Linotronic 500)
Gesamtherstellung Clausen & Bosse, Leck
Printed in Germany
1490-ISBN 3 499 60156 7

Inhalt

Zum Geleit

«*Was lange währt, ...*»: Der erste Teil dieses Sprichworts gilt sicher, denn es war ein langes Ringen um jeden Gedanken, um jedes Wort in dieser Zukunftsvision einer neugestalteten Grundschule. «*...wird endlich gut*» – ob das gilt, darüber müssen Sie entscheiden, liebe Leserinnen und Leser. Der Arbeitskreis Grundschule – Der Grundschulverband – e. V., als dessen Projekt Ihnen das vorliegende Werk vorgestellt wird, hat jedenfalls in vielfacher Weise bereits während der vierjährigen Entstehungszeit von den Diskussionen und gedanklichen Anstrengungen der fünf Autorinnen und Autoren profitiert. Der Grundschulverband, ein freiwilliger Zusammenschluß von derzeit 15 000 Grundschullehrerinnen und -lehrern, Grundschulen und an der Grundschule Interessierten, setzt sich seit fast 30 Jahren bildungspolitisch für eine moderne, kindgerechte Grundschule ein. Viele Vorschläge und Forderungen des Grundschulverbandes zugunsten einer verbesserten Grundschule stehen in einem engen gedanklichen Zusammenhang mit den «Empfehlungen» der Autorengruppe, die sich ihrerseits durch jahrelange Zusammenarbeit mit den Gremien und Mitgliedern des Grundschulverbandes anregen ließ.

Viele Empfehlungen dieses Buches sind seit langem Forderungen des Grundschulverbandes: «Einschulung ohne Auslese», «kindgerechter Schulanfang», «mehr Zeit für Kinder», «kleine Klassen», «gemeinsame Erziehung behinderter und nichtbehinderter Kinder», «differenzierte Lernerfolgsrückmeldungen», «länger gemeinsam lernen», «interkulturelles Lernen», «individuell fördern – gemeinsam lernen», «größere Gestaltungsfreiheit für die einzelne Schule», «Priorität für die Grundschule – auch bei der Verteilung der öffentlichen Mittel» und so weiter. In vielen Büchern und Beiträgen kämpft der Grundschulverband seit Jahren für diese Ziele.

Das Besondere an dem vorliegenden Werk ist die systematische und konsequente Zusammenschau all dieser Ziele und Forderungen in einem pädagogisch begründeten Gesamtentwurf einer zukunftsfähigen Grundschule. Der Mut zur Detailaussage macht die Argumentationsschritte nachvollziehbar und führt zu konkreten Schlußfolgerungen, die in dieser Eindeutigkeit noch nicht Allgemeingut im Forderungskatalog moderner Bildungsreform sind. Das gilt zum Beispiel für die Aussagen zur Neukonzeption von Lernbereichen, etwa des Sachunterrichts, der Mathematik und des Lernbereichs «Religion, Ethik, Philosophie», ebenso wie für die Vorschläge zu einer neuen Personalstruktur der Grundschule, für die Forderung nach Abschaffung des Beamtenstatus für Lehrerinnen und Lehrer ebenso wie für die Erarbeitung eines neuen Arbeitszeitmodells, das der Tätigkeit der Lehrkräfte in einer modernen Grundschule besser gerecht wird. Ein Werk, das sich als Gesamtentwurf versteht, wäre unglaubwürdig, wenn Reformideen nicht zu Ende gedacht würden. Es ist aber ebenso verständlich, daß dann auch Vorschläge gemacht werden, die im aktuellen bildungspolitischen Geschehen noch auf dem Prüfstand stehen.

Die obengenannten Vorschläge – und einige mehr – zur Reform der Grundschule sind in den Gremien des Grundschulverbandes zwar angedacht, aber nicht als Empfehlungen *des Grundschulverbandes* verabschiedet worden. Hier gilt, was auch im Verständnis der Autorengruppe der wichtigste Zweck des Buches ist: «Empfehlungen» zum Weiterdenken zu geben und den Diskurs anzuregen. Denn sosehr das vorliegende Werk eine in sich geschlossene Konzeption darstellt, so sehr wird es auch für Varianten offen sein, weil realistischerweise jeder, die Autoren eingeschlossen, zugeben muß, daß sich die geforderten Voraussetzungen für die angestrebte Grundschulreform realpolitisch nicht alle sofort und an jedem Ort werden durchsetzen lassen. Es ist trotzdem ein optimistisches Buch.

Prof. Dr. Rudolf Schmitt
Geschäftsführender Vorsitzender des Grundschulverbandes

Vorwort der Autoren

Die Grundschule in Deutschland ist 75 Jahre alt. Sie genügt nicht mehr den Erfordernissen unserer Zeit. Gesellschaftliche Umbruchsituationen erfordern neue Entwürfe. Dieses Buch ist ein Gesamtentwurf. Mit der Grundschule nimmt es eine Schulstufe in zahlreichen Aspekten – von den Prinzipien und Methoden über die Inhalte und Strukturen bis hin zu den Rahmenbedingungen und dem Personal – in den Blick, denkt die Analysen zu Empfehlungen fort und versieht sie mit bildungsökonomischen Berechnungen, so daß die finanziellen und politischen Konsequenzen deutlich werden. Es wird nicht nur die gesellschaftliche und schulische Situation der derzeitigen Grundschule dargestellt, sondern auch angegeben, in welche Richtung sich die Grundschule unseres Erachtens weiterentwickeln muß, wenn sie auch zukünftig die kindgerechte Grundstufe des Bildungswesens sein will.

Dieser Rahmenplan steht in der Tradition der pädagogischen Programmschriften der 70er Jahre und führt diese fort. Den Anstoß gab das Vorhaben der Kultusministerkonferenz, die «Empfehlungen zur Arbeit in der Grundschule» von 1970 fortzuschreiben, die nach wie vor einen Markstein der Grundschulentwicklung darstellen. Inzwischen ist die neue Fassung erschienen.[1] Parallel zur Erarbeitung dieses Textes, der allerdings wesentlich enger angelegt ist, entstanden unsere Empfehlungen.

Ein halbes Jahr vor dem Erscheinen der hier vorliegenden Schrift hat eine Expertengruppe im Auftrag des nordrhein-westfälischen Ministerpräsidenten ein umfassendes Gutachten zur zukünftigen

---

1 «Empfehlungen zur Arbeit in der Grundschule», Beschluß der Kultusministerkonferenz vom 02. 07. 1970 in der Fassung vom 06. 05. 1994.

Struktur des Bildungswesens in diesem Bundesland vorgelegt.[2] Während die nordrhein-westfälische Denkschrift aber nur am Rande auf die Grundschule eingeht, steht diese bei uns im Zentrum der Überlegungen.

Unsere Empfehlungen sind in mehrfacher Hinsicht «ein Projekt des Grundschulverbandes». Der Arbeitskreis Grundschule – Der Grundschulverband – e. V. gab unserem Diskussionsprozeß die organisatorische Basis und sorgte dafür, daß einzelne hier abgehandelte Themen in den Verbandsgremien und im Rahmen der regelmäßigen Diskussionstreffen des Vorstandes mit den Grundschulreferenten der Bundesländer diskutiert wurden. Einige Teile wurden schon während der Erarbeitungsphase vom Grundschulverband öffentlich zur Diskussion gestellt. Andere hat sich der Grundschulverband programmatisch zu eigen gemacht, wie die Empfehlungen zur Umgestaltung des Schulanfangs, die erstmals im November 1993 den Entscheidungsträgern zugeleitet und veröffentlicht wurden. Die Autorinnen und Autoren sind darüber hinaus dem Grundschulverband in langjähriger Arbeit verbunden.

Der Text der Empfehlung wurde in einem fast vierjährigen Diskussionsprozeß erarbeitet. Unsere Erfahrungen als Lehrer und Lehrerinnen, als Schulleiter, in Schulverwaltung, Schulgestaltung, in der Hochschule, in Studienseminaren und in der Lehrerfortbildung gingen ebenso in die Studie ein wie die Erfahrungen verschiedener Generationen pädagogischer Ausbildung. In die Empfehlungen sind auch viele Gedanken anderer Autoren eingeflossen. Dem Charakter eines Empfehlungstextes entsprechend und mit Rücksicht auf die Fülle der sonst erforderlichen Quellenangaben, haben wir jedoch auf Literaturverweise fast gänzlich verzichtet.

Uns ist bewußt, daß ein Gesamtentwurf zu einer Stufe des Bildungswesens niemals irgendwo vollständig realisiert werden wird. Das Schulsystem kann nicht neu erfunden werden, es muß, wie alle

---

2 Bildungskommission NRW: Zukunft der Bildung – Bildung der Zukunft, Neuwied: Luchterhand Verlag 1995.

anderen gesellschaftlichen Systeme, auf der Basis des Bestehenden weiterentwickelt werden, in erster Linie von den Pädagoginnen und Pädagogen, den Eltern und Kindern sowie der Schulverwaltung vor Ort. Pädagogische Programmschriften sind keine Blaupausen, die beliebig vervielfältigt und dann umstandslos realisiert werden könnten. Sie können allenfalls eine Richtung aufzeigen, der man folgen, die man aber nur mit Rücksicht auf die jeweiligen Gegebenheiten vor Ort umzusetzen versuchen kann. Wir wollten Anregungen geben für eine neue Grundschule in Deutschland; einführen, erproben und weiterentwickeln müssen sie die Pädagoginnen und Pädagogen in der Praxis.

Vielen sind wir zu Dank verpflichtet. An erster Stelle ist Klaus Klemm zu nennen, dem wir nicht nur die bildungsökonomische Konkretisierung unserer Reformideen verdanken. Er schärfte unser Augenmaß für das Realisierbare, wies uns auf die Vielfalt der Situationen in den neuen und alten Bundesländern hin und war einer der ersten kritischen Leser unseres Textes. Er hat das Kapitel 8 zu diesem Buch beigetragen.

Mehrere Kolleginnen und Kollegen haben uns beraten oder erste Vorlagen verfaßt. Dafür danken wir Horst Bartnitzky, Erika Brinkmann, Hans Brügelmann, Dietlind Fischer, Ingrid Gogolin, Herbert Hagstedt, Ines Heindl, Ralf Laging, Petra Milhoffer, Heide Niemann, Wilhelm Schipper, Gerold Scholz, Henning Schüler, Gudrun Spitta und Adelheid Staudte. Renate Valtin nahm an den ersten Arbeitssitzungen teil. Dem Grundschulverband danken wir für die Bereitschaft, dieses Projekt zu tragen und über mehr als vier Jahre vorzufinanzieren. Sabine Kiel gebührt großer Dank für ihre exzellente Unterstützung bei der Erstellung des Manuskriptes, ebenso Beate Bareis, Dorothee Menden und Corinna Richert.

Berlin, Essen, Frankfurt, Hamburg und Kassel im Dezember 1995
Die Autorinnen und Autoren

Die Zukunft beginnt in der Grundschule

In Zeiten raschen gesellschaftlichen Wandels bedarf die Grundschule der ständigen Erörterung und Überprüfung ihres Auftrages, ihrer Prinzipien und Arbeitsweisen sowie ihrer materiellen und personellen Ausstattung.

Der Grundschule kommt heute die Funktion einer gesellschaftlichen «Basisinstitution» zu: Für die Zeit des Schulbesuchs ist sie *die* zentrale Lebens- und Lernstätte der Kinder. Der Verpflichtung zum Schulbesuch auf seiten der Schülerinnen und Schüler entspricht auf seiten der Schule eine Verpflichtung zur umfassenden Sorge für die Persönlichkeitsentwicklung der Kinder. Diese Sorge umfaßt die Bildung und Erziehung der Kinder und schließt ihre physische und psychische Gesundheit ein. Die Grundschule ist insoweit nicht nur eine Unterrichtseinrichtung, sondern auch eine sozialpädagogische Institution.

Auf dieser Grundlage umfaßt der Bildungsauftrag der Grundschule drei untrennbar miteinander verwobene Aufgaben:

Lernen in der Gemeinschaft mit anderen möglich machen

Die Grundschule hat zunächst den Auftrag, die Kinder über die Festlegungen der jeweiligen Herkunft hinaus zum produktiven Umgang miteinander und mit anderen zu befähigen und sie zum gemeinsamen Lernen, Handeln und Gestalten zu ermutigen. Die Grundschule soll die Individualität der Kinder achten und ihren Gemeinsinn entwickeln. Sie soll Geborgenheit und Herausforderungen bieten, das Heimischwerden in der eigenen Kultur unterstützen und Offenheit für fremde Menschen, Erfahrungen und Kulturen fördern und ausbilden. Dies ist der erzieherische Auftrag der Grundschule.

Demokratie erfahrbar machen

Als pädagogische Einrichtung in einer demokratisch verfaßten Gesellschaft hat die Grundschule den Auftrag, ihre Schüler zur Mitgestaltung der gemeinsamen Angelegenheiten zu befähigen und zu ermutigen. Dies ist der staatsbürgerliche Auftrag der Grundschule. Er kann nur erfüllt werden, wenn alles pädagogische Geschehen in der Schule in demokratischen Formen realisiert wird. Die Grundschule ist daher gehalten, die Mitwirkungsmöglichkeiten der Kinder an der Gestaltung des Unterrichts, des Schullebens und der in der Schule gepflegten Umgangsformen vom ersten Tag an aufzugreifen, auszuschöpfen und durch angemessene Beteiligungsformen weiterzuentwickeln.

Aneignung der Welt ermöglichen

Die Grundschule hat ferner den Auftrag, die vorhandenen Kenntnisse und Erfahrungen der Kinder aufzugreifen, zu differenzieren und zu erweitern. Sie soll ihnen die für unsere Kultur grundlegenden Formen des Dialogs, der Interpretation und Gestaltung der Welt erschließen und die dazu erforderlichen Kompetenzen ausbilden. Dies ist der Unterrichtsauftrag der Grundschule.

Die Grundschule muß bei all ihren Bemühungen von der Erkenntnis ausgehen, daß sich neues Wissen, neue Einsichten, neue Fähigkeiten und Bereitschaften nicht einfach von einem Menschen auf einen anderen übertragen lassen, sondern Prozesse der Selbstaneignung voraussetzen, die sich im Rahmen von Schule überwiegend im kommunikativen Austausch mit anderen ereignen. Sie muß die konkreten Erfahrungen der Kinder ernst nehmen und bei allen unterrichtlichen Bemühungen an die Fragen der Kinder anschließen.

In der Grundschule unterrichten heißt in diesem Sinne, die Kinder zu ermutigen, Fragen an die Welt zu richten – insbesondere auch solche Fragen, die sie ohne die Anregung der Schule vermutlich kaum stellen würden – und diese Fragen in der Auseinandersetzung mit den Sachen zu klären.

Um den Herausforderungen unserer Zeit und der Zukunft der Kinder gerecht werden zu können, muß die Grundschule ihre sozialpädagogische Funktion, ihre erzieherischen, staatsbürgerlichen und unterrichtlichen Aufgaben in der Praxis stets als Einheit zu realisieren suchen.

1 Ausgangsbedingungen und Aufgaben

1.1 Kindheit und Erziehungsziele im Wandel

Unter den Bedingungen der Moderne gewinnt im Spannungsverhältnis von Individualität und Zugehörigkeit zu sozialen Gemeinschaften die Individualität immer mehr an Gewicht. Ohne die Gemeinschaft aber vermögen die einzelnen nichts: Bis in die elementarsten Prozesse der Sinndeutung und Gestaltung von Situationen hinein sind die Menschen auf sie tragende Gruppen angewiesen. Ohne die konstruktiven Beiträge der Individuen ist umgekehrt der Fortbestand der Gemeinschaften gefährdet. In einer Zeit und Gesellschaft, in der viele Kinder in sozialer Vereinzelung aufwachsen und gemeinschaftsbezogenes Handeln außerhalb von Kindergarten und Schule kaum mehr erfahren, steht die Schule vor der Aufgabe, zur individuellen Entfaltung der Kinder beizutragen, indem sie sie aktiv das Leben der Gemeinschaft gestalten läßt.

Kindheit ist heute durch große Vielfalt und Unterschiedlichkeit der Lebensumstände gekennzeichnet. Das Spektrum der Möglichkeiten hat sich in allen Lebensbereichen erweitert: in den Familienformen, Beziehungen zu Freunden und Gleichaltrigen, Schulverhältnissen, räumlichen und zeitlichen Strukturen des Alltags, im Nahbereich, der Freizeitgestaltung und Mediennutzung, den Konsumgewohnheiten wie auch der ethnisch und kulturell geprägten Lebensformen insgesamt. Ob man als Mädchen oder Junge, sozial benachteiligtes oder privilegiertes, krankes oder gesundes Kind groß wird: Mit den Lebensumständen unterscheiden sich die Erfahrungen, so daß sich die Kindheit des einen Kindes und die des anderen nur bedingt ähneln.

Die Verschiedenheit der Lebensumstände, die sich auf der Oberfläche als Unübersichtlichkeit darbietet, läßt sich als Folge und Begleiterscheinung des gesellschaftlichen Differenzierungsprozesses verstehen. Traditionelle Rollen, die Vorgaben des Geschlechts und der

Schichtzugehörigkeit und weltanschauliche Bindungen haben ihre dominierende Kraft verloren. Dem einzelnen sind eine Vielzahl von Entwürfen für das eigene Selbst- und Weltverständnis zugänglich.

Diese Pluralisierungstendenzen gehen mit Homogenisierungstendenzen einher. Dazu tragen auch die Massenmedien bei, deren Informationen, Wertsetzungen und Rollenmuster allgemein verbreitet werden. Unter den konkurrierenden Sinnangeboten muß das Individuum eine Wahl treffen.

Für den einzelnen bedeutet dies mehr Gestaltungsfreiheit der eigenen Lebensumstände. Aus der Möglichkeit der Entscheidung erwächst aber auch der Zwang, verantwortliche Wahlen zu treffen. Die Idee der rationalen Selbstgestaltung, der Plan- und Machbarkeit des eigenen Lebensentwurfs steht dabei in Spannung zu anderen Ansprüchen und Bedürfnissen: dem Streben nach Spontaneität und Freiheit von äußeren Zwängen, dem Wunsch, als Person von anderen anerkannt zu werden, den Bedürfnissen nach Gemeinschaft mit anderen und nach geteilten Sinnorientierungen, der Sehnsucht nach Glück und sinnerfülltem Leben.

Von der Pluralisierung und Individualisierung des Selbst- und Weltverständnisses bleibt die Kindheit nicht ausgespart. Elternhaus und Schule als die wichtigsten Erziehungsinstanzen dieses Lebensalters stehen vor der Aufgabe, den Kindern beim Erkennen und Achten unterschiedlicher Lebensumstände und bei der eigenen Wertentscheidung zu helfen.

In dieser durch Heterogenität der Lebensstile, Erfahrungen, Ziele und Werte gekennzeichneten Lebenswelt wird die Akzeptanz der personalen Einzigartigkeit jedes Menschen und seines Rechts auf Individualität zu einer wichtigen Sinnorientierung, auch in der Erziehung. Eltern wünschen, daß die Schule die Kinder in ihrer Selbstentfaltung stärkt, ihre Persönlichkeitsrechte achtet und auf ihre individuellen Verletzlichkeiten Rücksicht nimmt. Die Selbständigkeit der Kinder ist zu einem von den meisten Eltern geteilten Erziehungsziel geworden.

Selbständigkeit als Erziehungsziel in der Familie sowie als Anforderung an die Schule und das pädagogische Selbstverständnis der

Grundschule stimmen in dieser Perspektive bemerkenswert überein. Hinführung zu selbständigem Lernen ist anerkannter Bestandteil der Grundschulrichtlinien. Viele Lehrerinnen und Lehrer teilen nicht nur das Ziel, jedes Kind bestmöglich zu fördern, sondern halten es heute auch für notwendig, die Heterogenität der Kinder in individualisierenden Unterrichtsformen produktiv aufzunehmen. Viele wollen Kinder als Personen mit eigenen Rechten in Schule und Unterricht zum Zuge kommen lassen. Zu diesen Orientierungen trägt bei, daß die heutige Pädagogengeneration selbst in den gesellschaftlichen Wertewandel einbezogen ist und die Beachtung des Individuums weitgehend auch ihren eigenen Wertvorstellungen entspricht.

Selbständigkeit und Individualität des einzelnen bedürfen zu ihrer Entfaltung jedoch der Gemeinschaft. Sprache, Mythos, Religion und Kunst sind gemeinschaftliche Kulturleistungen. In jeder Sinndeutung und Wertsetzung wird der einzelne in einem umfassenden und grundlegenden Sinn von der Gemeinschaft getragen. Nach wie vor haben Erziehung und Unterricht die Aufgabe, dem Kind diese Symbolsysteme zu erschließen, es an ihnen Anteil nehmen zu lassen und zur Weiterentwicklung zu befähigen. Fortschreitende Differenzierungsprozesse machen diese Aufgabe heute allerdings zunehmend unüberschaubarer und komplexer.

Veränderte Familienstrukturen und eine veränderte Wohnumwelt führen dazu, daß immer mehr Kinder unter den Bedingungen sozialer Vereinzelung aufwachsen. In einer arbeitsteiligen und hochgradig verwalteten Welt wird gemeinschaftsbezogenes Handeln auch außerhalb der Familie von den Kindern nur noch selten miterlebt. Vielen Kindern mangelt es an elementaren Sozialerfahrungen. Das Frankfurter Manifest spricht von fehlenden Grunderfahrungen der gemeinsamen Freude, des Trostes und des Glücks, aber auch des Teilens, der Eifersucht und des gelungenen Streitens.[3]

---

3 Frankfurter Manifest, in: G. Faust-Siehl, R. Schmitt, R. Valtin (Hg.): Kinder heute – Herausforderung für die Schule. Dokumentation des Bundesgrundschulkongresses 1989 in Frankfurt, Frankfurt am Main: Arbeitskreis Grundschule e.V. 1990, S. 12f.

Die Lebensbedingungen von Kindern und Erwachsenen machen es für die Grundschule zunehmend unverzichtbar, die Kinder bewußt in Gemeinschaften leben und lernen zu lassen. Indem die Grundschule die Erfahrung der Zugehörigkeit ermöglicht, auch wenn man «etwas anders als die anderen» ist, setzt sie Gegengewichte zur Vereinzelung und läßt ihre Kinder ein Stück «seelische Heimat» erleben.

Für die Kinder ist die Schule nicht zuletzt als soziale Welt der Gleichaltrigen von Interesse, in der sie auf neue Freunde und Selbsterprobung in Partnerschaften und Gruppen hoffen. Im Zusammenleben in den Gruppen wird die Begrenzung der eigenen Interessen durch die der Mitschüler deutlich. Dadurch werden fortwährend Kompromißbereitschaft und Konsensfähigkeit, Rücksichtnahme und Hilfsbereitschaft, Zusammenarbeit und Fairneß geübt, Zielsetzungen, die heute notwendiger sind denn je.

1.2 Zum Bildungsauftrag der Grundschule

1.2.1 Eigenständigkeit der Grundschule

Als Primarstufe des Bildungssystems ist die Grundschule eine eigenständige Schulform. Auch wenn sie die Schüler auf das Lernen in den weiterführenden Schulen vorbereiten muß, kann sie doch ihre Ziele, Inhalte, Methoden und Prinzipien nicht von den nachfolgenden Schulen beziehen. Die Grundschule steht in der Kontinuität der vorschulischen und der weiterführenden Bildung und hat ihren eigenen stufenspezifischen Bildungsauftrag.

Die Eigenständigkeit der Grundschule leitet sich von vier Tatsachen her:

● Die Schülerinnen und Schüler der Grundschule befinden sich in einem entwicklungspsychologisch bedeutsamen Alter zwischen früher Kindheit und Vorpubertät. Die Angebote und Anforderungen der Schule müssen auf die Entwicklungsmöglichkeiten und auf die für diese Altersstufe typische Weltsicht der Kinder abgestimmt sein.

- Als Eingangsstufe des Schulwesens hat die Grundschule die besondere Aufgabe, die Kinder in das unterrichtliche Lernen einzuführen. Sie muß zunächst die grundsätzliche Bereitschaft und die Fähigkeit des Kindes zum Lernen in der Institution Schule ausbilden oder – wo diese Bereitschaft und Fähigkeit bereits angebahnt sind – sie pflegen und kultivieren.

- Die Grundschule ist seit ihrer Einrichtung in der Weimarer Demokratie die einzige Schulstufe, in der zumindest dem Anspruch nach alle Kinder gemeinsam unterrichtet werden. Sie ist damit die erste gesellschaftliche Institution, in der Menschen aus allen Gruppen und Schichten ohne Ansehen ihres Geschlechtes, ihrer Herkunft, Sprache, Religion oder ihrer wirtschaftlichen Verhältnisse von Staats wegen unter einer gemeinsamen Aufgabe zusammengeführt werden. Die Grundschule hat insofern eine besondere Integrationsfunktion.

- Infolge der starken Heterogenität ihrer Schülerschaft ist die Grundschule mehr als jede andere Schulform zur Differenzierung hinsichtlich der Lernwege und Lernhilfen aufgerufen. Diese Differenzierung sollte im Hinblick auf die Bedeutung des gemeinsamen Lernens unterschiedlicher Kinder überwiegend als Binnendifferenzierung innerhalb des Klassenverbandes erfolgen. Dies setzt die Entwicklung einer spezifischen didaktischen Kultur dieser Schulstufe voraus und hat sie auch zur Folge.

Der aus diesen Besonderheiten der Schulstufe herrührende Bildungsauftrag wird unter dem Begriff «grundlegende Bildung» gefaßt.

1.2.2 Grundlegende Bildung

Bildung ereignet sich dort, wo die Schule die subjektiven Sichtweisen der Kinder und die objektive Bedeutung der jeweils behandelten Themen miteinander in Beziehung setzt und so die Weltsicht der Kinder um die unserer Kultur eigenen Interpretations- und Darstellungsformen der Welt erweitert.

Individuum und Gesellschaft

Grundlegende Bildung muß die im einzelnen Kind angelegten Möglichkeiten so zur Entfaltung bringen, daß die Ansprüche des Individuums *und* der Gesellschaft zur Wirkung kommen. Ihr Ziel ist die Entwicklung der Handlungsfähigkeit des Individuums in der Gesellschaft. In der Tradition der Aufklärung bedeutet dies «Hinführung zu bewußterem Leben» und «Verständigung über Welt».

Selbstbewußtsein und Selbstreflexion

Die Grundschule muß ihre Schülerinnen und Schüler, die heute in vielen Lebensbereichen früh selbständig sein dürfen oder müssen, unterstützen, neben funktionalen Alltagstüchtigkeiten innere Autonomie zu entwickeln. Kinder, die sich in der Unübersichtlichkeit heutiger Lebensverhältnisse zurechtfinden müssen, sind auf eine zunehmend bewußtere Beziehung zu sich selbst und ihrer sozialen und dinglichen Umwelt angewiesen. Nur wer sich seiner selbst bewußt ist, kann *selbst*bewußt handeln. Nur wer die ökologische, historische, geographische und soziale Umwelt anschaulich erfährt und gedanklich erfaßt, erwirbt die Voraussetzungen für *bewußtes* und konstruktives Handeln. Damit kommt auf die Schule eine neue Aufgabe zu: Nicht nur das Lernen ist zu lernen, sondern zugleich die Reflexion des Lerngeschehens. Die selbstreflexiven Fähigkeiten müssen in den ersten Schuljahren angebahnt und auf den späteren Schulstufen weiter differenziert werden.

Gemeinsame Sinndeutungen

Lernen, Kommunikation und Handeln sind in soziale Bezüge eingebettet, die zu ihrer Konstituierung gemeinsamer Sinndeutungen bedürfen. Dem Bemühen um Verständigung in allen sozialen Gruppen
innerhalb und außerhalb der Schule kommt daher hohe Bedeutung
zu.

«Verständigung über Welt» heißt in einer Schule, die sich für unterschiedliche Kulturen öffnet, daß sich Lehrer und Schüler nicht auf
gemeinsam geteilte Selbstverständlichkeiten verlassen können. So
kann die Bedeutung der im Unterricht zu klärenden Sachverhalte aus
der Sicht verschiedener Kinder ein und derselben Klasse sehr unterschiedlich sein. Die Sachverhalte müssen darum – wo immer ange-
bracht und möglich – deutlich gemacht und aus dem Blickwinkel
unterschiedlicher kultureller und sozialer Gruppen betrachtet werden. Mit der Vernetzung in eine weltweite Kommunikationsgesell-
schaft, der Öffnung der Grenzen in Europa und mit den Wande-
rungsbewegungen von Ost nach West und Süd nach Nord stellt sich
diese Aufgabe der Schule noch dringlicher als früher. Sie fordert von
Lernenden und Lehrenden in der Grundschule eine neue Bewußtheit,
die die Bereitschaft zur Relativierung der eigenen Standpunkte und
bisher geltender Selbstverständlichkeiten voraussetzt.

Sinnlichkeit – Leiblichkeit

Wenngleich schulisches Lernen immer Prozesse des Bewußtmachens
einschließen muß, griffe es zu kurz, wenn es vorwiegend oder gar
ausschließlich auf rationale Auseinandersetzungen gerichtet wäre.
Die Reichhaltigkeit der Grundschulerfahrungen entscheidet sich
daran, wie weit Kinder in ihrer elementaren leiblich-seelischen und
geistigen Existenz ernst genommen und durch unterschiedliche Lernformen gefordert und gefördert werden. So ist der Leiblichkeit des
Kindes Raum zu geben und sind seine Wahrnehmungsfähigkeit, die
Lust an Bewegung, die Fähigkeit zu Spontaneität und Kreativität in
den Lernbereichen der Grundschule aufzugreifen, zu kultivieren und

zu differenzieren. <u>Grundschullernen muß vom Kopf auf die Füße gestellt werden und eine Einheit von Selbstbildung, Sozialbildung und Sachbildung anstreben.</u> Unterricht allein wäre damit überfordert. Ob Grundschule zu einem Ort lebendigen Lebens und Lernens wird, ist nicht Frage der Qualität von Unterricht allein, sondern des *Zusammenwirkens* von Schulleben und Unterricht.

Soziales Handeln

Die Grundschule sollte ein Ort des Lernens durch Handeln sein, indem sie den Kindern vielfältige Anregungen zur Entwicklung individueller und gemeinsamer Handlungsfähigkeit bietet. Eingebunden in die sozialen Bezüge von Schulklasse, Schulgemeinde, Nachbarschaft und Stadtteil, werden den Kindern Felder verantwortlichen Handelns eröffnet, in denen sie sich als aktive Mitglieder gesellschaftlicher Gruppierungen erfahren können. Bedeutsam ist dabei die *gestaltende Mitwirkung* der primär Beteiligten: Schüler, Lehrer, Eltern, die zu einzelnen Vorhaben weitere Personen hinzuziehen können.

Inhalte grundlegender Bildung

Die im Laufe der Kulturgeschichte entwickelten Symbolsysteme – Sprache, Mythos, Kunst, Religion – sowie die modernen Wissenschaften finden bis in die Arbeit der Grundschule hinein ihren Niederschlag: Sie sind sowohl in den Lernformen als auch in den verschiedenen Lernbereichen der Grundschule repräsentiert und bestimmen die Inhalte der grundlegenden Bildung. Die Grundschule muß die von den Kindern bereits erprobten Zugänge zu diesen Symbolsystemen aufgreifen und differenzieren und ihnen diese Systeme in ihrer ganzen Breite erschließen. Als für unsere Kultur typische Inhalte grundlegender Bildung gelten:

● Einführungen in Grundformen der menschlichen Verständigung wie
  – die Erziehung zum gemeinsamen Dialog (miteinander sprechen)

- die Einführung in die Schriftkultur
- und die Einführung in basale mathematische und naturwissen-
  schaftliche Interpretationsmuster der Welt.

● Einführungen in grundlegende musisch-ästhetische Ausdrucks-
  und Gestaltungsformen wie
  - Musik
  - künstlerisches Gestalten
  - Spiel- und Bewegungserziehung.

● Die Auseinandersetzung mit Sinn- und Glaubensfragen und die
  Aufklärung über die verschiedenen Religionen.

● Die Auseinandersetzung mit Grundfragen des menschlichen Zusammenlebens:
  - Schlüsselthemen der Kindheit, wie zum Beispiel Freundschaft
    und Rivalität, die Beziehungen zu den Erwachsenen, Entdek-
    kung der Sexualität, Umgang mit Zärtlichkeit und Aggressivi-
    tät, Orientierung in der Konsumwelt und viele andere mehr;
  - globale Menschheitsprobleme, die auch die Kinder unmittelbar
    berühren, wie zum Beispiel Krieg und Frieden, Gerechtigkeit
    unter den Völkern, der Erhalt der natürlichen Lebensgrundla-
    gen auf der Erde und anderes mehr.

Die bislang genannten Inhalte und Gegenstände grundlegender Bildung werden in den typischen Lernbereichen der Grundschule –
Sprache, Mathematik, Sachunterricht, Sport, musisch-ästhetische
Erziehung und Religion – sowie in lernbereichsübergreifenden Projekten bearbeitet. Einige dieser Lernbereiche sind grundlegend er-
neuerungsbedürftig. Wir unterbreiten dazu im Kapitel 2.4 konkrete
Vorschläge.

Darüber hinaus gibt es stufenspezifische Aufgabenfelder der
Grundschule, die den genannten Lernbereichen nicht eindeutig zugeordnet werden können, die aber ebenfalls Inhalte grundlegender Bildung entfalten und für deren Gelingen nicht weniger bedeutend sind
als die zuvor genannten:

- Leben in der Institution Schule
- Bewährung an Aufgaben
- Zusammenleben mit Menschen aus anderen Kulturen

- Kooperation, Mitbestimmung und Konfliktregelung
- Erfahrungen von und Umgang mit Krankheit, Trennung und Verlust
- Pflege lokalen Brauchtums

und vieles andere mehr.

Die gelungene Aneignung der Inhalte grundlegender Bildung äußert sich in der kritischen, (selbst-)bewußten und zunehmend sachgemäßen Verwendung der in unserer Gesellschaft entwickelten Interpretations- und Darstellungsformen durch die Kinder.

1.2.3 Beständigkeit als Voraussetzung grundlegender Bildung

Von besonderer Bedeutung für die Kinder im Grundschulalter und für das Gelingen grundlegender Bildung ist die Verläßlichkeit der sozialen Beziehungen in der Schule. Angesichts der sich verändernden Familienstrukturen und der Diskontinuität persönlicher Beziehungen, Arbeits- und Wohnverhältnisse sowie der ungleichen Zeitrhythmen der Familienmitglieder wird die Schule für viele Kinder zu einem zentralen Ort der Beständigkeit in ihrem Alltag. Kontinuität der Grundbildung erfordert Kontinuität der Beziehungen zwischen der Lehrerin beziehungsweise dem Lehrer und den Kindern.

1.3 Grundschule als Lebens- und Lernstätte

Die Grundschule unterliegt, wie alle anderen Schulen, prinzipiell der Antinomie, — *Widerspruch*

- daß die Kinder die für das Leben in unserer Zivilisation erforderlichen Einstellungen und Kompetenzen nicht mehr auf dem Wege informellen Lernens in der außerschulischen Lebenswelt erwerben können, sondern auf systematischen Unterricht in speziellen Einrichtungen angewiesen sind, die von der außerschulischen Lebenswelt gerade abgetrennt sind,
- daß schulische Bildung aber nur in dem Maße erfolgreich sein kann, in dem es diesen Einrichtungen gelingt, die Lernprozesse an

die außerschulische Wirklichkeit anzubinden und die schulisch zu erbringenden Abstraktionsleistungen in den lebensweltlichen Erfahrungen der Kinder zu gründen.

Die Schule muß sich dieser Antinomie stellen, indem sie bereichernde Primärerfahrungen innerhalb und außerhalb der Schule ermöglicht und diese immer wieder zu systematisieren versucht.

Schulische Bildung vollzieht sich nicht nur in Unterrichtsakten, sondern ist immer auch ein Produkt der in ihr üblichen Umgangs- und Verkehrsformen. Sitten und Gebräuche, die Formen des Miteinanderlebens von Kindern und Erwachsenen in der Schule, Architektur und Raumgestaltung prägen auch ein Stück weit die Weltsicht der Kinder, ihre Vorstellungen von Normalität und Anormalität, von Veränderbarkeit und Schicksal, von Einflußmöglichkeiten und Ausgeliefertsein.

Ihrer Aufgabe als *Lern*ort kann die Grundschule nur gerecht werden, wenn sie eine dem *Leben* der Kinder bekömmliche Stätte ist. Das Lernen jüngerer Kinder ist unmittelbarer Ausdruck und Vollzug ihres Lebens und daher in hohem Grade von ihrem Lebensgefühl bestimmt: Beeinträchtigungen ihres Lebens mindern, Wohlgefühl und Sicherheit steigern ihr Lernenwollen und Lernenkönnen.

Für immer mehr Kinder, insbesondere solche aus problembeladenen Familienkonstellationen oder aus benachteiligten sozialen Verhältnissen, ist die Grundschule ein Ort der Kontinuität, für manche Kinder sogar der einzige Platz, an dem sie wenigstens ein paar Stunden täglich Regelmäßigkeit und Geborgenheit erfahren können oder doch erfahren können sollten. Hieraus ergeben sich Ansprüche an die Gestaltung des Lernortes Grundschule, die nicht mehr aus ihrem Unterrichtsauftrag allein gedacht werden kann: Die sozial-pädagogische Funktion der Grundschule muß bei Schulplanung und Schulgestaltung gleichrangig mitbedacht werden.

Da die Lebensbedingungen in unseren Städten und Gemeinden sowie unsere öffentlichen Einrichtungen Kindern eher abträglich und auch die innerfamiliären Beziehungen für Kinder nicht in jedem Fall optimal sind, sollte die Grundschule als Ausgleich dafür eine besonders anregungsreiche und fördernde Lebenswelt bieten. Als Konsequenz aus der Erkenntnis, daß die frühkindlichen Erfahrungen das Bewußtsein der Kinder besonders prägen und daß diese Erfahrungen in der außerschulischen Lebenswelt der Kinder häufig wenig differenziert und in vielen Fällen sogar entwicklungshemmend sind, sollten Architektur und Ausstattung der Grundschulen in einem der reichsten Länder der Erde hohen gestalterischen Maßstäben genügen. Ob sie nun als «Ganze Halbtagsschule» um 13 Uhr endet oder bis in den Nachmittag hinein pädagogische Angebote bereitstellt: Grundsätzlich sollte jede Grundschule als ein «Hort» gestaltet sein, in dem sich nicht nur die Kinder, sondern auch die Erwachsenen einen ganzen Tag lang wohl fühlen können.

Ohne sich der Illusion hingeben zu dürfen, die Welt verbessern zu können, sollte die Grundschule an dem Anspruch festhalten, wenigstens im Kleinen selbst das Modell einer besseren Welt zu sein: eine Welt, in der Menschen ganz unterschiedlicher Herkunft friedvoll miteinander leben und ihre Konflikte in Prozessen eines demokratischen Interessenausgleichs regeln lernen. In einer multikulturellen Gesellschaft kann die Grundschule nicht mehr vorrangig die Einübung in den Nationalstaat bezwecken, sondern muß gezielt als multikulturelle Lebensstätte geplant werden, die die Verständigung unter den Menschen anbahnt, indem sie sie aktiv praktiziert.

Viele Grundschulen bemühen sich schon seit langem, einen häufig noch eher traditionellen Vermittlungsunterricht um ein reiches Schulleben zu ergänzen, das den Kindern in Festen, Feiern und bewußt gepflegten Schulritualen Zugehörigkeit zu der Institution signalisieren und zugleich freudvolle Entspannung *neben* der eigentlichen Unterrichtsarbeit bieten soll. Demgegenüber käme es unseres Erachtens angesichts der im Abschnitt 1.1 aufgezeigten Heterogenität, ja Vereinzelung oder gar Zerrissenheit kindlicher Erfahrungswelten eher darauf an, Unterricht und Schulleben, die Ausbildung von rationalem Verstehen, sittlicher Urteilskraft und praktischen Kompetenzen in Projekten zusammenzuführen, in denen im Sinne eines «erziehenden Unterrichts» die Erweiterung des Gedankenkreises im Wechselspiel von Vertiefung und Besinnung mit einer Ermutigung der Kinder zu selbstverantwortetem Handeln *verbunden* ist. Dies wird nur möglich sein, wenn schon die Grundschule Situationen *im Übergang* vom Lernen zum gesellschaftlichen Handeln anbietet, die jedoch – mit Rücksicht auf das Alter und die Erfahrung der Schüler – die Rückkehr in den schützenden Raum der Schule immer offenhalten, Projekte praktischen Lernens, die die Grenzen der Schule immer wieder überschreiten und doch immer wieder in unterrichtliche Reflexion zurückführen.

Eines der umfassendsten Projekte, das man mit Kindern dieser Altersstufe realisieren kann, ist die äußere und innere Gestaltung der Grundschule selbst. Aktive Gestaltung des Lebens in der Gemeinschaft fordert und fördert alle Fähigkeiten des einzelnen: von der Selbständigkeit und Verantwortungsbereitschaft bis zu den jeweiligen Stärken und Interessen, die das einzelne Kind einbringen kann. Sie verlangt sowohl Bereitschaft zur Initiative als auch Eingehen auf andere und Beitrag zum Ausgleich der Interessen. Individuelle Förderung und Befähigung zu sozialer Bewährung sind ebenso aufeinander verwiesen wie Erkennen und Handeln bei der Aneignung der Welt. Sie können dort am besten verwirklicht werden, wo schon die Grundschule zu einem Lernort für Selbstbestimmung in Solidarität und Verantwortung für das Gemeinwohl wird.

1.4 Grundschule als Schule der Vielfalt und Gemeinsamkeit

Wie in den vorangegangenen Abschnitten ausgeführt, muß die Grundschule die Individualität der Kinder achten und gleichzeitig Gemeinsinn entwickeln. Je stärker das individuelle Streben nach Entfaltung und Erfolg in einer Gesellschaft ausgeprägt sind, desto wichtiger ist es, daß die Schule darauf achtet, daß sich Individualität nicht auf Kosten der anderen entwickelt und sich letztlich zerstörerisch auswirkt.

Eine im umfassenden Sinn integrative Schule anerkennt die Besonderheit einzelner und bringt sie im Miteinander zur Geltung. Erst durch die Verschiedenheit der einzelnen erhält die Gemeinschaft ihren Reichtum. Diesen Reichtum ins Bewußtsein zu heben, zu pflegen und in gemeinsame Projekte einzubinden ist ein wichtiger gesellschaftlicher Auftrag der Grundschule.

Die traditionelle Schule versuchte stets, Verschiedenheit zu übergehen, zu minimieren oder – wo dies nicht möglich war – durch Selektion und Separierung zu lösen. So entstand das gegliederte Schulwesen einschließlich der Sonderschulen. Für die Grundschule der Zukunft wird es ein entscheidender Prüfstein sein, wieviel Heterogenität sie zulassen und produktiv ins Spiel bringen kann. In einer Pädagogik der Vielfalt können Unterschiede bewußt gelebt werden und tragen zum gemeinsamen Unterricht bei. Eine solche Pädagogik stellt Verantwortung füreinander und Gemeinsinn ins Zentrum ihrer pädagogischen Arbeit.

Was wie selbstverständlich klingt, ist keineswegs selbstverständlich. Oft genug reproduziert Schule in ihren eigenen Mauern *die* Gesellschaft im Kleinen, die sie zu überwinden trachtet. Lehrerinnen und Lehrer, die sich der sozialen Selektivität und kulturellen Begrenztheit einer mittelschichtorientierten, eurozentristisch geprägten Grundschule nicht bewußt sind, die unbedacht traditionelle Geschlechterrollenzuschreibungen vornehmen und selber vorleben, konstituieren eine schulische Realität, die soziale, kulturelle, ethnische und mitunter religiöse Hierarchien erzeugt und Randständigkeit von Minderheiten im schulischen Interaktionsgefüge produziert. Eine humane und gerechte Schule muß daher in besonderer Weise auf die heimlichen Sozialisations- und Lernprozesse achten und deren «Naturwüchsigkeit» durchbrechen.

Das heißt zum Beispiel
– bezüglich der Geschlechterrolle: daß Unterrichtsinhalte, die lange Zeit als geschlechtsaffin betrachtet wurden (wie Werken, Kochen, Nadelarbeit), Jungen *und* Mädchen angeboten werden; daß rollenüberschreitendes Verhalten geübt wird (zum Beispiel Mädchen in ihrem Selbstbewußtsein und Jungen in ihrer Beziehungsfähigkeit gefördert werden und anderes);
– bezüglich des Verhältnisses von Mehrheits- und Minderheiten-

kultur: daß die in der Klasse vertretenen ethnischen, kulturellen und religiösen Gruppierungen sich auch in den Unterrichtsinhalten wiederfinden müssen (sich zum Beispiel mit eigenen Projekten einbringen können);

– bezüglich der unterschiedlichen geistigen und leiblichen Konstitution der Kinder: daß Formen innerer Differenzierung gegenüber äußerer Separierung nach dem Grundsatz Vorrang haben müssen, so viel Gemeinsamkeit und Miteinander wie möglich, so viel äußere Differenzierung wie nötig. Gegenseitiges, auch jahrgangsübergreifendes Helfen unter Schülerinnen und Schülern kann dabei Unterstützung leisten.

Nur eine im umfassenden Sinn integrative, die Herkunft ihrer Schülerinnen und Schüler respektierende Grundschule wird eine im eigentlichen Sinn des Wortes bildende Grundschule sein. Bildung, die Verständigung über Welt sein will, ist auf die unterschiedlichen Weltsichten der Schülerinnen und Schüler angewiesen. Gleichzeitig kann sie Kinder nicht in der Enge und Geschlossenheit ihrer Eigenwelten belassen. Universalistische Orientierungen werden erst im Austausch und in der Begegnung mit dem fremden anderen erworben.

Das Verlassen der mitgebrachten partikularistischen Wertewelt erzeugt zunächst eine tiefe Verunsicherung. Die Schule muß daher bemüht sein, daß die sinngebenden Komponenten der verschiedenen Herkunftsmilieus produktiv in ihr Lebensfeld eingebracht werden können und sich eine tragfähige Brücke zwischen individuellen Lebenswelten und der Schulwelt herstellen läßt. Darin besteht eine der wichtigsten Aufgaben der ersten Lehrerin beziehungsweise des ersten Lehrers der Kinder.

2 Leben und Lernen in der Grundschule

2.1 Prinzipien der Grundschularbeit

2.1.1 Geborgenheit, Offenheit, Herausforderungen

Geborgenheit, Offenheit und Herausforderungen sind Grundbedingungen eines für Kinder förderlichen Lebens- und Lernorts Grundschule.

Geborgenheit

Geborgenheit der Kinder entsteht aus der Beziehung zu glaubwürdigen Pädagoginnen und Pädagogen, durch die das Kind sich geschützt und gestützt weiß, aus dem Eingebundensein in eine Gruppe, in der das Kind sich angenommen fühlt, aus der Beziehung zu einem Raum, den es als seine Welt empfinden kann, und aus der Verläßlichkeit durchschaubarer Entscheidungsstrukturen und zeitlicher Verläufe schulischen Lebens und Lernens. Aus dem Gefühl der Geborgenheit und des Dazugehörens gewinnen Kinder Zutrauen zu sich und zur Welt – eine Voraussetzung, um sich öffnen zu können für nachhaltige Beziehungen zu Menschen und Sachen als Bedingung ihrer seelisch-geistigen Entwicklung.

Offenheit

Aus Zuversicht gebender Geborgenheit öffnen sich Kinder gegenüber ihrer Welt der Sachen, Pflanzen, Tiere und insbesondere Menschen mit den von ihnen vorgelebten Wertvorstellungen und den von ihnen eröffneten Situationen zur Aneignung von Erfahrungen, Kenntnissen, Sicht- und Handlungsweisen. Dazu muß Unterricht den Kindern vielfältige Möglichkeiten des Anschauens, Begreifens, Mitempfindens, Miteinanderredens, Sichhineindenkens und Handelns geben.

Offenheit heißt, Kindern innerhalb des schulischen Lebens- und Lernfeldes *Freiräume* zu geben, ohne die sie nicht lernen können, *damit* sie lernen, selbstgesteuert und selbstverantwortlich die Grenzen ihres Könnens und Wissens auszudehnen und durch Regeln vereinbarte Grenzen einzuhalten. Aufgrund dieser Offenheit des Unterrichts nehmen Kinder selbständig Beziehungen zu schulischen Inhalten und Formen auf, mit der Chance, neue Einstellungen, Fähigkeiten und Kenntnisse zu gewinnen.

Das Leben der Kinder wird im privaten, beruflichen und gesellschaftlichen Leben davon bestimmt sein, mit Handlungsfreiräumen zurechtzukommen. Deshalb auch muß die Grundschule den Kindern die Möglichkeit schaffen, zu lernen, mit Freiräumen vernünftig umzugehen.

Herausforderungen

Der Bildungs- und Erziehungsauftrag der Grundschule erfordert, den Kindern zu helfen, die in den Richtlinien und Lehrplänen gesetzten Ziele zu erreichen. Die Grundschule kann jedoch nicht sicher sein, daß die Kinder stets selbständig entwicklungsfördernde Tätigkeiten und Aufgaben suchen und finden, sich ihnen stellen und sie zu meistern fähig sind. Zu wirksamem Lernen und Leisten brauchen Kinder immer wieder neue, ihren Kräften gemäße, innere Beteiligung gewinnende Herausforderungen, die sie anregen und ermutigen, über das vorher Wahrgenommene, Erlebte, Erkannte und Gekonnte hinauszugehen und so ihre Fähigkeiten zu steigern, zu differenzieren und ihr Wissen auszuweiten.

Herausgefordert werden Kinder durch Bewußtmachen ihrer Stärken und Fortschritte; durch Aufzeigen zweckmäßiger Ziele, Lernwege und Arbeitsvorhaben, die die Kinder als sinnvoll erkennen können; durch vielfältige Anregungen zur Begegnung und Auseinandersetzung mit den Lerninhalten, verbunden mit Beratung und konstruktiver Kritik; durch Deutlichmachen der Erwartungen der Erwachsenen, besonders an die Mitwirkung und Mitverantwortung der Kinder; durch Vorleben und Vormachen dessen, was und wie es zu tun ist; durch Würdigen des Verhaltens der Kinder und ihrer Leistung.

2.1.2 Lernen als sozialer Prozeß

Entwicklung des Kindes durch Entwicklung sozialer Beziehungen

Die individuelle Entwicklung der Kinder hängt von der Struktur der elementaren sozialen Beziehungen ab, in denen sie leben: Wie sie ihre Beziehungen entwickeln in jenen Bindungen, von denen sie «Wir» zu sagen lernen, so bildet sich ihre Persönlichkeit heraus.

Leitfragen müssen demnach sein: Wie können die Formen des Schullebens und -lernens so gestaltet werden, daß sich für die Kinder ein hohes Maß förderlicher Beziehungen entwickelt? Ist der Schulvormittag so strukturiert, daß Beziehungen entstehen und gestärkt werden können? Werden beständige und intensive Beziehungen angestrebt als Grundbedingung von Bildung, insbesondere – wie es Aufgabe der Schule ist – zu den Gegenständen des Lernens? Wird hinreichend für jene Balance gesorgt, bei der weder die Bedürfnisse des einzelnen Kindes noch die Interessen der Gemeinschaft zu Lasten des anderen überwiegen und Ich-Identität und Wir-Identität sich gleichermaßen entwickeln können?

Grundlage der Bemühungen um das Kind ist also die Entwicklung der Qualität der Beziehungen zwischen den Menschen in der Schule.

Informelle Lebens- und Lernmöglichkeiten bieten

Eine Freundin oder einen Freund zu finden kann für Kinder bedeutsamer sein als die Lerninhalte der Schule; in die Gruppe einbezogen zu werden, ist ihnen oft wichtiger als der Unterricht und gibt Sicherheit – Voraussetzung dafür, daß die Kinder lernen mögen und wollen.

Um Kindern beim Bewältigen ihres Lebens und Lernens zu helfen, muß Grundschule ihnen Gelegenheiten bieten, in denen selbstgesteuerte Begegnungen mit anderen Menschen möglich sind. Wenn Kinder mit Kindern Kontakte knüpfen, sich austauschen und etwas unternehmen, üben sie, sich auf Begegnungen und Auseinandersetzungen einzulassen oder auszuweichen, mit Bedürfnissen oder Widerständen umzugehen, aufeinander einzugehen und miteinander vertraut zu werden, Beziehungen zu erproben und zu entwickeln und auch auf die eigenen und die Grenzen der anderen zu stoßen. So erhalten sie die Chance zu lernen, mit ihren Mitmenschen, auch in Konflikten, selbständig zurechtzukommen, sich selbst und andere mit ihren Besonderheiten näher kennenzulernen, zu verstehen und zu berücksichtigen.

Sich solchen sozialen Anforderungen individuell stellen zu können und zu müssen ist in überwiegend gelenkten Lernsituationen nur unzureichend möglich. Die Grundschule muß daher Räume und Zeiten «informellen» Lebens und Lernens einplanen, in denen Kinder nicht oder nur bedingt unter schulischen Anforderungen stehen. Die Gleitzeit am Morgen, offene Schulpause, Schulfrühstück, offene Bücherei, Freispiel, Freiarbeit und Freiräume innerhalb der Planarbeit sowie Exkursionen bieten Möglichkeiten für informelle Beziehungen. Soweit Kinder es nicht schaffen, von sich aus solche Beziehungen zu entwickeln, müssen die Pädagoginnen und Pädagogen ihnen einfühlsam zu helfen suchen.

Soziales Lernen zielgerichtet anleiten

Voraussetzung für wirksamen Unterricht ist zielgerichtetes Fördern von Dialog und Kooperation zwischen den Kindern durch regelmäßiges Einbringen gesprächs- und kooperationsfördernder Lernformen vom ersten Schultag an: Morgen- und Schlußkreis, Klassen- und Kinderrat, Sach- und Besinnungsgespräche, Partner- und Gruppenarbeit, soziale Spiele, gemeinsame Arbeitsvorhaben im Schulalltag, Schulversammlung.

In diesen Formen entwickelt sich ein offenes Miteinander, in dem die Kinder einander anregen, fragen, antworten, widersprechen, berichtigen, bestätigen, helfen und überprüfen. Hier mühen sie sich, gemeinsam zu planen und zusammenzuarbeiten, Probleme zu lösen und Konflikte zu regeln, aber freuen sich auch über das, was sie erlebt und geleistet haben. In Austausch und Zusammenarbeit werden Haltungen, Fähigkeiten und Kenntnisse des Kindes stärker stimuliert, differenziert und bereichert als im Nebeneinander-Lernen oder in fast ausschließlicher Kind-Pädagoge-Beziehung.

Die soziale Einbindung schulischen Lernens ist zum einen unmittelbarer Antrieb für Lerninteresse, Engagement und schulisches Leisten; zum anderen vermehrt sie die Chancen, daß sich die sozialen Beziehungen der Kinder vertiefen – günstig für die Entwicklung von Ich-Stärke sowie eine Voraussetzung wirklicher Gemeinschaft.

Mitbestimmungsformen zu gelebten Einrichtungen machen

Bereitschaften und Fähigkeiten, die für ein verträgliches und förderliches Zusammenwirken der Menschen in einer demokratisch verfaßten Gesellschaft nötig sind, lassen sich nur in sozialen Bezügen erlernen, die konkrete Chancen der Mitwirkung an der Gestaltung der Ziele, Inhalte und Regeln der Gemeinschaft enthalten. Schule als Lebens- und Lernort der Demokratie heißt daher: Mitbestimmungsformen wie Klassen- und Kinderrat, in denen Unterrichtsziele, -verfahren und Verhaltensregeln gemeinsam erörtert und vereinbart werden, müssen kontinuierlich *gelebte* Einrichtungen werden.

Zum einen wird so die Wirkung schulischen Lernens gestärkt, weil *mitbestimmtes* schulisches Lernen eher zur *eigenen* Sache wird. Zum anderen erfahren die Kinder, daß man an seinem Gemeinwesen konstruktiv mitwirken kann. Indem die Kinder stetig ernsthaft Mitwirkungsfähigkeiten üben, entwickeln sie positive Gewohnheiten demokratischen Teilhabens und tätiger Mitverantwortung. Die Schule wird so ihrer Aufgabe als Ort politisch-sozialer Grunderfahrungen gerecht, in der Menschen unterschiedlicher Herkunft und Lebenslagen im Zusammenwirken selbst die sie betreffenden Angelegenheiten mitgestalten und dabei zugleich aufeinander einzugehen lernen.

2.1.3 Das Kind als Subjekt im Lernprozeß

Ein Unterricht, in dem die Kinder aufgrund einengender Lenkung sich vorwiegend in der Objektrolle finden, schränkt ihre Entwicklung zu selbständig denkenden, aktiven und kooperativen Erwachsenen ein. Selbständigkeit, Selbstverantwortung, Kooperation und Mitgestaltung haben am ehesten Chancen, in einer Schule Wirklichkeit zu werden, deren Lebens- und Lernformen auf diese die Subjektrolle der Kinder betonenden Ziele hin konzipiert sind, Priorität erhalten und sowohl im Alltag der Schulklasse als auch im Miteinander der Schulgemeinschaft stetig konkretisiert werden. Wird das Kind als Subjekt seines Lebens und Lernens ernst genommen, indem es für seine Selbststeuerungskräfte, Gefühle, Vorstellungen, Interessen, Erfahrungen, Zugriffsweisen, Fragen und Vorschläge breiten Raum in der Grundschule erhält, wird es in seinem Lernen gestärkt:

- Das Kind sieht von ihm selbstgesteuertes und von ihm mitbestimmtes schulisches Lernen als *seine* Sache, zu deren Inhalten es aufgrund seines Interesses die für seine Person günstigsten Zugänge sucht und die es besonders ernsthaft und intensiv betreibt.

- Ein Unterricht mit einer großen Zahl an Situationen, in denen Kinder Subjekte ihres Lernens sein können, wird der Einsicht gerecht, daß Lernen eine nur vom Individuum zu leistende Verknüpfung von Teilen der Welt außerhalb seiner selbst mit seinem Inneren ist.

- Wenn die Kinder innerhalb des von Pädagoginnen und Pädagogen vorgeplanten Anforderungsrahmens die ihnen gemäßen Aufgaben, Lernmittel, Lernzeiten und Lernwege – soweit nötig mit Hilfe – *selbst* bestimmen können(«Selbstdifferenzierung»), wird Unterricht den unterschiedlichen Lernerfordernissen von Kindern besser gerecht, als es durch eine *gelenkte* Differenzierung möglich wäre.

2.1.4 An bedeutsamen Inhalten lernen

Durch Begegnungen reicher werden

Die Grundschule muß Kindern zu intensiven Begegnungen und Auseinandersetzungen mit objektiv und möglichst auch subjektiv bedeutsamen, in jedem Fall ihnen bedeutsam werdenden Gehalten der Welt verhelfen, damit sie in diesen Begegnungen fähiger und wissender werden. Kinder brauchen bereichernde Begegnungen mit Mensch, Tier, Pflanze, Buch, Kunstwerk, Sachverhalten, Ereignissen und Problemen, damit sie entdeckend, erkundend, pflegend, sprechend, schreibend, lesend, rechnend, gestaltend, produzierend ihre Interessen und Fähigkeiten entwickeln, mit Kultur, Natur und Gesellschaft in Dialog zu treten, und dabei erfahren können, womit es sich im Leben zu befassen lohnt. Hierzu ist es nötig, den verbreiteten Irrglauben an den Wert von «Unterrichtsstoff» als solchen aufzugeben. «Stoff durchzunehmen», ohne daß die Kinder sich um das Finden *eigener* Zugänge zur Sache und um das Finden *eigener* Ergebnisse bemühen und ohne daß sie *ihre* Interessen und Erfahrungen in die Erkenntnisfindung einbringen, fördert ihr Lernen nicht. Förderlich für die Kinder ist die mit innerer Beteiligung erfolgende gründliche und intensive Begegnung und Auseinandersetzung mit ausgewählten Gegenständen des Lernens.

In Zusammenhängen lernen

Ein unverbundenes Nach- und Nebeneinander kurzfristiger Lerntätigkeiten behindert das Verinnerlichen der Lerninhalte. Statt «bruchstückhaft» zu unterrichten, muß die Grundschule ein die Sach- und Sinnzusammenhänge wahrendes Lernen möglich machen: Die Kinder müssen in möglichst allen schulischen Lernsituationen Gelegenheit erhalten, das zu Lernende zu ihren Erfahrungen, Vorstellungen und Gefühlen in Beziehung zu setzen, weil Lernen ohne diese von den Kindern selbst zu vollziehenden Verknüpfungen mißlingt.
Interesse, Wahrnehmung, Gefühl, Denken und Handeln der Ler-

nenden als Bemüht- und Produktivsein im selbständigen Vollziehen der anzueignenden Fähigkeiten *und* das Inbesitznehmen der Inhalte durch Bewußtmachung ergeben erst *zusammen* den anzustrebenden Lernprozeß. Daher muß die Schule den Kindern viele Möglichkeiten bieten, bei der Begegnung mit den Lerngegenständen ihr Interesse, ihre Wahrnehmung, ihr Gefühl und ihre Denkfähigkeit in Handlungszusammenhängen zu aktivieren. Zu diesem handelnden Lernen gehört zum einen, das Handeln auf Ziele, Gründe und Wege zu bedenken, und zum anderen, das Handeln und seine Ergebnisse zu nutzen, um Vorstellungen und Gedanken zu prüfen, zu korrigieren, zu differenzieren und zu bereichern.

Neben notwendig bleibenden systematischen Übungen muß die Grundschule darum im Schul*alltag* Formen des Lernens nutzen, in denen das Kind als ganze Person mit allen Lernmöglichkeiten beteiligt ist. Das geschieht insbesondere in vom Kinde als sinnvoll, nützlich und erfreulich erkannten Anwendungssituationen in Einzel-, Gruppen- und Klassenvorhaben, in denen die Kinder die Arbeit vom Einstieg bis zum Veröffentlichen als Teile eines mit allen ihren Kräften zu gestaltenden Zusammenhanges erkennen können.

Durch Sachgespräche in die Sache eintauchen

Das Sachgespräch in der Klassengemeinschaft, in dem in die Sache eingedrungen und Sachkenntnis erarbeitet wird, in dem auch das sprachschwache Kind hinreichend zu Wort kommt, jeder die Rede des anderen mitzuvollziehen bemüht ist, Perspektivenübernahme gelernt und das Miteinander vertieft wird – dieses Gespräch muß gepflegt und zum Mittelpunkt des Unterrichts werden.

Die Gründlichkeit einer Begegnung mit den Inhalten hängt in hohem Maße ab von einer Gesprächsleitung, die die Vorstellungsbildung und das abwägende Nachdenken der Kinder anregt. In von der Pädagogin moderierten Klassengesprächen offen und nachdenklich werdend sich auszutauschen und in die Gehalte bedeutsamer Lerngegenstände einzutauchen hat zentrale Bedeutung für Bildung und Erziehung.

Grundschule muß – auch und gerade im Bereich des Grundfertig-keitserwerbs – für Schülerinnen und Schüler dadurch bedeutsam sein, daß sie diese durch Inhalte herausfordert, die die Kinder interessieren.

2.2 Formen der Grundschularbeit

Der Schulvormittag

Der Schulvormittag von Grundschulkindern sollte bestimmt sein durch einen sinnvollen Lebens- und Arbeitsrhythmus einander ergänzender Formen des Lebens und Lernens, über die je nach Erfordernis entschieden wird: gemeinschaftliche und individuelle, gelenkte und selbstgesteuerte, bewegte und ruhige Formen, Arbeit und Erholung. Die Zeit- und Organisationsstruktur darf nicht das Lernen bestimmen, sondern muß ihm dienlich sein. Eine «Stundenschule» mit 45-Minuten-Takten ist didaktisch und kinderpsychologisch ungeeignet und sollte nicht mehr praktiziert werden.

Täglich wiederkehrende Strukturelemente des Schulvormittags, mit denen die Kinder eine auf das eigene Tun bezogene Vorstellung verbinden können, wie Morgenkreis, gemeinsames Frühstück, Plan- und Freiarbeit oder Schlußkreis, gliedern das Tagesgeschehen, machen es für die Kinder überschaubar und geben dem Tag eine Ordnung, die die Eigenständigkeit der Kinder stützt, weil sie so wissen, «woran sie sind». Ähnliches gilt für eine entsprechende Ordnung der Schulwoche, die zum Beispiel durch den Montagskreis und die Wochenabschlußversammlung gegliedert werden kann, sowie für das Schuljahr durch jährlich wiederkehrende Bräuche, Feste und Projekte.

Die Zahl der Strukturvarianten eines Grundschulvormittags kann groß sein: sie geht hin bis zu einer für alle Klassen der Schule geltenden täglich mehrstündigen Projektzeit.

Als Kompromiß zwischen den Erfordernissen einer flexiblen Zeitplanung der einzelnen Klassen und der Notwendigkeit gemeinsamer

Zeitregelungen im Interesse des Schulganzen hat es sich als praktikabel erwiesen, jeweils etwa zweistündige Unterrichtsblocks vorzusehen, innerhalb deren die Strukturierung der Zeit den Klassen überlassen ist. Zwischen diesen Blocks liegen dann große, für die ganze Schule geltende Frühstücks- und Freizeiten.

In der «Ganzen Halbtagsgrundschule» könnte der Schulvormittag etwa wie folgt verlaufen: Er beginnt einige Zeit vor dem für alle verbindlichen Schulanfang am Morgen mit einem «gleitenden Schulbeginn». Kinder, die morgens besonderer Fürsorge bedürfen, finden bereits vor dieser Zeit offene Schultüren und eine pädagogische Ansprechpartnerin. In den Klassen könnte der Tag dann eingeleitet werden mit dem gemeinsamen «Morgenkreis», dem sich der Unterricht nach den Erfordernissen der Klassen anschließt: gelenkte gemeinsame oder differenzierende Einführungs- und Einübungsphasen – Phasen selbständigen Arbeitens der Kinder (Plan- und Freiarbeit) – Arbeit an Klassenvorhaben – Fachunterricht – Schlußkreis.

Dringlich ist es, in jeden Vormittag aller Grundschulen Phasen intensiven Sich-Bewegens aller Kinder einzubeziehen. Nicht minder wichtig ist es, Inseln der Stille inmitten des vielfältige und lebhafte Aktivitäten enthaltenden Unterrichts zu schaffen, allmählich auszudehnen und Kinder erleben zu lassen, wie wohltuend das ist.

An einigen Tagen könnten sich an das Leben und Lernen der einzelnen Klassen klassenübergreifende Arbeitsgemeinschaften anschließen.

In Grundschulklassen, in denen ein gemeinsamer gelenkter (dabei kind- und sachoffener) Unterricht mit selbständiger Arbeit der Kinder an Pflicht- und Frei-Aufgaben unter Betonung von Klassenvorhaben so verbunden wird, daß diese Unterrichtsformen einander stärken, kann sich das Arbeits- und Sozialverhalten der Kinder günstig entwickeln: die eigene Arbeit selbständig planen, sich verantwortlich fühlen für das eigene Lernen, fähig sein zu Austausch und Zusammenarbeit – das sind hier zu beobachtende Verhaltensweisen. Das Gruppenklima ist bestimmt durch ein Sich-wohl-Fühlen der Kinder, eine bejahende Einstellung zur Schule als *ihrer eigenen Sache* und ein deutlich entspannteres und lernwilligeres Verhalten auch solcher Kinder, die unter anderen Schulbedingungen Lern- und Verhaltensschwierigkeiten entwickeln würden.

Wirkungsfaktor hierfür ist das sich aus eher offenen und aus eher gebundenen Formen zusammensetzende Gesamtgefüge eines Schulvormittags, das sich im Unterschied zu einem ausschließlich engführenden sowie auch zu einem jegliche Führung außer acht lassenden Unterricht förderlich auf die Persönlichkeits- und Lernentwicklung auswirkt.

Gleitender Schulbeginn am Morgen

Wir empfehlen, den Schulvormittag mit einer «Gleitzeit» zu beginnen: Schon einige Zeit vor dem für alle verbindlichen Unterrichtsbeginn treffen die Kinder einzeln oder in Gruppen im Klassenraum ein, werden von der Pädagogin empfangen, beraten sich mit ihr, versehen ihre Ämter, unterhalten sich, spielen oder arbeiten.

Diese Form des Schulbeginns macht es den Kindern möglich, zunächst einmal auf sich selbst und auf eine selbstgewollte Aktivität eingestellt zu bleiben. Der Schultag ist nicht gleich durch von außen kommende Forderungen geprägt und macht so deutlich, daß die Schule als erstes ein Ort eigenen Planens und Tätigwerdens sein will.

Ohne daß unnötige Wartezeiten entstehen und ohne daß besondere Anordnungen für den Arbeitsbeginn nötig wären, gehen während der Gleitzeit außerschulisches und schulisches Leben der Kinder ineinander über. An das Lernen gehen die Kinder, wenn und weil es ihnen sinnvoll erscheint, nicht, weil es ihnen auferlegt wird. So gewöhnen sie sich, Lernen nicht unreflektiert mit organisiertem Unterricht gleichzusetzen, sondern es als Normalität ihres Lebens einzuordnen. Und: kein Grundschulkind braucht mehr morgens vor den Schultüren herumzustehen.

Morgenkreis

Daß in der modernen Grundschule der Morgenkreis den Formen der Tagesplan-, Wochenplan- und Freiarbeit vorangestellt wird, schafft das nötige Gegengewicht gegen deren individualisierende Wirkung. Partnerarbeit und spontane Kommunikationskontakte in den Phasen selbständigen Arbeitens können nicht die lernbereichernde Kraft organsierter Gemeinschaftsarbeit der Klasse ersetzen, der von der Pädagogin gezielt zur Wirkung verholfen wird.

Drei Gründe, die für den Morgenkreis als Teil des Schulvormittags sprechen, seien hier herausgehoben:

- *Einleitung des Tages:* Durch den Morgenkreis hat der Brauch, den Tag mit einem gemeinsamen Lied, einem Kreisspiel, der Lesung eines Textes, durch Sprechen von Kinderreimen oder durch Feiern eines Geburtstages und anderes einzuleiten, wieder mehr Platz in der Schule gefunden. Das stärkt das Gefühl der Kinder, einer, dieser, *ihrer* Gruppe anzugehören.

- Die *Erzählrunde:* Wenn die Kinder von ihren Erlebnissen auf dem Spielplatz erzählen, von der Angst um den kranken Kanarienvogel, von Schulwegkonflikten und Fernsehbildern, von Batman oder Dinosauriern, steckt darin erheblicher pädagogischer Nutzen:
  - Die Kinder können – anstatt nur in der Schülerrolle – als *Menschen* zur Sprache kommen mit dem, was sie zu sagen haben;
  - sie lernen so einander als Menschen kennen, was Voraussetzung für das Entstehen von Beziehungen und Gemeinschaft ist;
  - sie gewinnen Sicherheit im Sprechen vor der Großgruppe und lernen, sich den Fragen und Kommentaren der anderen zu stellen.

- Die *Arbeitsbesprechung* ist die zentrale Funktion des Morgenkreises, denn selbständiges Mitdenken, Handeln und Lernen setzt voraus, daß Schülerinnen und Schüler die Ziele des Unterrichtstages sowie die Bedingungen des Arbeitens kennen und die Lernwege erörtert haben. Zum mindesten müssen die Schüler aufgeklärt werden über den geplanten Verlauf des Unterrichts. Behutsam wird dann mit der Zielperspektive der Selbständigkeit der Kinder im Laufe der ersten Schuljahre eingeübt, *gemeinsam* den Verlauf des Arbeitstages vorzubereiten.

Der Morgenkreis ist das *Gesprächs- und Planungsforum*, in dem die Ansprüche der einzelnen und die der Gruppe, die Stärkung des Ichs und des Wir-Gefühls, Freiheit und Pflicht zusammenfließen. Nicht jede Klasse muß den Morgenkreis täglich realisieren, aber Grundschulerziehung erfordert, seine Funktionen täglich wahrzunehmen.

Tagesplan-, Wochenplan- und Freiarbeit

Die Lernaktivitäten dieser Unterrichtsform einer Grundschulklasse enthalten die Vielfalt dessen, was Kinder eigentätig bewältigen können: Sie rechnen, lesen oder schreiben an vorstrukturierten Lehrgangsmaterialien, schreiben freie Texte, arbeiten an Projekten, musizieren, experimentieren oder forschen. Die Aktivitäten umfassen Pflichtaufgaben zum Erfüllen der in den Lehrplänen enthaltenen gesellschaftlichen Anforderungen *und* frei gewählte Aufgaben zum Vertiefen und Erweitern des Interesses, Könnens und Wissens.

Vorrangig sind bei Plan- und Freiarbeit zwei Zielkomplexe:

- *Selbständigkeit.* Unter richtigem Einschätzen eigener Fähigkeiten die Lerninhalte auswählen; sich Ziele setzen; die Zeit einteilen und mit ihr auskommen; selbständig mit der Arbeit zurechtkommen; sich, falls notwendig, um Hilfe bemühen; mit Partnern nach Wahl kooperieren; im Spannungsfeld zwischen Selbststeuerung und notwendigem Sich-steuern-Lassen einen Weg finden; lernen, aus eigenem Wollen Ausdauer aufzubringen, und lernen, für das eigene Lernen verantwortlich zu sein – Ziele, die zu realisieren nötig sind, damit Kinder ihr Leben selbstbestimmt zu führen fähig werden.

- Plan- und Freiarbeit sind eine besonders wirksame Form der *Individualisierung des Lernens*, weil die Schülerinnen und Schüler dabei das Anforderungsniveau mit einem Individualisierungsgrad bestimmen, wie er jeder «verfügten» Differenzierung überlegen ist. Wir nennen diese Form daher «Selbstdifferenzierung».

Zu den Bedingungen, die dem Entwickeln selbstgesteuerten Lernens förderlich sind, gehören:

- Die Kinder werden stetig und behutsam *in kleinen Schritten* zu zunehmend selbständigem und selbstverantwortetem Lernen geführt.
- Die Phasen selbständigen Arbeitens werden in der Gesamtgruppe oder in Differenzierungsgruppen durch gelenktes Eintauchen in die Sache und Einüben von Arbeitstechniken vorbereitet.
- Die Kinder bestimmen Unterrichtsinhalte und Arbeitsweisen mit.
- Pädagoginnen und Helfer realisieren intensive Lernbegleitung.
- Pädagoginnen fördern sorgfältig die Selbstkontrolle der Kinder.
- Lernergebnisse werden veröffentlicht, gewürdigt und erörtert.

Wegen der positiven Wirkungen der Plan- und Freiarbeit auf den Arbeitswillen, das Sozialverhalten und die Lernfähigkeit der Kinder sollte diese Unterrichtsform weiterentwickelt und verfeinert werden, vor allem durch:

- stärkere Individualisierung der Arbeitsplanung der Kinder;
- Verstärken der Arbeit an Klassen- und Gruppenvorhaben;
- stärkere Betonung des Schreibens freier und sachbezogener Texte.

Integriertes Fördern

Bei manchen Kindern reicht ein sporadisches Helfen durch die Klassenleiterin während der individuellen Arbeitszeiten nicht, sondern ist zusätzliche Einzelförderung nötig.

Diese Zusatzförderung ist als integrierte Fördermaßnahme durch eine Zweitpädagogin innerhalb der Klasse *während* der Phasen selbständigen Arbeitens der Kinder vorteilhaft: *nicht* zu separierter Förderung aus der Klasse herausgenommen zu werden ist bedeutsame Komponente der Integration. Da jedoch die besonders förderungsbedürftigen Kinder auch das Selbständigkeits- und Kooperationstraining sehr nötig haben, müssen diese Kinder zumindest einen Teil der

Plan- und Freiarbeitszeiten auch selbständig in der Klasse arbeiten
können. Die Einzelförderung in die Zeiten gemeinschaftlicher Vorhaben der Klasse zu legen sollte man vermeiden, da eine solche Regelung die Integration schwächt.

Gemeinsame Arbeitsvorhaben

Gemeinsame Arbeitsvorhaben oder Projekte zeichnen sich durch folgende Merkmale als Situationen besonderer pädagogischer Förderung aus:

- Vorhaben und Projekte sind konkrete Handlungssituationen des
  schulischen oder gesellschaftlichen Lebens, die es dem Kind als
  sinnvoll erscheinen lassen, sich denkend und handelnd konstruktiv
  zu beteiligen, weil sie auf konkrete, den Kindern unmittelbar er-
  kennbare Zwecke zielen, die ihnen selbst, der Schulklasse, der
  Schule oder der Gesellschaft Gewinn bringen können.
- Die Kinder lernen hierbei stärker als bei anderen Unterrichtsformen, von eigenen oder gesellschaftlichen Bedürfnissen und Erfordernissen ausgehend, gemeinsam Handlungsziele und Lösungswege zu bedenken, zu erörtern, zu planen sowie kooperativ
  auf das Erreichen dieser Ziele hinzuarbeiten. Ihre Kräfte bringen
  sie dabei nach ihren individuellen Möglichkeiten in die Gemeinschaft ein und entwickeln zugleich wechselseitige produktive Beziehungen.
- Das Denken und Handeln in konkreten, die einzelnen Lernbereiche und Fächer der Schule übergreifenden Handlungssituationen
  läßt die Kinder die Realitäten in ihren Zusammenhängen erfahren
  und so besser verstehen. Sie lernen hierbei auf sinnvolle Weise,
  sich Ausschnitte ihrer Welt auch außerhalb der Schule zu erschließen.
- Beim Arbeiten an Vorhaben und Projekten sind die Lernenden mit
  ihren Gefühlen, ihrem Denken und ihrem Handeln zugleich beteiligt – Bedingung für wirksames Lernen junger Menschen.
- Indem die Schule den Kindern durch Vorhaben- und Projektarbeit
  ein hohes Maß an Produktivsein möglich macht, stärkt sie deren

Freude am eigenen Leistenkönnen und an sich selbst und wirkt so gleichzeitig der Gefahr übermäßiger Konsumorientierung entgegen.

- In Vorhaben und Projekten üben und sichern die Kinder ihre Fähigkeiten und schulischen Fertigkeiten auf dem ihnen gemäßen Leistungsniveau in lebensbezogenen Anwendungssituationen.

- Da Vorhaben und Projekte auf konkrete Werke der Gemeinschaft zielen, erfahren die Kinder mit dem vorzeigbaren Produkt ein sichtbares Ergebnis ihrer Leistung, müssen sich mit ihm auch anderen stellen und werden gewürdigt für etwas, das – soweit im Rahmen schulischer Arbeit möglich – Ernstcharakter hat.

Gehaltvolle Vorhaben sind wahrscheinlich der bedeutsamste Beitrag, den die Grundschule zur Person- und Lernentwicklung der Schülerinnen und Schüler und zu ihrer späteren Mitarbeit im Beruf, in der Gesellschaft und im Staat leisten kann. Daher muß die Grundschule diese Arbeitsformen konsequent im Unterrichtsalltag realisieren.

Einbinden des Fachunterrichts

Soweit die Grundschule Fachunterricht erteilt, darf dieser sich nicht nur an den fachspezifischen Inhalten und Methoden orientieren, sondern muß sich auch auf die lebenspraktischen Interessen der Kinder beziehen und sich in den Gesamtzusammenhang der Erziehung und des Unterrichts in der Grundschule einpassen.

Jeglicher Fachunterricht der Grundschule läßt sich in das Leben und Lernen der Kinder einbinden durch Anknüpfung an deren Erfahrungen und Vorschläge, die außer in die gemeinsamen Aktivitäten auch in dafür arrangierte individuelle Lernphasen eingebracht werden: Erfinden eigener Spiele und Bewegungsformen im Sportunterricht, Kleingruppendiskussion mit Entwickeln eigener Ideen durch die Kinder im (auch kombinierten) Sach- und Deutschunterricht oder freier Umgang mit Materialien im Technikunterricht sind Beispiele einer bewährten Praxis. In Kooperation der Fachlehrer mit der jeweiligen Klassenleiterin können Inhalte und Formen des Fachunterrichts in die umfassendere Plan- und Freiarbeit der einzelnen Klassen, in jahrgangsübergreifende Arbeitsgemeinschaften sowie in fächeraufhebende Klassenvorhaben und Schulveranstaltungen einfließen.

Klassenämter

Klassenämter als nötige Alltagsdienste für die Klassengemeinschaft helfen Kindern, durch Übernahme kleiner Verantwortlichkeiten für andere ihren Gemeinschaftssinn zu entwickeln und zu lernen, daß zu einer Gemeinschaft die Übernahme von Pflichten gehört. Von einem Dienen in obrigkeitsstaatlichem Sinne unterscheiden sich diese Ämter dadurch, daß sie nicht angeordnet werden, sondern Kinder und Pädagogen gemeinsam die Regelungen treffen und im Wechsel jedes Kind jedes Amt versehen muß. Durch eine überlegte Organisation läßt es sich vermeiden, daß die Ämter in Vergessenheit geraten und die Kinder lernen, zwar Pflichten zu haben, sie aber vernachlässigen können.

Klassen- und Kinderrat

Die Kinder haben feste Einrichtungen nötig, in denen sie sich daran gewöhnen, ihre Fragen und Vorschläge zum gemeinsamen Leben und Lernen, ihre Sorgen und Konflikte mit Hilfe *selbst* zu verhandeln, anstatt daß *andere* sich ihrer annehmen und sie für sie regeln.

Der *Klassenrat* dient sowohl dem Bewußtmachen der Interaktionsvorgänge in der Klasse als auch der Einflußnahme auf das Klassengeschehen. Leitlinie dabei ist das Bemühen um einvernehmliche Lösungen. So erfüllt die Grundschule ihre Aufgabe, die Kinder sich in Formen gesellschaftlichen Zusammenlebens einüben zu lassen, wie sie eine humane Kultur zu ihrer Entwicklung bedarf.

Morgen- oder Schlußkreise in der Klasse können die Funktion des Klassenrates mitübernehmen. Es empfiehlt sich jedoch, ihn gesondert zu einem eigens festgelegten Zeitpunkt abzuhalten.

Zum *Kinderrat* treffen sich ein oder zwei Abgeordnete je Klasse zu festgelegten Zeiten – in der Regel bei der Schulleitung –, um klassenübergreifende Fragen vorzubringen und zu besprechen: Probleme mit einzelnen Lehrern, Schulbusprobleme, Pausenkonflikte, Beschaffung neuer Spielgeräte. Auch werden den Kindern Wünsche des Kollegiums oder Hauspersonals mitgeteilt, zum Beispiel die Schwierigkeiten der Raumpflegerinnen, denen die Kinder durch entsprechendes Verhalten helfen könnten.

Lösungen zur Regelung des täglichen Zusammenlebens werden im vertrauenschaffendem Gespräch entwickelt und dann von den Mitgliedern des Kinderrats den Mitschülerinnen und Mitschülern nahegebracht.

Klassen- und Kinderrat sind besonders geeignete Formen, Mitbestimmung einzuüben, und lassen Kinder die wichtige Erfahrung machen, daß man an den Angelegenheiten des Gemeinwesens konstruktiv mitwirken kann. Die Kinder kommen hier der Einsicht näher, daß die Schule und die Gestaltung schulischen Lebens *ihre* Sache ist.

Schulversammlung

Um das Zueinandergehören aller Klassen und Menschen der Schule auszudrücken und die Entwicklung von Beziehungen zwischen ihnen als einer Bildungs- und Lerngemeinschaft zu fördern, ist die Versammlung aller Kinder, Pädagoginnen, Pädagogen und des Hauspersonals sowie auch der Eltern geeignet.

Gespräche zum Klären von Schulproblemen und zur Bemühung um deren Lösung sind ein bedeutsamer Inhalt der Schulversammlung. Anlässe sind außerdem der gemeinsame Beginn oder Ausklang der Schulwoche, gemeinsames Singen, das Eingehen auf wichtige Ereignisse in der Schulgemeinde und im Umfeld oder der Brauch, daß sich jede Klasse einmal den anderen durch ein darstellendes Spiel oder eine sonstige Leistung vorstellt.

Spielen

Spielen ist ein Grundbedürfnis des Menschen und eine bedeutsame Form seines Lebens und seines Lernens. Werden die reichen Möglichkeiten des Spiels für die Motivation und das soziale Klima, für die

Stärkung der körperlichen, emotionalen, sozialen und kognitiven Fähigkeiten des Kindes und der Entwicklung seiner Person sowie für die Ausbildung schulischer Fertigkeiten in das Leben und Lernen einbezogen, erhält die grundlegende Bildung der Kinder bessere Chancen der Verwirklichung. Das Spielen der Kinder in der Grundschule zu vernachlässigen, weil sonst «der Lehrplan nicht zu schaffen» sei, ist wegen der im Spielen liegenden Selbstheilungskräfte und Entwicklungsförderung zu kurz gedacht. Dem Spielen muß vielmehr ein zentraler Platz in der Pädagogik der Grundschule sicher sein.

Wenn die Grundschule sich von den ersten Schultagen der Kinder an bemüht, ihnen Gelegenheiten zu vielfältigem Spielen anzubieten, hilft sie vielen Kindern, Erfahrungsdefizite ihrer vorschulischen Sozialisation auszugleichen. Alle Kinder lernen, ihre Fähigkeiten in der Breite ihrer Möglichkeiten zu entfalten und mehr Freude an sich selbst und an ihrem Leben im Miteinander zu gewinnen.

In allen Schuljahren sollte die Schule den Kindern sowohl Gelegenheiten zu *informellem* selbstgewähltem und selbstgesteuertem Spielen geben als auch ihnen in von den Pädagoginnen *gelenkten* Spielen weiterführende Anregungen und stabilisierende Stützungen schaffen. Bedeutsame Spielarten in der Grundschule sind insbesondere Bewegungsspiele, Regelspiele, Experimentierspiele, werkschaffende Spiele sowie Rollenspiele bis hin zum darstellenden Spiel.

Feste und Feiern

Feste und Feiern sind bedeutsame Teile des Lebens in der einzelnen Schulklasse und eines alle Menschen der Schule einbeziehenden Lebens der Schulgemeinde. Zu Recht gelten sie als Höhe- und Haltepunkte des Schullebens, die das Schuljahr zu gliedern vermögen.

Feste und Feiern sollten möglichst von den Kindern mit Hilfe der Erwachsenen nach gründlichem Planen und Vorbereiten selbst gestaltet werden: mit Tänzen, Liedern, Gedichten, Pantomimen, Sprech- und Rollenspielen, auch mit ruheerfüllten Spielen, mit Aufführungen und Musizieren.

Feste und Feiern dienen der eigenen Sinnorientierung, dem zielrichteten Bemühen, andere zum Nachsinnen zu veranlassen, dem Freude-Bereiten und Freude-Erfahren, dem Öffentlichmachen seiner selbst und dessen, was man für bedeutsam hält und ausdrücken möchte. Feste und Feiern sind eine besondere Chance der Grundschule, alt und jung und die Menschen aus verschiedenen Ländern und Kulturen zum tätigen Miteinander und gemeinsamen Erleben zu vereinen.

Schlußkreis

Wenn im möglichst regelmäßig stattfindenden Schlußkreis die Tagesleistung der Kinder unter Vorstellung ihrer Arbeiten dargestellt und gewürdigt wird, tut dies dem Selbstgefühl der Kinder gut und fördert ihre Lern- und Leistungsbereitschaft.

Darüber hinaus ist eine Rückbesinnung auf den Schulvormittag sehr nützlich: Das Kind zum Lernen herauszufordern reicht nicht zum Lernen des Lernens. Dem Kind zu helfen, Subjekt seines Lernens zu sein, muß die Anregung einschließen, regelmäßig nachzudenken, wie es sein Lernen am besten organisiert. Konkrete Möglichkeit zu solchem «reflexivem Lernen» ist, jeweils nach einer Arbeit oder nach einem Arbeitstag im Schlußkreis sich auf begangene Lernwege zu besinnen, ihre Vor- und Nachteile hervorzuheben und an Beispielen herauszuarbeiten, welche Verhaltensweisen – bei einem selbst und bei anderen – förderlich waren. Solch ein *Nach*bereiten ist, weil an konkret vorstellbarem Lernen und Sozialverhalten vollzogen, bestmögliches *Vor*bereiten auf künftiges Lern- und Sozialverhalten.

Für Kinder, Pädagogen und ihr Miteinander ist es schön, wenn der Unterricht dann abschließend mit einem gemeinsamen Spiel, einem Lied, einem Tanz, dem Vorlesen eines guten Textes oder ähnlichem für alle erfreulich zu Ende geht.

Lernen in altersgemischten Gruppen

Wegen der Vorzüge altersgemischter Lerngruppen sollte das Bemühen um Offenheit zwischen den Kindern verschiedener Klassen und Altersjahrgänge verstärkt werden: durch Projekte «Schüler lernen von Schülern» oder Patenschaften älterer für jüngere Schüler, durch gemeinsame Aktivitäten altersungleicher Klassen, zum Beispiel in regulären Sport-, Musik- und Kunstunterrichtsstunden sowie durch jahrgangsübergreifende Arbeitsgemeinschaften.

Arbeitsgemeinschaften werden als Wahlpflichtveranstaltungen für Kinder der Klassen 2, 3 und 4 als Vorhaben aller Lernbereiche der Grundschule und als lernbereichsaufhebende Vorhaben angeboten. Durch diese Herausforderung lernen die Kinder, sich in einem größeren zur Wahl stehenden Angebot zu orientieren; sie bilden nach Interesse Arbeitsschwerpunkte; sie lernen, mit Kindern anderer Klassen und Jahrgänge zusammenzuarbeiten. (Zur ausführlichen Begründung sowie zur Bildung jahrgangsübergreifender Klassen siehe Kap. 4.3.4.)

Hausaufgaben

Statt bei geringer Förderwirkung manchen Kindern und Eltern Sorgen zu machen und ihnen vielleicht die Schule zu verleiden, könnten Hausaufgaben als «Fenster» zwischen schulischem Lernen und außerschulischem Leben eine bereichernde Lernchance sein.

Hausaufgaben können nützlich sein, wenn die Pädagogin oder der Pädagoge sie so auswählt, in den Anforderungen abstuft, mit den Kindern erörtert und vorüben läßt, daß bei sinnvoller Beanspruchung lernstarker Kinder zugleich Kinder mit Lernproblemen ihre Aufgaben ohne Hilfe in angemessener Zeit bewältigen. Soweit die Schule das nicht erreichen kann, sollte sie Hausaufgaben weglassen oder Hausarbeitshilfen in der Schule organisieren.

Hausaufgaben zum Üben des Gelernten sind nur sinnvoll, wenn die Kinder sachgerecht daran arbeiten oder gesichert ist, daß sie bei nicht sachgerechtem Vorgehen Rat und Hilfe erhalten. Wo Schulen das Üben und Festigen von Grundfertigkeiten in Form von Planar-beit als «Selbstdifferenzierung» im Unterricht realisieren, sollten die «Hausaufgaben» in dieses Konzept einbezogen werden.

Hausaufgaben als Aufträge, die auf Kenntnisausweitung der Kinder in ihrem Umfeld zwecks Darbietung im Gesprächskreis und auf Klassenvorhaben zielen, lösen in besonderem Maße Arbeitsbereit-schaft aus: Beobachtungen, Befragungen, Sammeln von Gegenstän-den und Informationen, Schreiben freier Texte, Berichten über ihre Welt, Vorlesen aus einem ihnen bedeutsamen Buch – Aufträge die-ser Art sind den Kindern in den Zielen einsichtig, sprechen *ihre* Le-benswelt an oder gehen davon aus und fordern durch eine (nicht zu weit gesteckte) Offenheit der Lösungswege ihr Produktivsein her-aus.

Im besten Fall werden die Aufgaben *als Vorschläge* der Kinder oder der Pädagogin *beraten*, damit die Kinder auch den außerunter-richtlichen Teil ihrer Lernarbeit verantwortlich organisieren lernen.

Hausaufgaben, deren Erfüllung in der Schule nicht beachtet oder lediglich «abgehakt» wird, läßt man besser wegfallen. Die Schule sollte die Aufgaben, soweit möglich, *in ihrem Inhalt würdigen* durch Anteilnehmen an Mühen, Problemen, Fortschritten. Förder-lich ist ein Erörtern unterschiedlicher Bemühungen auf den Lern-wegen.

In dem Maße, in dem die Kinder erkennen, daß ihren Arbeiten Bedeutung zugemessen wird – etwa durch Erörterung der Lernwege und durch Einbeziehung der Ergebnisse in den Unterricht –, wächst ihre Bereitschaft für Hausaufgaben und verstärken sich deren Wir-kungen.

Wenn Eltern sehr viel helfen müssen, ist zu fragen, ob das schuli-sche Lernen richtig angelegt war. Mit unfreiwilligen «Hilfslehrer»-Aufgaben sollten Eltern nicht belastet werden.

2.3 Der Klassenraum als Lernumgebung

Klassenräume sind «Hüllen» für das Leben und Lernen, das sich in ihnen abspielt. Zwischen den Räumen und den sich darin entwickelnden Beziehungen und Ereignissen besteht ein Wechselverhältnis: Gelingendes Leben und Lernen setzt förderliche räumliche Gestaltungen voraus.

Räume spiegeln die Gewohnheiten einer Gruppe. Sie zeigen, was sich in ihnen ereignet hat und worauf Wert gelegt wird. Dabei kann an Kleinigkeiten deutlich werden, ob die Beziehungen zwischen den Menschen «in Ordnung» und die Kinder und ihre Pädagoginnen und Pädagogen gerne in den Räumen zusammen tätig sind. Jeder Raum stellt für die darin Tätigen eine Gestaltungsaufgabe dar, bei der es unzählige Varianten gibt. Behaglichkeit und Anregungsreichtum sind nicht vom Ausstattungskomfort abhängig.

Grundschulkinder sind darauf angewiesen, in ihren schulischen Lebens- und Lernräumen *Geborgenheit* zu finden. Deshalb ist es erforderlich, die Räume auf die sinnlichen, leiblichen und emotionalen Bedürfnisse der Kinder abzustimmen; die Räume sollen dem Bewegungsbedürfnis entgegenkommen. Geborgenheit kann nur im Zusammenleben der Menschen entstehen, indem diese sich ihren Raum aneignen. Die Kinder haben ein Recht auf Räume, in denen sie sich wohl fühlen und Empfindungen des Zu-Hause-Seins entwickeln können – als elementare Voraussetzungen für alle Bildungsprozesse. Die Einrichtung und ständige Erneuerung des Klassenraums durch die dort Tätigen stellt eine Aufgabe dar, durch die das eigene «Gemeinwesen» tätig mitgestaltet wird.

Schulische Räume werden zu Orten der *Aneignung der Welt*, indem sie die Kinder dazu anregen, sich gemeinsam mit anderen mit dieser Welt, deren Repräsentationen ins Klassenzimmer geholt werden oder die von dort aus aufgesucht wird, auseinanderzusetzen.

Im Klassenzimmer benötigen die Kinder eine reichhaltige Ausstattung von Gegenständen in einer sorgsam strukturierten Lernumgebung: insbesondere Bücher, aber auch alle anderen Gegenstände, an denen und mit denen sie ihre Erfahrungen erweitern, zum Beispiel

Spiele und Materialien verschiedenster Art, Bilder, Werkzeuge, Instrumente wie Fernrohr, Mikroskop, Kamera, hergerichtetes und vorgefundenes Material, auch Computer und weitere solcher in der Umwelt der Kinder verbreiteten Geräte. Entscheidend ist nicht die Fülle des käuflichen Materials, sondern dessen Bedeutsamkeit und Anregungskraft in pädagogischen Situationen.

Kinder eignen sich ihre Umgebung *mit allen Sinnen* an. Die Räume können die Wahrnehmungsfähigkeiten der Kinder ansprechen, differenzieren und kultivieren. Vielgestaltigkeit und Abwechslung wirken erfrischend, Uniformität ermüdend. Eine ästhetisch anspruchsvolle Raumgestaltung und entsprechend ausgewählte Gegenstände leiten zu neuem Erleben, Begreifen und Hervorbringen an. Für viele Kinder setzt die Schule damit ein Gegengewicht zur außerschulischen Umwelt, die oft stereotyp und nicht auf Kinder abgestimmt ist. Eine ästhetisch anspruchsvolle Gestaltung des Klassenraums ist kein Luxus, sondern Voraussetzung zum Erreichen des Bildungsauftrags.

Mit der zunehmenden Übertragung von Erziehungsaufgaben von der Familie auf den Staat halten sich immer mehr Kinder immer länger in der Schule auf. Viele Schulen, die nicht als Ganze Halbtags- oder Ganztagsschulen gebaut wurden, werden inzwischen als solche genutzt. Gerade wenn Kinder mehrere Stunden oder einen Großteil des Tages in der Schule verbringen, sind die Räume so zu gestalten, daß die Kinder sich dort aufhalten wollen, sich wohl fühlen und entsprechend versorgt werden können (vgl. Kap. 5).

2.4 Inhalte der Grundschularbeit

Kindorientierung und Fachorientierung

In der Grundschule sollen sich die Kinder mit objektiv und subjektiv bedeutsamen Inhalten auseinandersetzen. Ihre Interessen und Zugänge zur Welt stehen im Mittelpunkt, wobei sie von den Pädagoginnen und Pädagogen zu Fragen und Vorhaben herausgefordert werden, die sie von sich aus nicht angehen würden. Der Unterricht in der Grundschule steht mithin vor der Aufgabe, die kindlichen Auffassungen von der Welt mit den Interpretationen und Symbolsystemen der Erwachsenen zu vermitteln.

Die Ordnung des Wissens in Gebiete und Zusammenhänge ist ein Teil der Kultur der Erwachsenen. Im Sozialisationsprozeß begegnen die Kinder dieser Ordnung, ohne sie schon als System zu erkennen.

Viele Themen des Grundschulunterrichts stehen – im weitesten Sinne – im Rahmen fachlich-systematischer Zugriffe, wodurch ein Bezug zu wissenschaftlichen Kategorien und Methoden hergestellt wird. Innerhalb dieser Rahmen gewinnt das einzelne Thema seine besondere Ausrichtung, und es wird ein Aufbau von Fragen und Antworten sichtbar, so zum Beispiel bei Spielen in der Arithmetik, beim Umgang mit Farbe in der Kunstgeschichte, bei der Interpretation von Texten im religionswissenschaftlichen Kontext und dergleichen mehr.

Grundschulunterricht kann sich nicht ausschließlich an den Wahrnehmungs- und Denkweisen der Kinder ausrichten und diese fortsetzen, weil dadurch die Themen unbestimmt blieben und kein systematischer Aufbau des Lernens erreicht würde. Dennoch darf der Unterricht in der Grundschule keine Vorverlegung eines vornehmlich oder ausschließlich fachlich-systematischen Unterrichts sein. Es wird vielmehr darum gehen, das Spannungsverhältnis zwischen kindlicher und wissenschaftlicher Weltsicht bewußt zu machen und jeweils Lösungen im Sinne einer Vermittlung zu finden: von den Fragen der Kinder auszugehen, Antworten zu suchen, die Bezüge zu fachlichen Strukturen aufweisen, und die Zusammenhänge verständlich zu machen.

Jeglicher Unterricht steht dabei unter einer übergreifenden Leitformel: Er dient der Stärkung der Urteils- und Ausdruckskraft der Kinder.

Offenheit und Gebundenheit

In dieser Empfehlung wird mehrfach dargelegt, daß Lernsituationen, in denen die Kinder möglichst weitgehend die Ziel- und Inhaltsfindung übernehmen und die Ausgestaltung im gemeinsamen Austausch voranbringen, die für die Grundschule beste Art des Lebens und Lernens sind. Die Grundschule organisiert dieses aktiv-entdeckende und gemeinsame Lernen und leitet die Kinder durch den dazu notwendigen räumlichen, inhaltlichen und medialen Rahmen und durch vielfältige Initiativen der Pädagoginnen und Pädagogen an. Dies gelingt insbesondere, wenn der Unterricht an den kindlichen Lebenssituationen ansetzt, die Inhalte des Lernens für die Kinder einen persönlichen Wert haben und die Kinder handelnd Erfahrungen machen können.

Lernprozesse lassen sich von außen zwar anregen, aber nicht erzwingen. Das Kind selbst ist Agent seiner Lernprozesse. Kinder leisten oft gerade dann etwas, wenn ihnen nicht Leistung (im engen Sinne) abgefordert wird, sondern wenn sie freigesetzt werden, um, der Sache und der Situation hingegeben, in der Gruppe lernen zu können. Versuche, das Lernen der Kinder in ein nachprüfbares Zielkorsett einzupassen, werden daher die Grundschule nicht effizienter, sondern öder und flacher machen.

Die angestrebten Lernprozesse kommen in der Regel durch weittragende Fragestellungen in Gang, die sowohl von den Kindern als auch von den Lehrerinnen und Lehrern eingebracht werden. Ihren eigenen Überlegungen nachgehend, erarbeiten sich Kinder oft größere Stoffgebiete auf ihren eigenen Wegen. Von seiten der Pädagoginnen und Pädagogen benötigen einzelne Kinder, Kindergruppen oder die ganze Klasse fein dosierte Hilfen. Für dieses Lernen muß den Kindern ausreichend Zeit gelassen werden. Die heute in manchen Fächern noch vorherrschenden Unterrichtsmethoden, die den Stoff in kleine Einheiten unterteilen und die Kinder von Lernziel zu Lernziel eng führen, sollten möglichst weitgehend durch diese Konzeption eines aktiv-entdeckenden Lernens abgelöst werden.

Offener Unterricht und aktiv-entdeckendes Lernen der Kinder bedürfen über das pädagogisch-psychologische Konzept hinaus fachdidaktischer Konkretisierungen. Entwicklungen in einzelnen Lernbereichen belegen, daß diese Zielperspektiven erst dann tragfähig werden, wenn auch die Fachdidaktiken von ihnen bestimmt werden und entsprechende didaktische Vorschläge, Materialien und Beobachtungshilfen vorliegen.

Fächer, Lernbereiche und übergreifende Aufgabenfelder

Üblicherweise sind die Lehr- und Lerninhalte der Schule nach «Fächern» geordnet: Lehrpläne legen die Fachinhalte fest, die in fachbezogenen Schulbüchern aufbereitet werden, Stundentafeln und Stundenpläne weisen für jedes zu erteilende Fach eine bestimmte Anzahl von Stunden aus, Lehrerinnen und Lehrer studieren im Rahmen ihrer Ausbildung Unterrichtsfächer, wissenschaftliche Diskussionen entwickeln sich im Rahmen von Fachdidaktiken, Interessenverbände setzen sich für Fächer ein. Dies trifft mit Einschränkungen auch auf die Grundschule zu. Der Fächerkanon ist historisch gewachsen – darin liegt seine Logik.

Bildend im engeren Sinn sind jedoch weder die Wissenschaftsdisziplinen noch die aus ihnen abgeleiteten Schulfächer, sondern nur die Auseinandersetzung mit kulturell bedeutsamen Fragestellungen, die notwendigerweise die Grenzen von Disziplinen und Fächern sprengen. Das hat zu neuen Gruppierungsversuchen geführt: In allen Schulstufen gibt es engere und eher breit angelegte Schuldisziplinen. Verschiedentlich wurde versucht, Fächer oder Teilgebiete aus verschiedenen Fächern zu «Lernbereichen» zusammenzubinden. Diese Anstrengungen sind nicht auf die Grundschule begrenzt. Am Anfang des schulischen Bildungsgangs liegen sie jedoch besonders nahe. Für die Grundschule hat es sich eingebürgert, nicht mehr von «Fächern», sondern nur noch von «Lernbereichen» zu sprechen. Wir schließen uns dem an und sprechen im folgenden nur noch von Lernbereichen.

Folgende Lernbereiche gehören üblicherweise zum Kanon der Grundschule: Deutsch, Mathematik, Sachunterricht, Kunst, Musik und Sport sowie Textiles Werken und Religionsunterricht.

Von diesen ist der Sachunterricht ein Beispiel für einen Lernbereich, der sich erfolgreich durchgesetzt hat. Der sprachlichen Bildung im Lernbereich Deutsch werden häufig übergreifende, den gesamten Unterricht durchziehende Aufgaben zugesprochen. Verschiedentlich wird auch versucht, mehrere Fächer miteinander zu verbinden, zum Beispiel Kunst und Musik – teilweise unter Einschluß von Sport und Bewegung – zum Lernbereich «Musisch-ästhetische Erziehung».

Im Selbstverständnis der Grundschule ist außerdem der *«fächerübergreifende»*, *«fächerverbindende»* oder *«fächerintegrierende»* beziehungsweise *«lernbereichsübergreifende» Unterricht* bedeutsam. In den Anfangsklassen soll er sogar den schulischen Normalfall darstellen. Allerdings besteht keine Einigkeit, was darunter zu verstehen ist:

Von «lernbereichsübergreifendem» Unterricht wird gesprochen, wenn die Lernziele eines Lernbereichs im Kontext eines anderen wieder aufgegriffen und vertieft werden, zum Beispiel das Zählen aus der Mathematik auch im Sport- oder Sprachunterricht.

Eine Variante besteht darin, daß die Gegenstände, an denen im Unterricht Erfahrungen gemacht werden, aus einem anderen Lernbereich stammen: Sprachliche Lernprozesse lassen sich etwa an ästhetischen oder musikalischen Inhalten konkretisieren, indem Bilder beschrieben oder Texte musikalisch umgesetzt werden.

Der Inhalt kann eine stoffliche Klammer darstellen, dessen «mehrperspektivische» Bearbeitung in verschiedenen Lernbereichen Erkenntnisgewinn verspricht, zum Beispiel die Bearbeitung des Themas «Geld» unter dem Aspekt der Geldwerte im Mathematikunterricht und unter dem Aspekt seiner historischen und sozialen Bedeutung im Sachunterricht.

Lernbereiche können für eine gewisse Zeit miteinander verbunden werden, zum Beispiel Kunst *und* Mathematik (bei Aufgaben aus der Geometrie) oder Musik *und* Bewegung (in szenischen Darstellungen).

Schließlich kann dieses Lernen im Rahmen von Projekten zustande kommen, indem die Lernenden auf die Inhalte und Methoden verschiedener Lernbereiche zurückgreifen.

Das Klassenlehrerprinzip bietet in der Grundschule für diese Möglichkeiten besonders gute Voraussetzungen. Allerdings ist jeweils kritisch zu überprüfen, ob geeignete Leitideen ausgewählt und wesentliche Bezüge getroffen werden, so daß die aspektreiche Bearbeitung auch wirklich zum Erkenntnisgewinn wird. Gefahren liegen darin, daß im Sinne eines historisch überholten Gesamtunterrichts lediglich zufällige Aspekte oberflächlich miteinander verbunden werden. Gerade der lernbereichsübergreifende Unterricht kann dazu führen, daß überbordende Stoffkataloge entstehen, deren Zusammenhang nur noch den Lehrenden deutlich ist und unter denen jede Initiative der Lernenden erstickt.

Parallel zu den Lernbereichen werden heute für die Grundschule notwendige *lernbereichsübergreifende Aufgabenfelder* beschrieben, zum Beispiel Umweltbildung, Gesundheits- und Sexualerziehung und Medienerziehung. Damit werden bestimmte gesellschaftliche Schlüsselprobleme und sich daraus ableitende zentrale Erziehungsaufgaben besonders hervorgehoben. Im herkömmlichen Kanon der Lernbereiche ist für diese Aufgabenfelder nur mit Mühe ein angemessener Platz zu finden. Teilweise werden sie auf verschiedene Lernbereiche aufgeteilt. Betont man ihren Zusammenhang, können sie nur als «zusätzliche» Aufgaben aufgeführt werden, die nicht in der Stundentafel verankert sind. Damit sind sie in der Gefahr, gegenüber den Zielen und Inhalten der Lernbereiche vernachlässigt zu werden.

Im Hinblick auf die Zuordnung und Gliederung der Lehr- und Lerninhalte der Grundschule empfehlen wir, zukünftig von den folgenden *sechs Lernbereichen* auszugehen, in denen die Kinder mit bedeutsamen Inhalten umgehen lernen sollen:

1) Welterkundung (vormals Sachunterricht)
2) Sprache (einschließlich Fremdsprachen)
3) Mathematik
4) Musisch-ästhetische Erziehung
5) Körper und Bewegung – Spiel und Sport
6) Religion, Ethik und Philosophie.

Diesen Kanon ergänzen wir durch *drei übergreifende Aufgabenfelder*, wobei wir uns bewußt sind, daß diese um weitere ergänzt werden können (zum Beispiel «Lernen für die Eine Welt»):

7) Gesundheits- und Sexualerziehung
8) Medienerziehung
9) Umweltbildung.

Manche Aufgabenfelder erscheinen hier nicht, weil wir sie als Unterrichtsprinzipien verstehen. Die Friedenserziehung etwa wird nicht genannt, da sie bereits im Sinne des sozialen Lernens und der Erziehung in der Demokratie als eine allen Lernbereichen gemeinsame Aufgabe beschrieben worden ist.

Ein gesondertes Fach «Handarbeit» oder «Werken», schon gar in der Einschränkung auf «Textiles Werken», erscheint uns historisch überholt. Wir verfahren damit wie folgt:

- Als *«Praktisches Lernen»* ist das Einbeziehen handwerklich-manueller Tätigkeiten allen Fächern aufgegeben. Jeder Klassenraum sollte die Voraussetzungen geben, daß jederzeit auch mit den Händen und verschiedenen Materialien und Werkzeugen gearbeitet werden kann.

- Die *«Technische Elementarbildung»* ist ein wichtiger Teil vor allem des neuen Lernbereichs «Welterkundung», der den Sachunterricht ersetzen soll (vgl. Kap. 2.4.1.1), und taucht dort unter der Überschrift «Methoden der Rekonstruktion und Darstellung der Welt» ebenso wie bei den verschiedenen «Systemen und Praktiken» auf, die die Menschheit im Laufe der Kulturgeschichte entwickelt hat.

- Daneben machen die Schulen besondere *künstlerisch-handwerklich-technische Angebote*, etwa Stricken oder Umgang mit Werkzeugen zur Holz- und Metallbearbeitung, sofern die Lehrenden dafür vorhanden sind und die Kinder Interesse haben.

Da die Lehr- und Lerninhalte der Grundschule diesen Fächern, Lernbereichen und Aufgabenfeldern zugeordnet sind, sollten die Lehrpläne *alle neun* Bereiche aufführen und konkretisieren. Wir empfehlen allerdings, Lehrpläne nur noch in der Form von Rahmenplänen vorzugeben, die die Aufgaben, übergeordneten Prinzipien und Ziele präzise benennen, gegebenenfalls auch durch Hilfen und Hinweise ergänzen, den Pädagoginnen und Pädagogen vor Ort jedoch umfassende Freiräume geben, die passenden Inhalte in Kooperation mit allen an der Schule Beteiligten, insbesondere den Kindern selbst, auszusuchen und festzulegen.

Der zeitliche Rahmen, der für die Lehr- und Lerninhalte zur Verfügung steht, darf sich unseres Erachtens nicht mehr an den überkommenen Stundentafeln bemessen, da die Grundschulen zukünftig als «Ganze Halbtagsschulen» geführt werden sollen. Innerhalb dieses Rahmens wird die zur Verfügung stehende Zeit auf die zu behandelnden Inhalte verteilt. Dabei ist allein ausschlaggebend, daß die Aufgaben und Ziele mit den Kindern erreicht werden. Jahresstundentafeln mit empfohlenen Jahreskontingenten für Fächer, Lernbereiche und Aufgabenfelder können grobe Hinweise geben. Die Verantwortung für die konkrete Zeitverteilung tragen jedoch die Lehrerinnen und Lehrer.

Entsprechend entfallen für die Grundschule – zumindest in den Klassen 1 bis 4 – auch die herkömmlichen Stundenpläne. Tage und Woche werden – wie beschrieben – rhythmisiert gestaltet. Dabei können die Wochen unter verschiedene inhaltliche Leitthemen gestellt werden, wodurch sich als Nebeneffekt bessere Möglichkeiten für die zeitliche Konzentration der Inhalte im Sinne des Epochen- und Projektunterrichts ergeben. Im Kapitel 7.4 wird ausgeführt, daß sich auch die Arbeitszeit der Pädagoginnen und Pädagogen nicht mehr allein nach den wöchentlichen Deputatsstunden bemessen darf.

Im folgenden werden die Lernbereiche und Aufgabenfelder der Grundschule näher betrachtet. Ausgehend vom jeweils erreichten fachdidaktischen Diskussionsstand beschreiben wir allerdings nur den unseres Erachtens aktuellsten *Innovationsbedarf*. Eine systematische Darstellung ist im Rahmen dieser Empfehlungen nicht beabsichtigt.

2.4.1 Lernbereiche der Grundschule

2.4.1.1 Welterkundung statt Sachunterricht

Der Mensch braucht neben der Kompetenz, über die verschiedenen historisch gewachsenen Symbolsysteme zu verfügen, auch die Phantasie, den Mut und die Fähigkeit, in die Welt hinauszugehen und sich die Welt selbst zu erschließen. Dieses In-die-Welt-Hinausgehen muß schon in der Grundschule beginnen, die Schule muß hierfür ein Ausgangspunkt und Übungsort sein. Es geht um *Kulturaneignung* als Voraussetzung für die *Teilhabe an der menschlichen Kultur*.

Ein Lernbereich, in dem dieses In-die-Welt-Hinausgehen seit jeher besonders gepflegt wird, ist der aus der Heimatkunde hervorgegangene Sachunterricht. Im Sachunterricht sollen sich die Kinder keineswegs – wie es die überholte Bezeichnung dieses Lernbereichs nahelegt – primär Wissen über «Sachen» aneignen. Sie haben hier traditionell immer auch Gelegenheit, über «Verhältnisse» nachzudenken: die Verhältnisse unter den Menschen, das Verhältnis des Menschen zur Natur, im weitesten Sinne die Beschäftigung mit Wissenschaft, Technik, Kultur und Politik bis hin zu Fragen von Ethik und Moral.

Entgegen einem selbst in der Fachwelt weit verbreiteten Mißverständnis entstammen die Themen und Gegenstände des Sachunterrichts dabei, schulhistorisch gesehen, nicht primär den verschiedenen Wissenschaftsdisziplinen, die sich auch diesen Themen und Problemen widmen, sondern *Bereichen der kulturellen Tätigkeit des Menschen*. Dabei geht es inhaltlich im wesentlichen immer um zwei Aspekte:

– die Bewältigung des Verhältnisses des Menschen zur belebten und unbelebten Natur und
– die Bewältigung des Zusammenlebens der Menschen untereinander.

Im Sachunterricht unserer Tage ist dieser Welt- und Kulturbezug des Grundschulunterrichts etwas aus dem Blick geraten: Aus der Kritik des ideologisch beschränkten Heimatkundeunterrichts der fünfziger und frühen sechziger Jahre mit seinem Verharren in vorindustriellen

Gesellschaftsbildern entwickelte sich vor einem Vierteljahrhundert ein betont wissenschaftsorientiertes Fach, das die ausdifferenzierten Interpretationssysteme der Erwachsenen zu den genannten beiden Tätigkeitsfeldern der Menschheit – den Naturwissenschaften einerseits, den Sozialwissenschaften andererseits – zu unmittelbaren Bezugssystemen des Unterrichts erklärte.

Im positiven Fall lernten die Kinder dabei Methoden wissenschaftlichen Arbeitens kennen: die objektivierende Beschreibung der Wirklichkeit durch Verfahren des Messens, Klassifizierens und Vergleichens, die Verfolgung von Theorien und Hypothesen und deren Überprüfung im (wissenschaftlichen) Experiment, die Auseinandersetzung mit fertigen Theorien aus einzelnen Wissenschaften.

Im leider nicht seltenen negativen Fall wurden die Kinder jedoch eher zu passiven Rezipienten wissenschaftlicher Modelle und Theorien degradiert, die in den Unterrichtsgegenständen kaum interessante Bezüge zu ihrer eigenen Lebenswelt entdecken konnten, weil sie gar keine Gelegenheit erhielten, eigene Fragen zu diesen Gegenständen zu entwickeln. Bisweilen artete der neue Sachunterricht in ein stures Begriffelernen aus.

Wenngleich heute eher fachübergreifende, «offene» und «lebensweltorientierte» Ansätze propagiert werden, erweist sich der Sachunterricht in der Praxis derzeit noch allzu häufig als ein Sammelsurium didaktisch reduzierter Bruchstücke aus ganz unterschiedlichen Fachwissenschaften: ein wenig Magnetismus hier, ein wenig Gesundheitslehre dort, ein wenig elektrischer Stromkreis, etwas mehr Biologie. Das mag im einzelnen noch so gut vorbereitet sein, es bleibt im Verständnis der Kinder ebenso wie in seiner theoretischen Legitimation allzuoft ohne Begründung und ohne Zusammenhang. Der Anspruch auf Erzeugung von Sinn durch und im Unterricht ist dabei – obwohl von den Vertretern eines «offenen Unterrichts» gerade als dessen Essenz angestrebt – in der Praxis häufig verfehlt worden. Es fehlt nicht nur den Lehrerinnen und Lehrern, sondern offenkundig auch den meisten Lehrplanautoren eine Orientierung an allgemeingültigen inhaltlichen Kriterien, die bildende Begegnungen von purer Beschäftigung mit irgendwas unterscheidbar machen.

Ein Zurück zu den traditionellen Konzepten der Heimatkunde kann es dennoch nicht geben: In unseren Grundschulklassen kommen Kinder aus aller Welt zusammen mit teilweise völlig ungeklärten Heimatbezügen. Darüber hinaus werden die Menschen des Medienzeitalters von frühester Kindheit an mit Lebensformen und Problemlagen aus aller Welt konfrontiert, die weit über den heimischen Gesichtskreis hinausreichen: Schon Sechsjährige entschlüsseln heute problemlos die typischen Verlaufsformen eines fernöstlichen Ritterduells, das Procedere einer nordamerikanischen Gerichtsverhandlung oder die Verhaltensstandards im internationalen Rauschgiftgeschäft, die ihnen das Fernsehen täglich neu ins Kinderzimmer sendet.

Mit Rücksicht auf diese Entwicklungen schlagen wir eine radikale Neuorientierung für diesen Lernbereich einschließlich seiner neuen Benennung vor: «Welterkundung» statt «Sachunterricht».

In Übereinstimmung mit der integrativen Gesamtstruktur der in diesen Empfehlungen vorgestellten Grundschule sollte die forschende Auseinandersetzung des lernenden Kindes mit der es umgebenden Welt im Zentrum dieses Lernbereichs stehen. Gleichwohl können die Inhalte dieser Auseinandersetzung nicht ins Belieben der Kinder gestellt werden. Wenn es weiterhin eine gemeinsame Grundschule für alle Kinder unserer Gesellschaft geben soll, muß es auch gemeinsame Inhalte geben, über die gemeinsam nachzudenken lohnenswert ist. Solche Inhalte müssen sich identifizieren lassen, ohne daß sie den Schulen im einzelnen weiter vorgeschrieben werden sollten.

Wir schlagen mithin einen konsequenten Wechsel der Blickrichtung vor: Im Lernbereich «Welterkundung» sollen die Kinder nicht länger an Themen und Inhalten arbeiten, die in Lehrplänen vorgegeben sind, sondern sie sollen *ihren eigenen Fragen nachgehen* und *dabei* die Interpretations- und Darstellungsmuster der Erwachsenen für die von ihnen untersuchten Probleme kennenlernen.

Die Aufgabe der Pädagoginnen und Pädagogen besteht hier primär darin, die Kinder zu ermutigen, *eigene Fragen an die Welt zu richten*, ihnen Gelegenheiten zu erschließen, diese eigenen Fragen auf dem Wege des forschend-entdeckenden Lernens *selbst* zu klären, *und* den Schülern dabei zugleich in einer unaufdringlichen Form Stück für

Stück jene Interpretationsmuster der Welt vorzustellen und anzubieten, die die Menschheit im Laufe der Kulturentwicklung für die Fragen der Kinder schon erarbeitet hat.

«Welterkundung» wird dabei nicht als Vorwegnahme oder Einführung in irgendwelche Wissenschaftsdisziplinen begriffen, sondern als ein Beitrag der Kinder zur Weltaneignung in der Auseinandersetzung mit der *kulturellen Tätigkeit* des Menschen. Die Systeme der Erwachsenen sollen den Kindern nicht aufgedrängt werden, sondern den Kindern soll zuerst einmal die *eigene* Erfahrung ermöglicht werden, daß es im Prozeß der Weltaneignung Methodik gibt, daß Erkenntnis zu Systemen geordnet und damit für alle verfügbar gemacht werden kann.

Im Gegensatz zur aktuellen Situation des Sachunterrichts, der eher formal als material bestimmt ist, geben wir dem neuen Lernbereich eine formale *und* eine materiale Bestimmung.

Formale Bestimmung (Aneignung von Kultur«techniken»):

Der Unterricht dient der Differenzierung und Diversifikation der kindlichen Erfahrungen auf dem Wege des *forschend-entdeckenden Lernens* durch die Kinder selbst, nicht etwa, weil dies eine typische Arbeitsform der Wissenschaften ist, sondern weil es sich um eine Grundform menschlicher Weltaneignungs- und Problemlösestrategien handelt, die von der Wissenschaft nicht erfunden, sondern allenfalls perfektioniert worden ist.

Materiale Bestimmung (Aneignung von Kultur«gütern»):

Es geht um die Aneignung von Erkenntnissen der Menschheit, die über die individuelle Situation des einzelnen Kindes hinaus *allgemeine Bedeutung* haben und deren Allgemeinbildungsanspruch einem allgemeingültigen Suchraster für bedeutsame Unterrichtsinhalte entnommen werden kann. Der didaktische Gang des Unterrichts in einem so konzipierten Lernbereich lautet wie folgt:

- Die Lehrerinnen oder Lehrer sollen aus den Erzählungen der Kinder (zum Beispiel im Gesprächskreis) vielseitig interessierende

Fragen heraushören oder den Kindern vielseitig interessierende Wirklichkeitsausschnitte präsentieren: Geschichten, Zeitungsmeldungen, eine Problemschilderung, ein Stück Literatur, einen Ausschnitt aus einem Film, ein Naturphänomen oder was auch immer den Geist anzuregen vermag.

- Sie sollen den Kindern vielfältige sinnliche Eindrücke von dem möglichst gemeinsam ausgewählten Wirklichkeitsausschnitt verschaffen, den die Kinder näher untersuchen wollen.

- Sie dürfen dann aber nicht länger ihrerseits den Gang der Auseinandersetzung für die Kinder vorwegplanen, sondern sollten jetzt primär die Fragelust der Kinder herausfordern und für deren Forschungsdrang in bezug auf den gewählten Wirklichkeitsausschnitt angemessene Tätigkeitsfelder bereitstellen.

- In der möglichst selbständigen Klärung der Fragen der Kinder sollen diesen von seiten der Schule dann behutsam auch gegenstandsangemessene – «kulturbewährte» – Methoden und Zugriffsweisen angeboten und aufgezeigt werden.

- Dazu muß den Pädagoginnen und Pädagogen ein Suchraster mit Gegenstandsbereichen der unterrichtlichen Beschäftigung zur Verfügung gestellt werden, anhand dessen sie kulturell bedeutsame von weniger bedeutsamen Fragen und Aktivitäten unterscheiden können, damit sie den Kindern bei ihren Forschungsaktivitäten angemessene Hilfen und Unterstützung geben und auf die Auswahl der gemeinsamen unterrichtlichen Aktivitäten begründet Einfluß nehmen können.

Ein solches Suchraster könnte in vier Gegenstandsfelder oder «Fragerichtungen» gegliedert werden, wie im folgenden beispielhaft ausgeführt wird:

- Welches sind entwicklungstypische Schlüsselfragen von Grundschulkindern?

- Welches sind die epochaltypischen Schlüsselfragen der Menschheit?

- Was sind epochemachende Errungenschaften der Menschheit, mit denen Kinder schon im Grundschulalter vertraut gemacht werden können?

- Welche Methoden der Rekonstruktion und Darstellung der Welt können schon Grundschulkinder kennen- und anwenden lernen?

Dazu im folgenden nähere Erläuterungen.

Epochaltypische Schlüsselfragen der Menschheit

Hierzu zählen wir vorwiegend Fragen, die die Probleme des Miteinanders der Menschen in der Einen Welt betreffen:[4]

- die Frage der Vermeidung des Krieges und der Sicherung des Friedens,
- die Frage nach unserem Verhältnis zur Natur (die Umweltfrage oder ökologische Frage),[5]
- die Probleme und Folgen der gesellschaftlich produzierten Ungleichheit unter den Menschen,
- das rapide Wachstum der Weltbevölkerung und seine Folgen, insbesondere Fragen der Migration,
- die Möglichkeiten und die Gefahren der neuen technischen Steuerungs-, Informations- und Kommunikationsmedien,
- die Verhältnisse zwischen den Geschlechtern und zwischen den Generationen

und andere mehr.

Epochemachende Errungenschaften der Menschheit

Zu den epochemachenden Errungenschaften der Menschheit, die im Rahmen der Forschungs- und Erkundungstätigkeiten der Kinder

---

4 Wir folgen mit der Idee der Orientierung des Unterrichts an den epochaltypischen Schlüsselfragen der Menschheit sowie mit der Formulierung einzelner Schlüsselprobleme dem bekannten Entwurf von Wolfgang Klafki in: Roland Lauterbach u. a. (Hrsg.): Brennpunkte des Sachunterrichts, Kiel: Inst. f. d. Pädagogik der Naturwissenschaften 1992, S. 83–106.

5 Vgl. auch Kap. 2.4.2.3 «Umweltbildung».

schon in der Grundschule thematisiert werden können, zählen wir zum einen bedeutsame *Ziele und Ideen der Menschheit*, und zwar auch solche, die noch nicht realisiert sind oder im menschlichen Handeln immer wieder neu realisiert werden müssen (und dabei immer wieder auch verfehlt werden können). Wir zählen zum anderen gesellschaftlich bedeutsame *Systeme und Praktiken* dazu, und zwar auch solche, die in ihren Wirkungen ambivalent sind oder von der Menschheit noch nicht zuträglich beherrscht werden.

Die gesellschaftlich bedeutsamen *Ideen und Ziele* sind:
- die Idee der Freiheit
- die Idee der Gleichheit
- die Idee der Brüderlichkeit und des Weltfriedens
- die Idee der Demokratie
- die Idee der Gerechtigkeit
- und andere mehr.

Die gesellschaftlich bedeutsamen *Systeme und Praktiken* sind:
- Handwerk, Kunst und Kultur
- Religion, Ethik und Philosophie
- Politik und Geschichte
- Wissenschaft und Technik
- Welthandel und Verkehr
- Information und Telekommunikation
- Naturbearbeitung und Naturpflege
- Ernährung, Gesundheit und Hygiene
- und andere mehr.

Entwicklungstypische Schlüsselfragen von Grundschulkindern

Unter entwicklungstypischen Schlüsselfragen von Grundschulkindern verstehen wir vorwiegend Fragen nach der eigenen Identität. Sie begleiten den Prozeß der Autonomieentwicklung in der Dynamik von Identifikation und Abgrenzung. Klassische Beispiele sind:

- die eigene Geschichtlichkeit: «*Wo komme ich her?*»
- der Zusammenhalt der primären Bezugsgruppe (Familie, Lebens- oder Wohngemeinschaft): «*Wo gehöre ich hin?*»
- die eigene Endlichkeit: «*Was ist nach dem Tod?*»
- Freundschaft und Ablehnung: «*Wer hält zu mir?*»
- der Wunsch nach Stärke und die Erfahrung von Schwäche: «*Wie setze ich mich durch?*»
- Gleichsein und Anderssein, Wert- und Unwertgefühle: «*Wer bin ich? Wie bin ich?*»
- der Umgang mit Leistungsanforderungen, Leistungsstolz und Versagensangst: «*Wie soll ich das schaffen?*»

und andere mehr.

Methoden der Rekonstruktion und Darstellung der Wirklichkeit

Hierbei geht es um Haltungen, Fähigkeiten, Techniken und Ausdrucksformen, mit denen die Kinder sich die Welt erschließen und ihre Erkenntnisse darstellen können. Beispiele:

- Hypothesen bilden und Theorien verfolgen, wenn ein Kind fragt, warum ein großes Eisenschiff schwimmt, während ein kleiner Stein untergeht;
- Exkursionen und «Expeditionen» in die außerschulische Umwelt, wenn die Kinder einer Frage «vor Ort» nachgehen wollen;
- Befragung, Beobachtung und Experiment, wenn ein Kind behauptet, daß Pflanzen unter einer Glashaube schneller wachsen;
- messen, schätzen, klassifizieren, wenn ein Kind fragt, wieviel Blätter wohl ein Baum hat, und die Schüler beginnen, die Blätter zu zählen;
- Modellvorstellungen und Analogiebildung entwickeln, wenn ein Kind fragt, ob es stimmt, daß die Erde eine Kugel sei, und daraufhin das Planetensystem gemeinsam erarbeitet wird;
- Verfremdung, Collage, szenische Darstellung und andere produktive Ausdrucksformen üben, wenn die Klasse ihrem politischen

Interesse an einer kindgerechteren Gestaltung des Schulgeländes Ausdruck geben will;

und andere mehr.

Sinnliches Erfahren als Basis der Weltaneignung

Die genannten Gegenstandsfelder oder Fragerichtungen würden allerdings mißinterpretiert, wenn sie auf eine ausschließlich rationale Erklärung der Welt in der Auseinandersetzung mit Kultur, Geschichte und Empirie beschränkt würden. Die rationale Aneignung der Welt muß bei Kindern dieser Altersstufe stets auf einer emotionalen Basis von Aufmerksamkeit, Anteilnahme und Betroffensein aufbauen, die von der Wissenschaft bewußt und aus guten Gründen zurückgedrängt wird, für Bildungsprozesse aber unverzichtbar ist.

Diese Basis nennen wir «sinnliches Erfahren und elementare Empfindungen». Sie umfaßt Prozesse wie Fühlen, Schmecken, Tasten, Riechen, bewußtes Wahrnehmen, aufmerksames Zuhören und Beobachten, aber auch Staunen und stille Kontemplation; Empfindungen wie Freude, Hingabe, Stolz, Liebe und Haß, Trauer und Schmerz, Lust und Unlust, Hoffnung und Zuversicht; aber auch elementare Erfahrungen wie die Erfahrung, Teil eines größeren Ganzen zu sein, die Erfahrung, Einfluß zu gewinnen und etwas bewirken zu können, Erfolge zu erzielen und Niederlagen zu überstehen, die Erfahrung, daß man in Widersprüchen lebt und trotzdem darin bestehen kann, und viele andere mehr.

Ohne solche im weitesten Sinne ästhetischen Prozesse, Empfindungen und Erfahrungen, die eine unverzichtbare Voraussetzung für die Entwicklung von Urteils- und Ausdruckskraft sind und für die die Pädagoginnen und Pädagogen den Kindern gezielt Raum, Zeit und Gelegenheit geben müssen, reduziert sich die Aneignung der Welt allzuleicht auf ein geschäftiges Treiben ohne Sinn und Ziel.

In der Zusammenschau ergibt sich, auf dieser Basis aufbauend, eine «Vierfeldertabelle», die den Lehrerinnen und Lehrern als Such-

weiterer Verlust v. Werten u. Normen

raster für gesellschaftlich bedeutsame «allgemeinbildende» Inhalte dienen kann:

Das nachfolgende Suchraster darf nicht als ein neuer Bildungskanon oder gar Themenkatalog für den Unterricht mißverstanden werden. Es handelt sich vielmehr um einen Orientierungsrahmen, der den Lehrerinnen und Lehrern helfen soll, selbst zu prüfen und zu entscheiden, ob in den jeweiligen Aktivitäten der Kinder allgemeingültige und allgemeinbildende Erkenntnisse produziert oder wenigstens thematisiert werden, um im Bedarfsfall durch entsprechende didaktische Anregungen Bezüge zu solchen allgemeingültigen Erfahrungen und Erkenntnissen aufzuzeigen und anzubahnen.

Was die konkrete Anwendung eines solchen Suchrasters in der Praxis betrifft, stellen wir uns vor, daß die Kinder jeden Tag eine größere Zeiteinheit mit «freier Forschung» oder «Projektarbeit» verbringen, wobei sie einzeln oder in kleinen Gruppen Fragen nachgehen, die zu verfolgen sie vorher mit ihren Lehrerinnen und Lehrern ausgehandelt haben. Die Pädagogen sind dabei bemüht, im Rückgriff auf unser Suchraster, das sie «im Hinterkopf» haben sollten, den Kindern behutsam Bezüge zu jenen Themen, Fragestellungen und Lösungsvorschlägen aufzuzeigen, die die Menschheit für die Fragen der Kinder schon entwickelt hat und auf die die Kinder ohne die Hilfe oder Anregung ihrer Lehrer vermutlich nicht kommen würden.

Den Kindern bei der eigenen Entdeckung der Welt zu helfen heißt dabei für die Lehrerinnen und Lehrer, immer wieder neu die Balance zu finden zwischen Gewährenlassen und Anregungen geben, zwischen Selbst-herausfinden-Lassen und dem Aufzeigen von Lösungswegen. Dies wird ihnen am besten gelingen, wenn die Lehrerinnen und Lehrer *mit* den Kindern forschen und somit selbst Modelle forschenden Lernens abgeben.

Dabei bietet es sich an, so oft wie möglich außerschulische Experten als Ratgeber und Erkenntnisquelle aufzusuchen: die Eltern, alte Leute, Handwerker, Künstler, Forscher, Schriftsteller, Arbeiter und Unternehmer – wer immer zu einem Thema etwas zu sagen hat und sich den Kindern mitzuteilen versteht.

Epochaltypische Schlüsselfragen der Menschheit

- die Frage von Krieg und Frieden
- die Frage nach unserem Verhältnis zur Natur (die Umweltfrage oder ökologische Frage)
- die gesellschaftlich produzierte Ungleichheit und ihre Folgen
- das rapide Wachstum der Weltbevölkerung und seine Folgen, zum Beispiel Migration
- die Möglichkeiten und die Gefahren der neuen technischen Steuerungs-, Informations- und Kommunikationsmedien
- die Verhältnisse zwischen den Geschlechtern und zwischen den Generationen
- und andere mehr

Entwicklungstypische Schlüsselfragen von Grundschulkindern

- die eigene Geschichtlichkeit: *«Wo komme ich her?»*
- der Zusammenhalt der Primärgruppe: *«Wo gehöre ich hin?»*
- die eigene Endlichkeit: *«Was ist nach dem Tod?»*
- Freundschaft und Ablehnung: *«Wer hält zu mir?»*
- der Wunsch nach Stärke und die Erfahrung von Schwäche: *«Wie setze ich mich durch?»*
- Gleichsein und Anderssein, Wert- und Unwertgefühle: *«Wer bin ich? Wie bin ich?»*
- Leistungsanforderungen, Leistungsstolz und Versagensangst: *«Wie soll ich das schaffen?»*
- und andere mehr

↖ ↗
Aktivitäten der Kinder
↙ ↘

Epochemachende Errungenschaften der Menschheit

Ideen und Ziele:
- die Idee der Freiheit
- die Idee der Gleichheit
- die Idee der Brüderlichkeit und des Weltfriedens
- die Idee der Demokratie
- die Idee der Gerechtigkeit
- und andere mehr

Systeme und Praktiken:
- Handwerk, Kunst und Kultur
- Religion, Ethik und Philosophie
- Politik und Geschichte
- Wissenschaft und Technik
- Welthandel und Verkehr
- Information und Telekommunikation
- Naturbearbeitung und Naturpflege
- Ernährung, Gesundheit und Hygiene
- und andere mehr

Methoden der Rekonstruktion und Darstellung der Wirklichkeit

- Hypothesen bilden und Theorien verfolgen
- Exkursionen und «Expeditionen» in die außerschulische Realität
- Befragung, Beobachtung und Experiment
- Messen, Schätzen, Klassifizieren
- Modellvorstellungen und Analogiebildung
- Beschreibung, Vertonung oder szenische Darstellung
- Zeichnung, Malerei, bildnerisches Gestalten
- Verdichtung, Verfremdung, Collage
- und andere mehr

↑   ↑   ↑   ↑   ↑   ↑   ↑

Sinnliches Erfahren und elementare Empfindungen als Basis der Weltaneignung:

Wahrnehmen, Schmecken, Fühlen, Tasten, Riechen, Zuhören, Beobachten, Kontemplation, Staunen, Freude, Hingabe, Stolz, Liebe und Haß, Trauer und Schmerz, Lust und Sinnlichkeit, Hoffnung und Zuversicht; die Erfahrungen, Teil eines größeren Ganzen zu sein, Einfluß zu gewinnen und etwas bewirken zu können, Erfolge zu erzielen und Niederlagen zu überstehen, und viele andere mehr

Hinsichtlich der Stellung eines solchen Unterrichts in «Welterkundung» zu den anderen Lernbereichen der Grundschule ergibt sich folgende Überlegung: Die Grundschule dient insgesamt mit allen ihren Lernbereichen der Weltaneignung und Kulturbeherrschung. Diese Aufgabe teilt sich in der Praxis jedoch in die parallele Auseinandersetzung mit verschiedenen Symbolsystemen und deren Einübung (zum Beispiel Sprache, Mathematik, Kunst und dergleichen) *und* die umfassendere Arbeit an Fragen der Welterkundung und Welterschließung.

Wir empfehlen, daß die Betrachtung und Anwendung der verschiedenen Symbolsysteme soweit wie möglich in die Prozesse der Weltaneignung eingelagert erfolgen sollte, weil solche Aneignungsprozesse sinnhaltiger sind als die isolierte Übung von Techniken und Verfahren. Gleichwohl ist uns bewußt, daß dies eine schwierige Aufgabe ist, daß das isolierte Üben einzelner Techniken und die isolierte Auseinandersetzung mit einzelnen Symbolsystemen auch sinnvoll sein kann und daß hierauf nicht verzichtet werden darf.

In der Praxis gibt es für dieses Problem eine relativ einfache Lösung: Die Schule muß einerseits einen gewissen Rahmen für die isolierte Einführung und Einübung in die verschiedenen Symbolsysteme der Menschheit bereitstellen; sie muß andererseits einen großen zeitlichen Rahmen für entdeckendes und forschendes Lernen zu Fragen bereitstellen, die den Kindern bedeutsam sind oder in ihren Bedeutungshorizont gehoben werden können. Die angemessene Arbeitsform für letzteres wird in der Regel der Projektunterricht sein, in den dann die Einübung in die verschiedenen Symbolsysteme über große Strecken integriert werden kann.

Unter Projekten verstehen wir die gemeinsame Arbeit von größeren Kindergruppen oder der ganzen Klasse an Fragen und Problemen, die die Kinder ernsthaft interessieren und für die sie eine Lösung suchen. Projekte sind deshalb besonders sinnhaltig, weil sie in der Regel einen klaren Handlungsbezug aufweisen. Dies zeigt sich schon an der Formulierung solcher Vorhaben: Wir haben einen Konflikt und wollen ihn *lösen*; wir planen ein Fest, einen Ausflug, eine Reise und *führen* das Vorhaben dann *durch*; wir wollen *erheben*, welche

Diskriminierungen ausländische Kinder in unserer Stadt erleiden, und *klären die Öffentlichkeit darüber auf*; wir wollen *herausfinden*, warum Wasser verdampft und wo es dann bleibt.

In Projekten verbinden sich Aktion und Reflexion zu einer fruchtbaren Herausforderung, die nicht mehr von der Lehrerin künstlich vorgegeben werden muß, sondern in der problemhaltigen Ausgangslage selbst enthalten ist. Hieraus resultiert ein besonders hoher Lerneffekt.

Ein Schultag, gegliedert in
– individuelles Tun in der Freien Arbeit,
– gemeinsames Arbeiten in den verschiedenen Lernbereichen
– und einen großen Block forschenden Lernens («Welterkundung», vornehmlich im Projektunterricht),
kann alle hier formulierten Ansprüche befriedigen und gibt zugleich den übersichtlichen Rahmen ab, den die Kinder und die Erwachsenen als äußere Orientierungshilfe für das Geschehen in der Schule benötigen.

Weltaneignung im hier gedachten Sinne setzt Muße und Tiefgang voraus. Nicht alles ein wenig, sondern das, was sich aufdrängt, eindringlich und mit ausreichender Zeit zu bearbeiten ist die Maxime. Auch von daher sollten die staatlichen Richtlinien für diesen Unterricht nur noch die Arbeitsform und ein Suchraster für allgemeinbildende Unterrichtsgegenstände enthalten und keine weiteren Inhaltsvorgaben mehr machen. Die Inhalte bestimmen Kinder und Lehrer im gemeinsamen Forschen selbst. *Welche* Inhalte aber im Einzelfall «bildend» sind und wie ihre Bildungswirkung entfaltet werden kann, müssen und können nur die Lehrerinnen und Lehrer vor Ort entscheiden. Dazu bedürfen sie nicht länger der Gängelung durch einen Lehrplan, wohl aber eines Orientierungsrahmens, wie ihn unser Suchraster darstellt.

2.4.1.2 Sprache

Voraussetzungen und Selbstverständnis

Wie alle anderen Lernbereiche der Grundschule dient auch der Unterricht im Lernbereich «Sprache» den beiden oben schon genannten Zielen: der Stärkung der Urteilskraft und der Stärkung der Ausdruckskraft der Kinder. Darüber hinaus soll der Sprachunterricht insbesondere die Dialogfähigkeit der Kinder stärken. Er verfolgt diese Ziele in der Auseinandersetzung mit lernbereichsspezifischen Aufgaben und Gegenständen ebenso wie in der Arbeit an lernbereichsübergreifenden Vorhaben und Projekten.

Wir haben im ersten Kapitel auf die veränderten Bedingungen des Lebens und Aufwachsens von Kindern im Grundschulalter hingewiesen, die für unsere Zeit typisch sind. Die übergreifende Aufgabe der Grundschule, «Verständigung über Welt» zu bewirken, verändert sich dadurch in ihren Voraussetzungen, ihren Möglichkeiten und Formen.

Für den Sprachunterricht liegt eine grundlegende Veränderung darin, daß die Schule heute weniger als in vergangenen Zeiten eine gemeinsame Sprache der Kinder voraussetzen kann. Zu den immer schon gegebenen schichtenspezifischen Unterschieden und Differenzen in Idiomen und Idiolekten kommen heute Phänomene von Multilingualität, kultureller und subkultureller Differenz sowie zunehmend auch das Phänomen der Sprachlosigkeit vieler Kinder hinzu, und nicht nur solcher aus sozial benachteiligten Familien. Damit ist für den «Deutsch»-Unterricht eine grundlegend neue Situation entstanden: Die gemeinsame Sprache steht nicht mehr am Anfang, sondern erst am Ende der Grundschulzeit, ja, sie entsteht vielfach erst im Durchgang durch die Grundschule.

Zugleich erfährt der Auftrag der Überwindung partikularistischer Orientierungen und der Aufbau universalistischer Einsichten und Haltungen für die Kinder durch die Schule eine bislang ungekannte Bedeutung: Nur wenn es der Grundschule gelingt, Verständigungsbereitschaft und Verständigungskompetenz grundzulegen und auszubilden, ist eine Verständigung der zukünftigen Erwachsenen über die gemeinsamen Angelegenheiten denkbar. So gesehen ist die erfolgreiche Grundbildung – hier in bezug auf die Beherrschung der gemeinsamen Sprache – eine Voraussetzung für den Fortbestand der Demokratie.

Wir empfehlen, diesem veränderten Funktionsumfang des Sprachunterrichts schon in der Fächerbezeichnung Rechnung zu tragen und die Lernbereichsbezeichnung «Deutsch» in allen Bundesländern in «Sprache» abzuändern. In vielen Bundesländern ist dies schon geschehen.

Diese Sprachregelung signalisiert, daß es in der Grundschule von heute um mehr geht als die Aneignung und Auseinandersetzung mit der *deutschen* Sprache: Alphabetisierung, als eine der vornehmsten Aufgaben der Primarschule, muß in multikulturellen und multilingualen Gesellschaften stets als Auseinandersetzung mit mehreren Sprachen gedacht und unter bestimmten Umständen auch in mehreren Sprachen zugleich realisiert werden. Und zu einem zeitgemäßen Grundschulcurriculum gehört neben der Festigung und Sicherung der Landessprache heute selbstverständlich auch die frühe Begegnung mit Fremdsprachen. Das heißt: Der Sprachunterricht in der Grundschule erfährt, gesellschaftlich bedingt, eine erhebliche Erweiterung und Neubestimmung seines Funktionsumfangs. Zur Pflege der Amts- und Umgangssprache und deren kultureller Tradition tritt die neue Aufgabe hinzu, Verständnis für andere Sprachen und andere kulturelle Denkmuster anzubahnen (vgl. auch Kap. 2.6.4). Die Aneignung von Kultur kann in einer multikulturellen Gesellschaft nur noch als Aneignung von Kulturen begriffen werden.

Wie bei der «Welterkundung» geht es auch im Lernbereich «Sprache» um die Aneignung von Kultur *und* Handlungskompetenz. Wie dort ist auch hier das eigene Tun das primäre Medium der Aneignung. In einer Schule, die die Handlungsfähigkeit der Subjekte schon im Aneignungsprozeß entwickeln helfen will, sollte daher nicht die *Übernahme* von Wahrheiten, Einsichten und Gesetzen, sondern deren *Produktion* im aktiven «Sprachhandeln» im Mittelpunkt stehen.

Wir empfehlen mithin im Sprachunterricht – wie in allen anderen

Lernbereichen – den Übergang von einem Unterrichtsverständnis, das primär auf den Nachvollzug vorgegebener Erkenntnisstrukturen setzt, zu einem vorwiegend tätigkeitsorientierten Lernen, das die Produktion von Sinn durch die lernenden Subjekte selbst betreibt. Wesentliche lerntheoretische Grundlagen liefern unter anderem der Konstruktivismus Jean Piagets, aber auch die verschiedenen Ausprägungen der «Tätigkeitstheorie» der sogenannten «kulturhistorischen Schule» in der frühen Sowjetunion, die aus ideologischen Gründen weder im Osten noch im Westen jemals angemessen rezipiert wurden. Überzeugende praktische Beispiele finden sich in den Werken von Sylvia Ashton-Warner, Paulo Freire, Célestin Freinet, aber auch in den aktuellen fachdidaktischen Konzeptionen des «verbundenen Sprachunterrichts», der «Schreibkonferenzen», dem Versuch, «Lesen durch Schreiben» zu lehren, und vielen anderen mehr.

Für die vier wichtigsten Teilgebiete des Sprachunterrichts – Lesen, Schreiben, mündlicher Sprachgebrauch und Einführung in die Literatur – ergeben sich damit ganz spezifische Interpretationen:

- Wir lesen, weil wir etwas über die Welt herausbekommen wollen.
- Wir schreiben, weil wir eine Argumentation entwerfen oder einen Gedanken «für später aufheben» wollen und weil wir unseren Dialogpartnern in der nahen und fernerer Welt etwas mitzuteilen haben.
- Wir unterhalten uns, weil wir unsere eigene Weltsicht in der Auseinandersetzung mit anderen Weltsichten überprüfen und präzisieren wollen.
- Wir tauchen ein in die Welt der Literatur, um Bilder und Vergewisserung für eigene Erfahrungen zu finden sowie neue Weltinterpretationen und fremde Erfahrungen kennenzulernen, an denen wir nicht direkt, auf dem Wege der «originalen Begegnung», teilhaben können.

Prinzipien des Sprachunterrichts

Der Sprachunterricht in der Grundschule steht immer wieder in der Gefahr, zu einem nur Kultur«techniken» vermittelnden Kursprogramm zu verkümmern, wenn von ihm vor allem das Lehren des Lesens und Schreibens erwartet wird und alle anderen Aufgaben dem nachgeordnet werden. Ein weiteres Problem dieses Lernbereichs liegt darin, daß die Rechtschreibleistung bis weit in die Sekundarstufe hinein eines der härtesten (und zugleich vordergründigsten) Selektionskriterien im Schulwesen ist. Beides ist geeignet, den eigentlichen Zielen des Sprachunterrichts, wie wir sie gerade charakterisiert hatten, entgegenzuwirken, weil in einem Unterricht, der nur technisch begriffen und für Selektionszwecke mißbraucht wird, Sinnstiftung und Handlungsbezug nicht gedeihen können, ja, nicht einmal gefragt sind. Letztere sind aber Bedingung für ein erfolgreiches Lesen- und Schreibenlernen, das in eine umfassende Konzeption der Sprachförderung eingebunden ist.

Ein zeitgemäßer Sprachunterricht muß demgegenüber drei Prinzipien berücksichtigen:

- *Situationsbezug:* Kinder sollen ihre sprachlichen Fähigkeiten und Fertigkeiten in Situationen verwenden und nutzen, in denen es Sinn macht, miteinander zu sprechen, einander zuzuhören, zu schreiben, zu lesen, über Sprachverwendung nachzudenken und so weiter. In solchen Situationen erreichen Kinder Lernziele, weil sie helfen, die Situationen besser zu bewältigen.

  Geeignete Anlässe können Situationen des Umgangs miteinander und der Tagesgestaltung in der Klasse und in der Schule sein, aber auch Alltagssituationen außerhalb des Unterrichts sowie Lerngelegenheiten, die von den Pädagoginnen und Pädagogen planvoll inszeniert werden und in denen ein individuelles oder gemeinsames Anliegen verfolgt wird, wie es beispielsweise für den Projektunterricht kennzeichnend ist.

- *Handlungsbezug:* In diesen Situationen handeln die Kinder mit ihren sprachlichen Möglichkeiten, das heißt, sie werden situationsgerecht sprachlich aktiv. Wichtige grundschulgemäße Arten der Auseinandersetzungen mit Texten sind handlungsbezogen bestimmt, insbesondere durch ihre Einbettung in reale Kommunikationsprozesse wie Klassenkorrespondenzen, Gestaltung einer Klassen- oder Schulzeitung, Mitwirkung bei Schreibwettbewerben für Kinder und andere mehr.

- *Individualisierung und gemeinsames Arbeiten*: Wenn der Unterricht Gelegenheit zu handlungsorientiertem Sprechen und handlungsbezogenen Textproduktionen bietet, stehen in diesen Produktionen der Kinder zunächst deren individuelle Weltinterpretationen im Vordergrund. Wie in allen anderen Lernbereichen kommt es aber auch im Sprachunterricht immer darauf an, die individuellen Interpretationen im gemeinsamen Gespräch um weitere Sichtweisen zu bereichern, die Produkte in der gemeinsamen Reflexion zu optimieren und dabei den Erfahrungshorizont der Kinder zu erweitern. Das individuelle Tun erfährt erst durch die gemeinsame Reflexion eine angemessene Würdigung und gegebenenfalls Korrektur. Individuelles Tun und gemeinsames Arbeiten sollten sich daher im Sprachunterricht stets ergänzen.

Werden diese Prinzipien beachtet, dann hat dies vielfältige didaktische, methodische und unterrichtsorganisatorische Konsequenzen. Im folgenden seien nur einige davon angedeutet, die unseres Erachtens besondere Aufmerksamkeit verdienen.

Schriftspracherwerb

Kinder werden seit ihrer frühen Kindheit über verschiedene Medien ständig mit Schrift konfrontiert. Infolge der oben beschriebenen Differenzierungs- und Pluralisierungsprozesse und bedingt durch den unterschiedlichen Umgang mit Sprache und Schrift innerhalb der Familien sind die vorschulischen Erfahrungen der einzelnen Kinder kaum noch miteinander zu vergleichen. Deshalb brauchen die Schüler schon im Anfangsunterricht statt eines gemeinsamen Lehrgangs für alle jeweils spezifische Angebote für jedes einzelne Kind, so daß die verschiedenen sprachlichen Voraussetzungen berücksichtigt werden können und persönliche Zugänge zur Schrift möglich werden.

Zahlreiche Untersuchungen zum Schriftspracherwerb in den letzten zehn Jahren belegen, daß Kinder Lesen und Schreiben nicht über die Addition von Teilleistungen lernen, sondern in einem vielschichtigen Prozeß, in dem sie durch eigene Aktivität Hypothesen über die Logik der Schrift entwickeln und erproben. Dabei durchlaufen sie eine Denkentwicklung, bei der sie die Schrift über Vorformen von Anfang an komplex nutzen und sich durch eine immer stärkere Differenzierung ihrer Bemühungen und Lernerfolge allmählich der Konvention unseres Schriftsystems annähern.

Fehler sind dabei individuelle Konstruktionen der Kinder, die nicht länger als Defizite mißverstanden werden dürfen, sondern als notwendige Zwischenschritte auf dem Weg zum orthographisch richtigen Schreiben begriffen werden müssen. Sie geben Auskunft über den jeweiligen Entwicklungsstand und zeigen, wo das betreffende Kind noch Unterstützung oder weiterführende Hinweise braucht. In der Anfangsphase des Schriftspracherwerbs gehören Fehler also zum Lernen dazu und dürfen zunächst unkorrigiert stehenbleiben.

Das rechtschriftliche Überarbeiten und Korrigieren der Kindertexte mit der Hilfe der Lehrerin ist dann notwendig, wenn die Texte den Mitschülern oder Dritten als Lesestoff dienen sollen. Sobald die Kinder so kompetent mit Schrift umgehen können, daß andere ihre Verschriftungen verstehen können, sollten sie lernen, daß zum Verfassen von Texten als zweiter Schritt das Überarbeiten und Korrigieren gehört. An dieses Überarbeiten müssen die Kinder behutsam, ihrem jeweiligen Entwicklungsstand entsprechend, herangeführt werden.

Voraussetzung für einen handlungsorientierten Sprachunterricht ist eine reiche Schriftkultur im Klassenzimmer, durch die die gesamte Komplexität dieses Mediums für die Kinder erfahrbar wird. Neben Fibeln, Büchern zum Vorlesen und Selberlesen gehören auch alle möglichen Schreibmedien wie Stempel und Schreibmaschinen, Klassendruckereien und selbstverständlich Computer dazu, um auch motorisch nicht so geübten Kindern von Anfang an eine komplexe Nutzung der Schrift zu ermöglichen.

Wir empfehlen, bei der Einführung in die Schriftsprache die

gleichförmige und gleichschrittige Unterweisung der Kinder anhand eines für alle Schüler gemeinsamen Fibellehrgangs aufzugeben. Sie entspricht nicht mehr dem Stand des didaktischen Wissens und schon gar nicht den Erfordernissen der Kinder.

Statt dessen sollte die weiterhin notwendige systematische Einführung von Schriftelementen und Lese- / Schreibverfahren so in ein anregungsreiches Arrangement von Textproduktionen und Textbearbeitung eingebettet sein, daß die individuellen Lernausgangslagen der Kinder nicht nur methodisch berücksichtigt werden, sondern auch hinsichtlich der Inhalte, an denen die Schriftsprache erworben wird. Die Produktion von «Eigenfibeln» und die gleichzeitige Nutzung von vielfältigen Anregungsmaterialien aus mehreren verschiedenen Lehrgängen ist mithin der Orientierung an einer einzigen gemeinsamen Fibel vorzuziehen.

Für den Unterricht gilt:

- Lesen und Schreiben sollten zukünftig nicht mehr nebeneinanderher gelehrt, sondern beide Bereiche als aufeinander bezogene und sich wechselseitig stützende Nutzungsmöglichkeiten der Schrift von Anfang an gemeinsam unterrichtet werden.
- Die Grundschule sollte nicht mehr die kontrollierte Einführung eines einheitlichen Wortbestandes anstreben, sondern eigene Lese- und Schreibversuche der Kinder zulassen, bei denen Fehler und Unvollkommenheiten erlaubte Zwischenschritte auf dem Weg zur Norm darstellen. Notwendige grammatische, syntaktische oder orthographische Übungen werden nicht mehr anhand eines standardisierten Klassenwortschatzes, sondern mit Hilfe des je individuellen Wortschatzes durchgeführt, der vom ersten Schuljahr an schrittweise aufgebaut und gesammelt wird und selbstverständlich auch zahlreiche für alle Kinder gemeinsame Elemente umfaßt.
- Die von der Schule vermittelte Ausgangsschrift ist nicht mehr als Ziel, sondern als Orientierung zu begreifen (siehe unten).

Beim Übergang zu den von uns empfohlenen handlungsorientierten Formen des Schriftspracherwerbs im oben beschriebenen Sinn ist jedoch zu beachten, daß nicht alle Kinder von Anfang an «eigene» Mitteilungen oder Geschichten veröffentlichen können oder wollen. Schlüsselwortverfahren und Eigenfibeln erfordern ein besonderes Vertrauensverhältnis zwischen dem Kind und der Lehrerin oder dem Lehrer, das nicht einfach vorausgesetzt werden kann, sondern, von den Pädagoginnen und Pädagogen unterstützt, erst wachsen muß. Solche Prozesse sind besonders auf Kontinuität der Beziehungen angewiesen, weswegen Schulleitung und Schulaufsicht bei ihren Organisations- und Personalentscheidungen der Kontinuität in der Schulanfangsphase die allerhöchste Priorität geben sollten.

Der Anfangsunterricht im Lesen und Schreiben wirft für Kinder anderer Muttersprache besondere Probleme auf, wenn diese nicht über ausreichende Vorerfahrungen in der Unterrichtssprache verfügen. Für diese Kinder kann es erfolgsentscheidend sein, daß die Alphabetisierung im kooperativen Unterricht von Pädagoginnen und Pädagogen erfolgt, von denen wenigstens einer die jeweilige Muttersprache der Kinder beherrscht, so daß der Prozeß der ersten Aneignung der Schriftsprache in der deutschen Schule in den jeweiligen Muttersprachen der Kinder erfolgen kann. Da in Deutschland jedes Kind – gleich welcher Herkunft und Muttersprache – das gleiche Recht auf Bildung hat und erfolgreiche Alphabetisierung die Basis aller weiteren Schulbildung darstellt, muß der Staat die hierfür erforderlichen Mittel ebenso bereitstellen wie für die Einzelfallhilfen für Kinder mit sonderpädagogischem Förderbedarf.

Ausgangsschrift

Die Druckschrift ist nicht nur für das Lesenlernen, sondern auch für das Schreiben die adäquate Anfangsschrift, weil die Kinder damit Lesen- und Schreibenlernen im Prozeß des Schriftspracherwerbs als verbunden erfahren können und leichter zu eigenen Entdeckungen und selbstgeleiteten Lernprozessen kommen. Die Druckschrift erleichtert insbesondere spontane Schreibversuche der Kinder. Wir empfehlen nachdrücklich, den Lese- *und* den Schreiblehrgang in der Druckschrift zu beginnen.

In der Konsequenz dieses Anfangs bietet es sich an, daß die Kinder dann auch individuell von der Druckschrift zu einer eigenen Handschrift hin beraten und gefördert werden. Die bisher gelehrten verbundenen Schriften wären dann nicht mehr gemeinsame «Ausgangsschriften», sondern höchstens noch «Orientierungsschriften» für die Entwicklung einer gut lesbaren Individualschrift.

Soweit die Grundschule dennoch an einer für alle Kinder verbindlichen Schreibschrift als Grundlage für die Entwicklung von verbundenen Individualschriften festhalten will, empfehlen wir, die «Vereinfachte Ausgangsschrift» oder – besser noch – die 1968 in der ehemaligen DDR entwickelte «Schulausgangsschrift» zu verwenden.

Die in Westdeutschland entwickelte «Vereinfachte Ausgangsschrift» ist besonders konsequent aufgebaut und leicht zu erlernen und führt die Kinder rasch zu einem sehr formklaren und gut lesbaren Schriftbild. Sie hat allerdings in manchen Augen ästhetische und auch systematische Mängel, die ihrer breiten Durchsetzung bis heute im Wege standen.

Die in der DDR entwickelte Schulausgangsschrift von 1968 überwindet ebenso wie die Vereinfachte Ausgangsschrift die meisten Kritikpunkte, die die Schreibforschung seit bald einem Vierteljahrhundert zu der mancherorts immer noch verwendeten «Lateinischen Ausgangsschrift» zusammengetragen hat. Die Schulausgangsschrift ist formklar, einfach zu lernen und nicht so weit von der Lateinischen Ausgangsschrift entfernt, daß ihre Einführung einen «Kulturkampf» auslösen würde. Darüber hinaus ist sie bereits in allen ostdeutschen Bundesländern einschließlich Berlins eingeführt und bewährt und wird in Hamburg empfohlen. Sie steht in der Tradition der europäischen Schriftkultur («Humanistische Kursive») und genießt – im Gegensatz zur Vereinfachten Ausgangsschrift – auch die Anerkennung der Internationalen Typographischen Vereinigung. Sollte sich die Kultusministerkonferenz zu einer neuen bundesweiten Ausgangsschrift durchringen wollen, wäre aus pragmatischen Erwägungen die Schulausgangsschrift von 1968 den anderen derzeit bekannten Schreibschriften vorzuziehen.

Die weitere Verwendung der Lateinischen Ausgangsschrift kann nach dem aktuellen Stand der Forschung nur noch als pädagogischer und didaktischer Kunstfehler bezeichnet werden und sollte zukünftig nicht mehr erfolgen, weil diese Schrift gänzlich ohne Vorbild im Alltagsleben der Kinder ist, den Schrifterwerbsprozeß unnötig erschwert und die Ausbildung einer formklaren Individualschrift nachweislich behindert. Bundesländer, in denen die Lateinische Ausgangsschrift immer noch verwendet wird, sollten diese Praxis schleunigst beenden und sich einer der beiden genannten neueren Schriften zuwenden.

Allemal sollten Übungen mit einer verbundenen Schrift erst nach langen, gründlichen Erfahrungen mit der Druckschrift beginnen, wenn die Kinder altersgemäße Texte in der Druckschrift schon mit einer gewissen Sicherheit und gut lesbar schreiben können und ihre Feinmotorik voll entwickelt ist. Dies wird nur in Ausnahmefällen schon im ersten Schuljahr der Fall sein. Wie bei allen anderen Lerngegenständen gibt es aber auch hinsichtlich der ersten Begegnung mit der Schreibschrift kein für alle Kinder richtiges Datum. Die gemeinsame Arbeit an einem für alle Kinder gleichen Schreiblehrgang sollte daher durch individualisiertes Arbeiten in Gruppen von Kindern ersetzt werden, die in bezug auf die Schrifterfahrung einen jeweils ähnlichen Entwicklungsstand aufweisen. Die Arbeit im Gleichschritt des geschlossenen Klassenverbandes ist auch hier eindeutig das falsche didaktische Arrangement.

Generell sollte für den Prozeß des Schriftspracherwerbs als Orientierungsmarke einer «normalen» Entwicklung ein Zeitraum von zwei vollen Jahren angesetzt werden. Ein Lehrerwechsel sollte innerhalb dieses Zeitraumes – wenn irgend möglich – vermieden werden.

Verbundener Sprachunterricht

Konkrete Verwendungssituationen erfordern in der Regel komplexes Sprachhandeln. Die traditionellen Bereiche des Deutschunterrichts wie mündlicher und schriftlicher Sprachgebrauch, Lesen, Rechtschreiben, Sprachreflexion sollten nicht wie isolierte Fächer unterrichtet werden. Vielmehr sollten diese Bereiche zukünftig in Zusammenhängen, wie es die Situationen und die handelnden Auseinandersetzungen erfordern, verbunden behandelt werden. Sprachreflexion, einschließlich Grammatikunterricht, ist danach nicht ein eigener Lehrgang, sondern eine metakommunikative Dimension in allem Sprachunterricht und soweit wie möglich einzubinden in die Produktion von Texten für reale Kommunikationssituationen. Vielfältige Bezüge bestehen zudem zu allen übrigen Lernbereichen, insbesondere der Welterkundung, so daß lernbereichsübergreifende Ansätze für den von uns empfohlenen Sprachunterricht kennzeichnend sind. Tendenziell gilt, daß die gemeinsame Reflexion über die je individuellen Produkte der Kinder («Metakommunikation im Unterricht») nicht nur die verschiedenen Teilbereiche des Sprachunterrichts, sondern auch die Kinder miteinander verbindet.

Fremdsprachenlernen

In den meisten Grundschulklassen, zumal in den Großstädten, lernen heute Kinder mit verschiedenen Muttersprachen gemeinsam. Viele Kinder, insbesondere Migrantenkinder, beherrschen sogar zwei Sprachen, wenn sie in die Schule kommen.

Kinder lernen darüber hinaus fremde Sprachen im Vor- und Grundschulalter schneller und unkomplizierter als auf jeder späteren Entwicklungsstufe. Es bedeutet unseres Erachtens eine nicht länger zu vertretende Mißachtung von vorhandenen Motivationen und Lernkapazitäten, daß die Schule mit dem Fremdsprachenunterricht in den meisten Bundesländern erst im fünften Schuljahr beginnt.

Wir empfehlen, mit spielerischen Formen des Fremdsprachenlernens schon im zweiten Schuljahr zu beginnen. Hierfür müssen die notwendigen (stufenspezifischen!) Aus- und Weiterbildungskapazitäten für die Lehrkräfte bereitgestellt und die Stundentafeln der Grundschulen entsprechend ausgeweitet werden. Sofern dafür keine neuen Mittel in den Landesparlamenten eingeworben werden können, könnten in begrenztem Umfang Ressourcen für den Fremdsprachenunterricht aus der Sekundarstufe in die Primarstufe verlagert werden.

Den Rahmen für die Konzeption des Fremdsprachenlernens in der

Grundschule bildet der in den einleitenden Kapiteln ausgeführte Bildungsauftrag der Grundschule. Die Empfehlungen und Anforderungen für die Gestaltung des Unterrichts müssen sich auch in diesem Lernbereich an diesem Auftrag orientieren. Dementsprechend ist «Fremdsprachenlernen» in der Grundschule zunächst als «erste Begegnung» mit fremden Sprachen zu denken und zu praktizieren, *nicht* als systematischer Fachunterricht. Dabei sollten musisch-ästhetische Arbeitsformen besonders berücksichtigt und Bestandteile des Kinderalltags in der Fremdsprache wie Spielzeug, Bilderbücher und Medienerfahrungen der Kinder und ähnliches mehr in den Unterricht einbezogen werden.

Der Fremdsprachenunterricht in der Grundschule steht primär im Dienste der interkulturellen Bildung. Eine Einengung auf *eine* Fremdsprache für alle Schulen ist dafür zunächst nicht notwendig und auch nicht wünschenswert. Im Gegenteil: Unter dem Gesichtspunkt der durch die Schule zu leistenden Völkerverständigung erscheint uns insbesondere in Grenzregionen die Konfrontation mit der Sprache der unmittelbaren Nachbarn sinnvoller als die Fixierung auf einen frühen Englischunterricht: zum Beispiel Niederländisch im Emsland, Dänisch in Schleswig-Holstein, Polnisch in Vorpommern und im östlichen Brandenburg, Französisch im Saarland und so fort. Ebenso macht es in Stadtteilen mit hohen Immigrantenzahlen Sinn, die deutschen Kinder wenigstens mit Grundzügen der wichtigsten Migrantensprachen in ihrer unmittelbaren Nachbarschaft bekannt zu machen.

Wenn dennoch (aus sogenannten pragmatischen Gründen der Kultuspolitik) das Konzept des Fremdsprachenlernens schwerpunktmäßig auf die Aneignung *einer* Sprache – zumeist Englisch – ausgerichtet ist, gilt es, das Bewußtsein für die Vielfältigkeit und Andersartigkeit von Sprachsystemen zu fördern und dadurch die Offenheit für andere Kulturen weiterzuentwickeln.

Um das wichtigste Ziel, «Freude am Umgang mit anderen Sprachen», erreichen zu können, sind folgende Grundsätze wichtig:

- Das Erlernen fremder Sprachen dient primär der Verständigung zwischen den Menschen und Völkern.

- Das Fremdsprachenlernen ist Bestandteil des regulären Grundschulunterrichts. Alle Kinder werden einbezogen.
- Die Fremdsprachen sollen an für Kinder bedeutungsvollen Inhalten und in realistischen Handlungssituationen erlernt werden.
- In jedem Aneignungsprozeß einer Sprache sind Fehler erlaubt.
- Der Fremdsprachenunterricht ist – wie jeder andere Grundschulunterricht – benotungsfrei und nicht versetzungsrelevant.

2.4.1.3 Mathematik

Mathematik ist eine von Menschen entwickelte abstrakte und zugleich kreative Sprache. Im Rahmen der mathematischen Grundbildung sollen alle Kinder Zugang zu diesem Symbolsystem finden und fähig werden, diese eigenständig und kritisch zu nutzen. Schon für Kinder sind «innermathematische» Forschungen und Entdeckungen interessant und herausfordernd, zum Beispiel die Suche nach Gesetzmäßigkeiten und Strukturen, Übungen mit Pfiff und das Entwickeln von unkonventionellen Lösungen. Die Anwendungsbezüge der Mathematik, mit denen Umweltaspekte quantifizierend, abstrahierend und mathematisierend erfaßt werden, werden gegenwärtig immer wichtiger. Bereits im Anfangsunterricht können Kinder Verhältnisse in ihrer Umwelt mittels mathematischer Begriffe, Regeln und Verfahren erfassen und so besser verstehen.

Die übergreifenden Ziele wie Argumentieren-Lernen, kreatives und flexibles Problemlösen, Ordnen und Strukturieren von Umweltsituationen, zu denen der Mathematikunterricht zusammen mit anderen Lernbereichen und Aufgabenfeldern beitragen könnte, aber auch das in diesem Unterricht besonders geübte Ordnen, Klassifizieren, Symbolisieren, Mathematisieren und Schlüsse-Ziehen weisen diesen Lernbereich als einen genuinen Teil der Grundbildung des Kindes aus.

Jedoch entspricht die Unterrichtspraxis weithin nicht diesen Zielen. Häufig stellt der Mathematikunterricht in der Grundschule einen Fremdkörper dar: als isoliert betriebener Fachunterricht, als kleinschrittiger, gängelnder Lehrgangsunterricht, der viele Kinder unterfordert, als Unterricht, der die Umweltbezüge vernachlässigt, oder als stures Abarbeiten stereotypen Übungsmaterials. Der Entwicklung hinterherhinkend, die zu einer weiten Verbreitung der Rechenhilfsmittel Taschenrechner und PC geführt hat, werden noch immer beträchtliche Zeitanteile auf das reine Geläufig-Machen von Rechenverfahren verwendet.

In kaum einem anderen Fach ist es noch so verbreitet, sich eng an Schulbuchvorgaben zu binden. Auf dem Markt sind fast ausschließlich Lehrwerke zu finden, die den Unterricht als dichte Folge eng abgegrenzter Teilschritte nach dem Muster «Darbieten / Erarbeiten lassen / Üben / Anwenden» organisieren. Die durchkomponierten Lehrgänge lassen wenig Spielraum für eine Auseinandersetzung mit persönlichen Rechenstrategien, das Entdecken mathematischer Inhalte und die Entwicklung geometrischer Phantasien. Für die Wertschätzung einer von Kindern entwickelten Systematik ist kein Raum. Nur selten gelingt es, Übungselemente in fächerübergreifende Vorhaben einzubinden. Die Bezüge des Mathematikunterrichts zur Musik, zur Umwelterschließung, zur Literatur, zur technischen Konstruktion oder zur Bewegungserziehung werden zu selten entfaltet.

Auch in Mathematik sind die Lernvoraussetzungen der Kinder außerordentlich unterschiedlich, wobei sowohl Mathematikstudierende als auch erfahrene Praktiker den Kindern oft weniger zutrauen, als diese tatsächlich können. Manche Schulanfänger kommen mit erstaunlichen Kenntnissen und Fähigkeiten bereits in die Schule: Während fast alle Kinder (genauer 97 Prozent) bis 10 und 70 Prozent bis mindestens 20 zählen können, zählt knapp jedes zweite Kind fehlerlos bis mindestens 29 und jedes siebte Kind bis 100, ein Zahlenraum, den die Lehrpläne derzeit erst für das zweite Schuljahr vorsehen. Addition und Subtraktion, sogar zehnerüberschreitend, mit zweistelligen Zahlen oder auch über 20 hinaus, werden keineswegs erst in der Schule erlernt: In einer Untersuchung löste jeder fünfte Schulanfänger die Aufgabe $(8 + 13)$ sofort richtig, nach Hilfe jedes zweite Kind. 98 Prozent der Kinder konnten schon vor der Schule die Subtraktionsaufgabe $(14 - 8)$ sofort richtig bearbeiten, davon 21 Prozent ohne Hilfe durch Material.

Der derzeit übliche Mathematikanfangsunterricht beginnt dagegen mit der langwierigen Einzeleinführung der Zahlen von 1 bis 10 oder 12. Bis zur ersten «Klippe», der Addition und Subtraktion mit Zehnerüberschreitung, sind nach den üblichen Stoffverteilungsplänen bereits Dreiviertel des ersten Schuljahres vergangen. Das heißt: Der Mathematikunterricht unterfordert die meisten Kinder erheblich, langweilt sie und zerstört ihre Motivation.

Die Öffnung des Mathematikunterrichts für ein forschend-entdeckendes und vor allem ein erfahrungsorientiertes Vorgehen steht erst am Anfang. Reformansätze zeigen jedoch, daß ein *Mathematiklernen auf eigenen Wegen* und mit *aufregenden Entdeckungen* möglich ist. Statt der Parzellierung des Stoffs werden weitreichende Fragestellungen und herausfordernde Aufgaben an die Schüler herangetragen. Kinder lieben große Zahlen. Im Anfangsunterricht zum Beispiel wird den Kindern der ganze Zahlenraum, zunächst bis 10, rasch auch bis 20, 100 und darüber hinaus zugänglich gemacht. Die Erkundungslust wird nicht eingeschränkt. Den unterschiedlichen Voraussetzungen, Fähigkeiten und Interessen der Kinder können die Pädagoginnen und Pädagogen nur durch differenzierende und deren Aktivität stärkende Unterrichtsmethoden gerecht werden. Die durch Sachprobleme motivierte Arbeitshaltung erlaubt es, auf vordergründige Anreize zu verzichten.

Auch in der Arithmetik kann das eigentlich Zentrale und Schwierige, das denkende Rechnen im Sinne eines beweglichen «inneren Hantierens» mit den Zahlen auf der Grundlage der erfaßten Strukturen, nicht direkt vermittelt werden, sondern es ist vom Kind selbst auszubilden. Die Konzentration der Inhalte auf große, sinnvolle Zusammenhänge erlaubt ein mehrfaches Durcharbeiten, das insbesondere schwächeren Schülern entgegenkommt.

Besonders bedeutsam ist der Austausch der Kinder über Probleme und Lösungswege, das gegenseitige Erklären und die mündliche oder schriftliche Darstellung und Reflexion des eigenen Lernwegs. Formalisierungen entstehen aus der Arbeit der Kinder. Die oben genannten langfristigen Lernziele tragen dazu bei, daß Mathematik verstärkt der Denkerziehung und Allgemeinbildung dient.

Zu einem offnen Mathematikunterricht gehören außerdem:
- die Aufwertung von Überschlagsrechnungen, Näherungsverfahren und Schätzübungen unter gleichzeitiger Reduzierung der Geläufigkeitsübungen bei den schriftlichen Rechenverfahren;
- zahlreiche Rechenanlässe im Klassenleben, zum Beispiel Zeitleiste, Geburtstagskalender, Klassenkiosk, Wetterstation, Eichamt, Rezeptebuch, «Rechnungsprüfstelle»;
- die Delegierung von Dokumentationsaufgaben an die Kinder, zum Beispiel Führen von Lerntagebüchern, Herstellen von Protokollen, Entwerfen von Tabellen;
- die Gestaltung mathematischer «Lernkabinette», zum Beispiel Materialstationen zum Experimentieren, Konstruieren, Messen, Wiegen, Einfüllen oder einfach zum Ausdenken;
- mehr Zeit für Geometrie.

In Forschung und Unterrichtspraxis sollten die Lernwege der Kinder stärker beachtet werden. An die Stelle einer Produktorientierung tritt *Prozeßorientierung*: Statt der *Ergebnisse* geht es um *Strategien*, statt der abfragbaren Wissenselemente um die Fähigkeit, Situationen zu mathematisieren und Mathematik entdeckend und erkundend zu betreiben. Dies hat Folgen für alle Bereiche des Unterrichts, sowohl hinsichtlich der Grundanlage als auch in bezug auf Einzelfragen, wie zum Beispiel Lernprozeßbeobachtung, Medieneinsatz und Ergebniskontrolle.

Um das Lernen der Kinder flexibel begleiten zu können, werden Lehrerinnen und Lehrer gebraucht, die ihrerseits in der Mathematik «zu Hause» sind und selbst das eigenständige Erarbeiten und forschende Lernen in *Aus- und Fortbildung* gelernt haben. Nirgendwo bewahrheitet es sich so, daß die Art, in der die Lehrenden selbst gelernt haben, Folgen für ihr späteres Lehren hat. Die Mehrheit der Studierenden und in der Grundschule Unterrichtenden hat ein gespanntes Verhältnis zu diesem Fach. Wer es in Schule oder Hochschule aufgegeben hat, Fragen zu stellen, und sich rezeptiv verhält, weil er sonst «den Stoff» nicht bewältigt hätte, wer es also aufgegeben hat, um ein eigenes Verständnis zu ringen, wird kaum in der Lage sein, Kinder zu aktiv-entdeckendem Lernen anzuleiten.

Vor allem hat es die Lehrerausbildung für das Fach Mathematik bislang versäumt, ein lebendiges Verhältnis zur Mathematik zu vermitteln und die Studierenden forschend lernen zu lassen. Eine «Elementarmathematik vom pädagogisch-didaktischen Standpunkt aus» ist erst noch zu entwickeln. Wir empfehlen überdies die umfassende Überprüfung und Entrümpelung der bisher im Rahmen der Lehrerausbildung für die Grundschule vorgesehenen fachwissenschaftlichen Anteile im Mathematikstudium und eine enge Zusammenarbeit zwischen Mathematikdidaktikern und Grundschulpädagoginnen und -pädagogen, die durch entsprechende Hochschulstrukturen zu stützen ist.

Eine weitergehende Lösung besteht im Aufbau eines eigenen fachdidaktischen Arbeitsbereiches «Mathematischer Anfangsunterricht» in Forschung und Lehre an den Universitäten. Wir empfehlen, solche Lehr- und Forschungsgebiete an allen lehrerbildenden Hochschulen einzurichten.

2.4.1.4 Musisch-ästhetische Erziehung

Der besondere Auftrag des musisch-ästhetischen Lernbereichs liegt darin, Wahrnehmungsfähigkeit, Empfindungsfähigkeit und Ausdrucksfähigkeit über das bloß Nützliche, instrumentell Verwertbare hinaus zu entfalten und in den Individuen jenes Moment an Freiheit anzuregen und zu stärken, von dem allein kulturelle Praxis lebt und kulturelle Entwicklungen ausgehen können. Das traditionelle Verständnis von Kunst- und Musikunterricht, das auf die Begegnung mit Hochkultur einerseits und die Aneignung bewährter Techniken im bildnerischen und musikalischen Bereich andererseits ausgerichtet ist, erweist sich dabei als zu eng. Vor jeder spezifischen unterrichtlichen Schulung geht es um die Vielfältigkeit und Glaubwürdigkeit der musisch-ästhetischen Dimension der schulischen Lernkultur, die in allen Lernbereichen und im Schulleben ihren Stellenwert haben sollte.

Die sinnliche Wahrnehmung ist die Basis der Lernfähigkeit schlechthin. Im Wechsel von Wahrnehmungs- und Ausdruckstätigkeit differenziert sich die auf äußere Objekte oder innere Empfindungen gerichtete Eindrucksfähigkeit. Zugleich werden dabei die Voraussetzungen für eigenschöpferische Ausdruckstätigkeiten erworben. Angesichts der Allgegenwart vorgefertigter, klischeeartiger optischer und akustischer Reize darf die Schule nicht bei der Reproduktion und Imitation beliebter Musikstücke, schöner Formen und Gesten stehenbleiben, sondern muß besonderen Wert auf schöpferische Prozesse legen, um die Subjekte zu stärken.

Kulturelle Praxis bezieht sich gleichermaßen auf die Begegnung mit ausgewählten künstlerischen Werken als auch auf Verhalten in der Alltagspraxis. In Ausstellungen, Festen und der Gestaltung des Schullebens können Grundschüler ihr Vertrauen in die eigenen Kräfte in gelebter Nähe zu Gleichaltrigen ausbilden und ihr Selbst- und Weltverständnis erweitern.

Kultur ist nichts bloß Individuelles. Sie lebt von gemeinsamer Sinnschöpfung, erfordert eine intensive Auseinandersetzung mit ausgewählten Themen und lädt dazu ein, die Grenzen des schulischen Innenraums zu überschreiten. Dieses wird besonders dann deutlich, wenn Gestaltungsprozesse eine soziale Dimension erreichen. So kann zum Beispiel die Errichtung einer Kinderlitfaßsäule im Stadtteil Schüler anregen, ihre Interessen klarer zu formulieren und sie mit gestalterischen Mitteln öffentlich darzustellen. Oder: Die gemeinsame Komposition eines Liedes, einer Liedbegleitung kann originell und wirkungsvoll eine geplante schulische Aktion unterstützen.

Musik und Kunst sind mehr als Dekor. Sie sind Zeugnis geistiger Auseinandersetzung und Teil gelebter ästhetischer Praxis, die bisweilen eine politische Dimension erreichen kann. An geeigneten Projekten können Grundschüler lernen, mit gestalterischen Mitteln eigene Ziele zu vertreten und sich mit Möglichkeiten und Grenzen ihrer Einflußnahme auseinanderzusetzen.

Kunst, Musik, Literatur, darstellendes Spiel und Tanz gehören in einen größeren Zusammenhang. Sie bedienen sich je eigener Mittel. Stellvertretend für die Vielgestaltigkeit künstlerischer Praxis werden im folgenden Ausführungen zu den Bereichen Musik und Kunst gemacht.

Musikalische Grundbildung

Im Zusammenhang mit vielfältigen musikbezogenen Tätigkeiten und Erfahrungen entwickeln Grundschüler Freude am Umgang mit Klangwelten, entdecken Klangerzeugungsmöglichkeiten und gewinnen einen ersten Einblick in die historisch gewachsene Musikkultur. Die sinnliche Lust am Geräuschemachen, Klangerzeugen, Singen und Tanzen erwerben die meisten Kinder bereits im Vorschulalter. Der bewußt reflektierende Umgang mit Rhythmus und Klang, ihr Einsatz in Kompositionen und für eigene Gestaltungsversuche muß dagegen im allgemeinen erst durch die Schule erschlossen werden.

Mehr als in anderen Bereichen des Lernens und Leistens wirken sich in der Musikerziehung kulturelle und schichtenspezifische Unterschiede der familiären Herkunftswelten aus, um deren Ausgleich Grundschule bemüht sein muß. Das betrifft einerseits den Zugang zum Instrumentalunterricht und andererseits das Kennenlernen nichtpopulärer Bereiche der traditionellen und modernen Musikkultur. Grundschule muß hierzu allen Kindern erste Erfahrungsmöglichkeiten eröffnen. Darum ist es wichtig, daß jede Schule über eine Instrumentensammlung verfügt, mit den örtlichen Musikschulen zusammenarbeitet, Eltern als Experten einlädt und in kleinen Gruppen auf freiwilliger Basis Instrumentalunterricht anbietet. Die aktive Teilhabe an musikalischer Praxis hat über die fachliche Qualifizierung hinaus einen sozialisatorischen Sinn. Sie legt die Basis dafür, daß neue Musikerfahrungen erschlossen werden und Alternativen zum bloßen Musikkonsum erfahren werden.

Die Inhalte musikalischer Grundbildung sollten sich an dieser umfassenden Zielsetzung orientieren und soweit wie möglich andere Medien (Sprache, Bewegung, Malen, Zeichnen, szenisches Darstellen) einbeziehen.

Bildnerisches Darstellen und Gestalten

Die Entwicklung von der naiv-unbewußten Darstellungs- und Gestaltungsfreude im Vorschulalter bis hin zum bewußten Einsatz gestalterischer Mittel am Ende der Grundschulzeit geht mit dem Verlust der ursprünglichen Unbefangenheit einher. In der kritischen Übergangsphase beginnen Kinder, ihre Werke mit von außen gesetzten Maßstäben zu messen und sind sich ihres Könnens nicht mehr sicher. Das führt zu einem Nachlassen der spontanen Kreativität. Gleichzeitig sind sie in dieser Zeit besonders offen für unterstützende Hilfe durch den Unterricht und experimentieren begeistert mit neuen Techniken. Bildnerische Produkte von Mitschülern werden mit neuer Aufmerksamkeit angeschaut und mit den eigenen verglichen. Auch die ästhetische Gestaltung der Umwelt und die Nutzung optischer Reize in der Reklame können ausschnitthaft bewußt gemacht werden.

Für beispielhafte Darstellungen aus der Kunstgeschichte kann nun Interesse gewonnen werden. Medienproduktionen können auf ihren Aufbau und ihre Machart hin untersucht werden. Gemeinschaftswerke wie die ästhetische Gestaltung eines Geschichtenbuches oder die Ausgestaltung des Klassenraums können planvoll in Angriff genommen werden.

Im Laufe der Grundschulzeit sollte Gelegenheit bestehen, die wichtigsten bildnerischen Mittel aus eigener Erfahrung kennenzulernen und an ausgewählten Beispielen aus Kunst und Kulturgeschichte zu studieren. Solche Techniken sind Zeichnen, Malen, Schrift und Schreiben, Drucken, Collagieren und plastisches Gestalten.

Die Themen sollten möglichst der Lebenswelt der Kinder entnommen werden. Sie erlauben den kombinierten Einsatz unterschiedlicher Medien und regen zu phantasievollen Produktionen an. So zum Beispiel:

– Ich und meine Familie
– Spielen und Spielzeug
– Phantasien und Träume
– Umwelt und Natur.

Die Aufzählung ließe sich ergänzen. Zu jedem Thema lassen sich vielfältige aktuelle Bezüge herstellen und Beispiele aus den Medien, der Kunst- und teilweise auch der Musikgeschichte finden. Eigentätigkeit und Kunsterfahrung, Produktion und Reflexion sollten in einem ausgewogenen Verhältnis stehen. Die Erhaltung der individuellen Ausdrucksfreude ist neben der Differenzierung der künstlerischen Erlebnisfähigkeit und des gestalterischen Könnens ein gleichrangiges Ziel.

2.4.1.5 Körper und Bewegung – Spiel und Sport

Grundsätze

Bewegung ist eine Lebensform des Kindes und ein Weg der Auseinandersetzung mit der sozialen und materialen Welt. Für die meisten Kinder bedeutet dies eine lustbetonte Vergegenwärtigung des Seins. Ihre Erfahrungen sind begleitet von vielen kinästhetischen Sensationen: Schwere und Leichtigkeit, Geschwindigkeit und Rhythmus, das Zusammenspiel äußerer und innerer Kräfte und der Wechsel der körperlichen Lage in Raum und Zeit. Wie Sprechen und Denken vermittelt auch das Sich-Bewegen zwischen Kind und Welt, Innen und Außen.

Unabhängig von ihrer körperlichen Erscheinung unterscheiden sich die Kinder in ihrem Bewegungseifer und Drang nach immer neuen Erfahrungen. Die einen haben eine altersgemäße Bewegungsgeschicklichkeit entwickelt, andere fallen auf, weil sie bewegungsgehemmt, steif, hyperaktiv, draufgängerisch, langsam, ängstlich oder zurückgezogen sind. Jedes Kind hat seine eigene Art, sich durch Bewegung zu äußern, sich darzustellen und Kontakt mit Mitschülern und Materialien aufzunehmen. Manche Kinder entwickeln schon sehr früh eine enge Beziehung zum gesellschaftlichen Phänomen des Sports.

Die Bewegungserziehung hat die Aufgabe, diese individuellen Ausgangspunkte ernst zu nehmen und durch Anregungen weiterzuentwickeln. Die mitgebrachten Bewegungserfahrungen der Kinder sollen begleitet und im Sinne einer positiven individuellen Bewegungsentwicklung gefördert werden. Dabei sind die Interessen, Bedürfnisse und Ängste des einzelnen Kindes zu berücksichtigen.

Bewegungserziehung statt Sportunterricht

Ein zeitgemäßer Sportunterricht in der Grundschule ist mehr und etwas anderes als eine Einführung und Hinführung zum Leistungssport. Er hat nicht den Sport, sondern das «Sich-Bewegen» der Kinder zum Thema.

Sport allein ist zuwenig. Die Bewegungskultur unserer Gesellschaft ist weitgehend durch den Leistungssport und die an ihn geknüpften Vorstellungen von einem guten und gesunden Körper geprägt. Dies macht es für alle, die den Normen der sportiven Bewegungskultur nicht gerecht werden, schwer, über eigenes Aktivwerden die Erfahrungen und Anreize zu erhalten, die prinzipiell durch Sich-Bewegen möglich sind. Wenn nur der «Sport» mit seinen Disziplinen, Geräten, Räumen, Normierungen und Regeln zählt, geht zuviel von der Eigenständigkeit und Lebendigkeit des Sich-Bewegens verloren.

Zahlreiche Lehrpläne sind auf dem Weg, auf die Sportpropädeutik zu verzichten und statt dessen eine allgemeine Körper- und Bewegungsbildung anzustreben. Aber diese Ansätze sind noch zu vorsichtig. Sie laufen gegen Ende der Grundschulzeit immer noch eindeutig auf die Einführung in die normierten Formen des Sporttreibens zu. Dabei bleiben alle diejenigen Formen unserer Bewegungskultur unbeachtet, die sich nicht in das sportive System pressen lassen: Körpererfahrungen, Bewegungsimprovisationen, alltagsmotorische Tätigkeiten wie Klettern, Steigen, Balancieren, Bewegungsspiele nach eigenen Vorstellungen, kreativer Umgang mit Bewegungslandschaften, Konstruktion von eigenen Bewegungsarrangements und ähnliches mehr. In der Grundschule sollte Bewegungserziehung stattfinden, kein Sportunterricht.

Im Gefolge der Neuorientierung dieses Lernbereichs haben sich auch die überkommenen «Bundesjugendspiele» überlebt und sollten in der Grundschule nicht mehr veranstaltet werden. Diese Schulsportveranstaltung legt die Kinder auf traditionelle Sportarten und vorgegebene Bewegungsmuster fest. Bundesweit einheitliche Normen geben vor, wie die Leistung des einzelnen Kindes einzustufen ist. Die unterschiedlichen körperlichen Voraussetzungen werden nicht berücksichtigt, Kooperation und kreativer Umgang mit Bewegungsaufgaben sind nicht gefragt.

Statt dessen sollten regelmäßige Spielfeste zur Bereicherung des Schullebens und der Schulfeiern zu einem unverzichtbaren Teil der Grundschule werden. Konkurrenzfreie Spiele mit betont kooperativem Charakter sind ein geeigneter Gegenpol sowohl zum sportiven als auch zum kognitiven Wettkampf.

Freie Bewegungsangebote als Bestandteil des Schulalltags

Die veränderten Bedingungen des Aufwachsens haben dazu geführt, daß viele Kinder ihre Bedürfnisse nach körperlicher Bewegung, körperlich ausgreifender Aneignung ihrer Umgebung, nach Spiel, Spaß und Lärm zusammen mit anderen in ihrer häuslichen Umgebung kaum mehr befriedigen können. Vor allem fehlen Erfahrungen, wie Bewegungssituationen selbständig einzurichten sind und wie man sich ohne Vorgabe und Anleitung frei und spielerisch bewegen kann. Die körperliche Unruhe der Kinder im Unterricht und ihre Mühe, sich auf die üblichen schulischen Aufgaben zu konzentrieren, können als Signale dieser unerfüllten elementaren motorischen Bedürfnisse verstanden werden. Schule und Unterricht sollten deshalb mehr Bewegungsmöglichkeiten umfassen, und sie sollten den Kindern Gelegenheit geben, Erfahrungen mit von ihnen selbst entwickelten Bewegungen zu sammeln.

Immer noch wird Schulkindern die Disziplinierung ihres Körpers zum Zwecke des Stillsitzens zugemutet. Kinder sollten sich demgegenüber so oft wie möglich frei im Raum bewegen und ihre Körperhaltung und ihren Lernplatz (in Grenzen) selbst suchen dürfen, wie dies in vielen alten und neuen Reformschulen der Fall ist.

Die tägliche Bewegungszeit stellt ein wichtiges Angebot der Schule dar. Jeden Tag wird das Lernen im Klassenraum für ca. eine halbe Stunde für freies Spielen und Sich-Bewegen auf dem Pausenhof, in der Pausen- oder Turnhalle oder in der Schulumgebung, bei schlechtem Wetter auch in den Innenräumen unterbrochen. Transportable Spiel- und Sportgeräte wie zum Beispiel Seile, Reifen und Bälle, die Ausstattung des Pausenhofs, etwa aufgemalte Hüpfspiele, aber auch die bewußte Nutzung der Bewegungsangebote in der Schulumgebung, zum Beispiel Treppen und Mauern, geben den Kindern Anregungen.

Die tägliche Bewegungszeit wird von der Klassenlehrerin oder dem Klassenlehrer oder einer anderen Lehrkraft begleitet, die auch den passenden Zeitpunkt wählt. Eine Sportlehrerausbildung ist nicht notwendig. Die dafür aufgewandte Schulzeit «geht» dem Lernen nicht «ab», weil die Kinder dadurch grundlegend in ihrer Entwicklung gefördert, nicht zuletzt auch soziale Bedürfnisse erfüllt werden und das Lernen nach der täglichen Bewegungszeit leichter fällt.

Viele Schulen haben sich schon der Aufgabe gestellt, ihre Schulhöfe und die Schulumgebung pädagogisch zu gestalten: Die von den Kindern zu nutzenden Außenräume sollten zum selbständigen Bewegen einladen und zu diesem Zweck Sandflächen und Wasserstationen, Schaukeln, Klettergeräte und Ballspielflächen sowie bewegliche Materialien zum Eigenbau von Wippen und Balanciermöglichkeiten anbieten. Im Rahmen der Öffnung der Schule zum Stadtteil könnten die Turnhallen regelmäßig für die freien Spielaktivitäten der Kinder der Umgebung geöffnet werden.

Die Bewegungserziehung sollte mithin von der unterrichtlichen Belehrung entlastet und durch freie Erfahrungsgelegenheiten ergänzt werden. Dies kann auch im Sportunterricht selbst geschehen, wenn den Kindern immer wieder Unterrichtszeit zur eigenen Gestaltung zur Verfügung gestellt wird. Das pädagogische Interesse richtet sich vor allem auf die selbständige Organisation des eigenen Bewegungsunterrichts. Regelmäßige «Wunsch-» oder «Initiativstunden» entsprechen damit dem pädagoischen Konzept der «Freien Arbeit»: Der Lehrer oder die Lehrerin berät und betreut die Kinder und hilft ihnen, ihre Bewegungs- und Spielideen zu realisieren. In diesem Kontext tritt das

Erfahrungs-Lernen als Gegenkonzept zum Belehren und «Trainieren» auf. Es verfolgt die Öffnung des Sportunterrichts für mehr selbständiges, selbsttätiges und subjektives Lernen und geht vom Grundsatz aus: Soviel Erfahrung wie möglich, sowenig Belehrung wie nötig.

Grundschule als Raum für körperlich-sinnliches Lernen

Lernen geschieht nicht nur über das visuelle und auditive Aufnehmen und intellektuelle Bewältigen von Aufgaben: Die körperlich-sinnlichen, «handgreiflichen» Erfahrungsmöglichkeiten sind ein elementarer Bestandteil jeden Lernens. Dies gilt besonders für die Grundschule, deren Kinder dem Alter noch nah sind, in dem der Körper und die Bewegung das erste und einzige Werkzeug zur Aneignung der Welt waren. Die Schulen müssen den Mut finden, Körper, Hände, Bewegung und alle Sinne in viel stärkerem Maß als bisher zur Geltung kommen zu lassen. Praktisches Lernen, psychomotorische Förderkonzepte sowie Stille- und Entspannungsübungen geben dazu wichtige Anregungen.

2.4.1.6 Religion, Ethik, Philosophie

Die Grundschule soll die Kinder in alle Bereiche der Wirklichkeit einführen. Die Beschäftigung mit Grundfragen der menschlichen Existenz, die in verschiedenen Lernbereichen zur Sprache kommen können, gehört zu den schwierigsten, aber auch zu den wichtigsten Aufgaben der Grundschule. Ein Lernbereich, der solche Fragen bislang vorwiegend thematisiert, ist der Religionsunterricht.

Zur aktuellen Situation des Religionsunterrichts

Religion ist nach unserer Verfassung (Art. 7 Abs. 3 GG) «ordentliches Lehrfach» an den öffentlichen Schulen und «in Übereinstimmung mit den Grundsätzen der Religionsgemeinschaften» zu erteilen.

Aus dieser Verfassungsvorschrift folgt weder, daß Religionsunterricht auf *allen* Jahrgangsstufen, also auch schon in der Grundschule, angeboten, noch daß er in Konfessionentrennung durchgeführt werden muß. Die Religionsgemeinschaften – und zwar nicht nur die christlichen – haben allerdings das Recht, an seiner Konzeptionierung mitzuwirken.

Die Schulwirklichkeit sieht in Deutschland, historisch bedingt, sehr vielfältig aus: Religionsunterricht wird derzeit in den meisten Bundesländern als konfessioneller Unterricht in gemeinsamer Verantwortung von Staat und (christlichen) Kirchen betrieben. In verschiedenen Bundesländern wird Religionsunterricht neben staatlichen Lehrern auch von Katecheten, Religionspädagogen mit Fachhochschulbildung und Pfarrern erteilt. In manchen Bundesländern wird ein überkonfessioneller christlicher Religionsunterricht von der Schule angeboten. Muslime erhalten in manchen Bundesländern die Möglichkeit zum Besuch eines Islamunterrichts in der Schule, der dann überwiegend nachmittags angeboten wird.

Insbesondere in Süddeutschland ist die Schule noch stark mit der Kirche verbunden, obgleich beide Institutionen formal getrennt handeln. Teilweise verpflichten die Landesverfassungen den gesamten Unterricht oder wesentliche Teilbereiche auf christliche Traditionen und Überzeugungen.

In allen Bundesländern besteht die Möglichkeit, die Kinder vom konfessionellen Religionsunterricht in der Schule abzumelden, jedoch erhalten sie nicht überall einen konfessionsfreien Ersatzunterricht.

Die Situation der Kinder

Die veränderten Lebensbedingungen heutiger Grundschulkinder beschreiben das Umfeld, in das der Religionsunterricht derzeit gestellt ist:

- Rein formal gehören in Westdeutschland die meisten Kinder noch immer einer der beiden großen christlichen Kirchen an, wenngleich der Anteil konfessionsloser Kinder ständigt steigt.

- Das Monopol der christlichen Religionen ist jedoch zerbrochen: Zumindest in den westdeutschen Großstädten sind heute in fast jeder Grundschulklasse drei, vier oder noch mehr verschiedene Religionen vertreten. In den Wohnvierteln mit überwiegend türkischer Wohnbevölkerung gibt es in einzelnen Grundschulklassen schon mehr mohammedanische Kinder als praktizierende Christen.
- In Ostdeutschland bilden nach 40 Jahren DDR-Staat getaufte Kinder heute eine Minderheit. Die Mehrheit der Kinder gehört keiner Kirche an und ist bewußt kirchenfern erzogen worden. Gleichwohl wünschen beispielsweise in Sachsen-Anhalt 60 Prozent der Wahlberechtigten Religionsunterricht an den Schulen.
- In Ost und West erfährt nur noch eine Minderheit der Kinder im Elternhaus die Einbindung in eine offen gelebte kirchliche oder religiöse Praxis.
- Viele Eltern stehen heute den großen Amtskirchen reserviert gegenüber und pflegen, wenn überhaupt, eher eine «Privatreligion». Die Kirchen werden mehrheitlich eher als «Dienstleistungsunternehmen» für die Begleitung und Unterstützung in emotional bedeutsamen Lebensphasen (Geburt, Hochzeit, Todesfall, persönliche Notlagen) denn als «geistige Heimat» begriffen.

Zur Konfessionentrennung

Aus der Sicht der Grundschuldidaktik ist der konfessionsgebundene Unterricht grundsätzlich revisionsbedürftig, denn er widerspricht dem integrativen Selbstverständnis der Grundschule: Jeder konfessionell getrennte Religionsunterricht ist notwendig Fachunterricht, der – zumindest für einen Teil der Klasse – von Fachlehrern erteilt wird und die Trennung der Klasse in geteilte Lerngruppen bedingt, die sich dann über grundlegende ethische, philosophische und religiöse Fragen in dem eigens dafür vorgesehenen Unterricht nicht mehr gemeinsam verständigen können.

Vor allem in den ersten Schuljahren wird diese Aufteilung von den Kindern überhaupt nicht verstanden und ist schon von daher pädagogisch nicht zu rechtfertigen. Kinder, die formal einer Mehrheitsreligion angehören, werden von anderen abgesondert unterrichtet, die dann ihrerseits als Minderheit dastehen oder sogar offen diskriminiert werden, weil man ihnen, wie dies in einigen Bundesländern immer noch der Fall ist, einen eigenen (zum Beispiel muslimischen) Religionsunterricht in der Schule bis heute verweigert. Diese Praxis betont das Trennende zwischen den Menschen und erschwert den Dialog zwischen den Religionen.

Viele Eltern, die eigentlich gar keinen Religionsunterricht in der staatlichen Schule wünschen, melden ihre Kinder nur deswegen nicht vom Religionsunterricht ab, um ihnen die diskriminierende Situation zu ersparen, nicht der Mehrheitsgruppe anzugehören. Sie handeln unter sozialem Druck, der ihnen mit der Konfessionalität des Religionsunterrichts auferlegt wird. Dies gilt insbesondere in kleineren Gemeinden auf dem Lande.

Die Konfessionentrennung führt auch zu organisatorischen Problemen wie der Beaufsichtigung von Kindern, die nicht teilnehmen, oder der Notwendigkeit, den Religionsunterricht in die Randstunden des Schultages zu legen, Probleme, die das sorgsam aufzubauende Gefüge eines rhythmisch gestalteten Schultages immer wieder beeinträchtigen und stören.

Das friedvolle Zusammenleben in einer Schule mit vielen Nationalitäten, Ethnien, Kulturen und Religionen macht unseres Erachtens eine durchgängig interkulturelle und überkonfessionelle Praxis erforderlich, die auch die Überzeugungen der religiös nicht gebundenen Eltern respektiert und in einer nichtdiskriminierenden Form einschließt.

Empfehlungen

Der Religionsunterricht hat zu jeder Zeit religiöse, ethische und philosophische Fragen und Inhalte thematisiert. Wir schlagen vor, diesen weiten Inhaltsbezug schon in der Benennung des Lernbereichs offenzulegen (Lernbereich «Religion, Ethik, Philosophie») und religiöse, ethische und philosophische Fragen und Inhalte in der Schule nicht mehr aus der Sicht einer einzelnen Religionsgemeinschaft, sondern im Hinblick auf die multikulturelle und multireligiöse Vielfalt unserer Gesellschaft darzustellen und – soweit möglich – zu beantworten. Dabei geht es immer um die dialektische Erfahrung von Differenz und Gemeinsamkeit im respektvollen Dialog zwischen Menschen mit ganz unterschiedlichen Grundauffassungen.

Der Unterricht über Sinn-, Glaubens- und Verhaltensfragen sollte sowohl in der Stoffauswahl als auch bei der Unterrichtsgestaltung stärker den besonderen Verstehensformen und Weltzugängen der Kinder angepaßt werden und – wie in den anderen Lernbereichen der Grundschule auch – tendenziell von den Fragen der Kinder ausgehen.

Inhaltlich geht es um Fragen wie die nach der Entstehung und der Zukunft der Welt, nach dem Sinn und dem Schutz der Schöpfung, um Fragen nach einem Leben nach dem Tode, nach der Endlichkeit oder Unendlichkeit des Alls, nach der Existenz Gottes angesichts des Elends in der Welt, nach der Möglichkeit des Friedens und der Gerechtigkeit angesichts allgegenwärtigen Unfriedens und allgegenwärtiger Ungerechtigkeit, um Fragen nach dem richtigen Handeln angesichts ungewisser Zukunftsperspektiven, nach der Verantwortung und den wechselseitigen Pflichten im Zusammenleben der Menschen sowie nach den Gründen und Bedeutungen der Elemente religiöser Praxis, die die Kinder im Elternhaus, in ihrer Umwelt oder über die Medien erleben.

All diese Fragen sollten im Horizont der wichtigsten in der jeweiligen Schule vertretenen Weltanschauungen zur Sprache kommen, wobei sie immer wieder auch aus der Innensicht der beteiligten Religionen und Weltanschauungen dargestellt und in ihren Konsequenzen reflektiert werden sollten.

Im Detail lassen sich folgende Bestimmungsstücke für den neuen Lernbereich «Religion, Ethik, Philosophie» benennen:

- Es geht nicht um Botschaften einzelner Kirchen, sondern um die *Sinn- und Glaubensfragen der Kinder* und eine erste Einführung in die Antworten, die die Menschen und Religionen für diese Fragen bereithalten.
- Es geht nicht um die Einübung in religiöse Symbolsysteme, son-

dern um die *Begegnung mit Menschen* unterschiedlicher Religionszugehörigkeit und solchen ohne Konfession, Menschen, mit ihren Ansichten, Erfahrungen, Sorgen, Problemen und Hoffnungen.

- Ziel dieses Unterrichts ist *das Verstehen von Menschen in ihren zentralen Orientierungen*, Ansichten und Haltungen sowie die Anbahnung der Fähigkeit zum interkulturellen und interreligiösen Dialog einschließlich des Dialogs zwischen Glaubenden und Nicht-Glaubenden. Der Unterricht soll die Kinder zu Weltoffenheit und Toleranz gegenüber ihnen bislang nicht bekannten Überzeugungen und Formen religiöser Praxis einschließlich der Überzeugungen der Nicht-Gläubigen erziehen.

Ausgehend von den Fragen der Kinder ergeben sich zahlreiche anspruchsvolle Lerngelegenheiten. Beispiele:

- Die Bearbeitung der Fragen, warum manche Menschen in die Kirche gehen und andere nicht oder was die Koranschule ist, die manche Mitschüler am Nachmittag besuchen, führt zur Erläuterung verschiedener religiöser Praxen im Elternhaus oder im weiteren Umfeld der Kinder.

- Die Bearbeitung der Fragen, warum an Karfreitag schulfrei ist, was eigentlich ein «Zuckerfest» ist oder warum sich die Eltern zur Beerdigung der Großvaters schwarz anziehen, kann den Kindern Wurzeln und Manifestationen der Kulturgeschichte erschließen.

- Die Beobachtung, daß manche Mitschüler nicht Weihnachten feiern, andere fasten, wieder andere kein Schweinefleisch essen oder prinzipiell vegetarisch leben, gibt Anlaß zur Erforschung von und reflektierten Begegnung mit Inhalten und Formen verschiedener Weltanschauungen.

- Die Begegnung mit Menschen, die in karitativen Organisationen arbeiten, eine Nachbarschaftshilfe organisieren oder sich sonst für ihre Mitmenschen einsetzen, kann den Kindern die Augen für die Möglichkeit eines nicht ausschließlich gewinnorientierten Lebensentwurfs öffnen.

- Fragen, warum manche Menschen oder Länder so reich sind, während anderen zum Leben das Nötigste fehlt, ob man einen Baum fällen darf, um eine Straße zu verbreitern, oder was man tun kann, wenn ein Mensch leidet und Hilfe nicht möglich scheint, regen schon Kinder im Grundschulalter zu ethischen oder philosophischen Überlegungen an, die eine Grundlage für weiterführende Reflexionen auf der Sekundarstufe sein können.

Wie in jedem anderen Lernbereich kann die Schule allerdings auch im Lernbereich «Religion, Ethik und Philosophie» nicht darauf vertrauen, daß alle wesentlichen Fragen von den Kindern selbst artikuliert werden. Die Lehrerinnen und Lehrer sind daher auch in diesem Lernbereich immer wieder aufgefordert, den Kindern die Welt «fragwürdig» zu machen und ihnen fremde Erfahrungen und Weltsichten als Impuls für eigenes Fragen und Nachdenken anzubieten. Hierzu gehören die Begegnung mit Schriften, Geschichten, Liedern und Bräuchen, die die verschiedenen Weltanschauungen hervorgebracht haben, die «originale Begegnung» mit Menschen verschiedener Weltanschauungen, der Besuch von «heiligen Orten», Kirchen, Tempeln und geeigneten Kulturdenkmälern sowie das besinnliche Gespräch und die engagierte Diskussion.

Für diesen Unterricht benötigen die Lehrerinnen und Lehrer eine solide Ausbildung in Religionswissenschaften, Philosophie und Pädagogik. Weil die Gegenstände des Unterrichts anspruchsvoll und die Fragen der Kinder vielfältig sind, wird auch hier – wie in den anderen Lernbereichen – ein sechssemestriges Kurzstudium den steigenden Anforderungen an die Qualität der schulischen Grundbildung nicht mehr gerecht (vgl. zur Lehrerbildung im einzelnen Kap. 7.5).

Lehrerinnen und Lehrer, die bislang konfessionsgebundenen Religionsunterricht erteilt haben, müssen auf Wunsch Gelegenheit erhalten, sich für einen überkonfessionellen staatlichen Unterricht in «Religion, Ethik und Philosophie» weiterzuqualifizieren. Soweit sie in Diensten der Kirche standen, müssen sie mit dieser Qualifikationserweiterung das Recht auf Übernahme in den Staatsdienst erwerben können.

Weil der neue Lernbereich «Religion, Ethik, Philosophie» *keine religiöse Unterweisung* der Kinder intendiert, braucht kein Kind mehr von diesem Unterricht abgemeldet zu werden. Im Gegenteil: Er sollte von staatlichen (nicht kirchlichen) Lehrerinnen und Lehrern erteilt werden und für alle Kinder obligatorisch sein, denn er kann seine auf Verständigung über die Welt ausgerichtete Zielsetzung nur erreichen, wenn *alle* Kinder daran teilnehmen.

Eltern, denen ein solcher überkonfessioneller Unterricht nicht ausreicht und die eine gezielte religiöse Unterweisung im Rahmen des Pflichtcurriculums wünschen, bleibt das Recht, ihr Kind an einer privaten oder kirchlichen Konfessionsschule anzumelden oder ihre Kinder nach der Schule am Religionsunterricht der jeweiligen Glaubensgemeinschaften teilnehmen zu lassen.

Auch der überkonfessionelle Lernbereich «Religion, Ethik, Philosophie» könnte und müßte, wie es das Grundgesetz fordert, «in Übereinstimmung mit den Grundsätzen der Religionsgemeinschaften» organisiert werden. Insbesondere ist neben weltlichen Organisationen und den «Fachwissenschaften» Philosophie und Theologie die Mitwirkung der verschiedenen Religionsgemeinschaften bei der Formulierung von Rahmenplänen und Ausbildungsordnungen sowie bei der Ausbildung der staatlichen Lehrerinnen und Lehrer für den neuen Lernbereich unverzichtbar.

Zur Wahrnehmung ihrer Mitwirkungsrechte müssen sich die Religionsgemeinschaften – und zwar nicht nur die christlichen! – allerdings zu einem vorurteilsfreien, nichtdiskriminierenden, interkonfessionellen Dialog zusammenfinden und auf gemeinsame Grundsätze für diesen Unterricht verständigen. Der Staat sollte in Wahrnehmung seiner Gesamtverantwortung für die Schule diesen Dialog organisieren und den rechtlichen Rahmen vorgeben.

Wir verkennen nicht das Problem, daß für manche Religionsgemeinschaften gerade die *Abgrenzung* zu anderen Religionsgemeinschaften von besonderer Bedeutung ist und daß die Bereitschaft und die Fähigkeit der Religionsgemeinschaften zu einem überkonfessionellen Dialog verschieden stark ausgeprägt ist. Manchen Religionsgemeinschaften ist die Betonung der von ihnen als fundamental empfundenen Unterschiede wichtiger als der Dialog über die Grenzen der eigenen Anschauung hinweg.

Dieses Problem läßt sich nicht «verfahrenstechnisch» aus der Welt schaffen, sondern setzt guten Willen und eine konstruktive Grundhaltung aller Beteiligten voraus. Am Ende kann der Staat die wichtigsten im jeweiligen Lande vertretenen Religionsgemeinschaften nur zur Mitwirkung an der Gestaltung des neuen überkonfessionellen Lernbereichs einladen. Ob sie diese Einladung annehmen oder aber auf der Grundlage der eingebürgerten Auslegung des Grundgesetzes an den bisherigen Regelungen festhalten und die Weiterentwicklung des Religionsunterrichts blockieren werden, ist, bevor der Versuch gewagt wird, nicht vorherzusehen. Die deprimierenden Erfahrungen mit einem solchen Versuch in der Sekundarstufe in Brandenburg müssen dem Fortschritt nicht auf Dauer und nicht an jedem Ort entgegenstehen. Vermutlich sind hier aber bundesweite Regelungen noch schwieriger zu realisieren als in allen anderen Lernbereichen der Grundschule.

2.4.2 Lernbereichsübergreifende Aufgabenfelder

2.4.2.1 Gesundheits- und Sexualerziehung

Leiblichkeit und Geschlechtlichkeit sind Grundgegebenheiten menschlicher Existenz, die sich – in Abhängigkeit zum historisch-kulturellen Kontext – in unterschiedlichen Lebensformen zum Ausdruck bringen und entwickeln. Die leibseelische Verfassung eines Kindes wird nur zum Teil durch biologisch und entwicklungspsychologische Voraussetzungen bestimmt. Daneben ist das emotionale Klima, in dem sich seine Entwicklung vollzieht, mitentscheidend. Auch materielle Bedingungen (wie räumliche Verhältnisse und Ernährung) und die Praxis des gelebten Lebens können einen großen Einfluß haben. Für die Grundschule in der multikulturellen Gesellschaft resultieren besondere Schwierigkeiten daraus, daß die verschiedenen Ethnien in unserer Gesellschaft teilweise höchst unterschiedliche Grundauffassungen von Gesundheit und Sexualität haben, die zu respektieren sind.

Für die Neugestaltung der Grundschule ist es entscheidend, daß der basale schulische Lebenskontext die Gesundheits- und Sexualerziehung mitträgt oder den Zielen zumindest nicht widerspricht. Es bleibt eine langfristige Aufgabe für Schulplaner, Pädagogen und Eltern, Grundschule so zu denken und neu zu gestalten, daß den vitalen Bedürfnissen von Kindern ausreichend Rechnung getragen wird, daß diese vielfältige Körpererfahrungen machen können, genug Bewegungsraum haben und daß ein offener und respektvoller Umgang zwischen den Menschen verschiedenen Alters und Geschlechts praktiziert wird.

Gesundheits- und Sexualerziehung sollten fächerübergreifend unterrichtet werden. Sie müssen zwei Ebenen im Blick haben:
– die Ebene der schulischen Lebensverhältnisse (in materieller und sozialer Hinsicht) und
– die Ebene des Unterrichts (sowohl im Hinblick auf Information und Aufklärung als auch im Hinblick auf die Einübung von Alltagspraxis).

Zunächst ist vor allem die Bereitstellung von Erfahrungsmöglichkeiten im Schulalltag wichtig. Wir empfehlen, daß sich die Schulelternschaft mit dem Kollegium einer Schule von Zeit zu Zeit zu einer Klausurtagung trifft, um unter Hinzuziehung von Experten die Lebensqualität von Schule zu durchleuchten und sich mit problematischen Erscheinungen auseinanderzusetzen sowie Verbesserungsmöglichkeiten zu planen. Die Vielfalt der dabei zu diskutierenden Themen kann hier nur angedeutet werden: räumliche Gegebenheiten (unter Beachtung der Lichtverhältnisse, der Belüftungsvorrichtungen, der Bewegungsmöglichkeiten, der allgemeinen Gefahrenvermeidung inklusive der Schulwegsicherung), Zeitstrukturen (wie die Rhythmisierung des Schulvormittages), sanitäre Standards, das Schulfrühstück (in seiner materiellen Substanz und als soziale Situation), das Angebot von Obst und Mineralwasser, die Ausgabe von warmen Mittagsmahlzeiten und anderes mehr.

In ähnlicher Weise ließe sich auch die Thematik der Geschlechterverhältnisse in der Grundschule diskutieren, um über die Sexualerziehung hinaus Anstöße zu geben, die sich bis in das Schulleben und den Unterricht hinein auswirken.

Der Unterricht selber hat die Aufgabe der Vermittlung von Sachwissen, der Bewußtmachung von Zusammenhängen und der reflektierenden Auseinandersetzung mit der eigenen Alltagspraxis. Die Einübung von Formen neuer Praxis kann – sofern es sich anbietet – im Klassenverband (nach Übereinkunft mit den Eltern) versucht werden. In einigen Fällen (wie beim Schulfrühstück) werden sich Verbindungen zwischen Unterricht und Schulleben herstellen lassen. Da die Sexualerziehung, anders als die Gesundheitserziehung, an tief verankerte Tabugrenzen stößt, bedarf sie in der Regel des geschützten Raumes des Klassenverbandes, einer vertrauensvollen Lehrerbeziehung und einer integrierten Elternarbeit.

Gesundheits- und Sexualerziehung haben ihre je eigenen Schwerpunkte und sollen im folgenden getrennt behandelt werden.

Gesundheitserziehung

Gesundheitserziehung setzte bis gegen Ende der achtziger Jahre auf Information und Aufklärung über Gesundheit und Krankheit, wobei Gesundheit als ein Freisein von Krankheit definiert wurde. Die Ergebnisse einer so verstandenen Gesundheitserziehung, die in Schulen vor allem fachbezogen erfolgte, sind deprimierend, denn die Gesundheitssituation in Gesellschaften wie der Bundesrepublik Deutschland hat sich nicht zum Besseren entwickelt.

Mit der Proklamation der «Ottawa-Charta for Health Promotion» am 21. 11. 1986 hat die Weltgesundheitsorganisation (WHO) erstmals ein politisches Leitkonzept zur Gesundheitsförderung verabschiedet. Im Vergleich zu den oben genannten Konzepten der Gesundheitserziehung steht hier die Förderung gesunder Lebensweisen im Vordergrund. Auf nationaler (Kultusministerkonferenz 1990) und internationaler Ebene (EG-Bildungsminister 1988 und 1992) wird in Studien und Empfehlungen die Umsetzung von Maßnahmen zur Gesundheitsförderung auch in Schulen gefordert. Daraus ergeben sich neue Anforderungen an den Unterricht aller Lernbereiche, die unter anderem folgende inhaltliche Schwerpunkte umfassen:
– Körperpflege und gesunde Ernährung

– Verhalten in Gefahrensituationen
– Helfen und Heilen.

Wir empfehlen, die Grundschule im Sinne dieser Proklamationen darauf zu überprüfen, inwieweit sie eine «gesunde Lebensweise» fördert und praktiziert.

Sexualerziehung

Mehr als jeder andere thematische Bereich ist die Sexualerziehung darauf angewiesen, in sensibler Weise auf Äußerungen und Verhaltensweisen der Schülerinnen und Schüler zu achten, um diese als Ausgangspunkt für die Behandlung eines Themas zu nehmen. Kinderfragen sind der beste Gradmesser für das jeweils im Vordergrund stehende Interesse.

Die Grundschule ist einbezogen in die Entwicklungen, in denen Kinder als Mädchen und Jungen sozialisiert werden und in ihre Geschlechterrollen hineinwachsen. In diesen Prozessen wirken die Organisationsformen der Schule, die Interaktionen der Kinder untereinander und mit den Pädagogen und anderen Erwachsenen sowie die Inhalte und Formen des Unterrichts mit.

Koedukation und Sexualerziehung, wiewohl häufig als getrennte Aufgabenfelder angesehen, betreffen die gleichen Fragen, zum Beispiel: Wie Kinder Mädchen und Jungen sein können, ohne von den Pädagoginnen und Pädagogen oder der Schule auf Rollenstereotype festgelegt zu werden; wie Mädchen und Jungen Rückhalt und Bindung in der gleichgeschlechtlichen Gruppe finden und dabei Kontakte zum anderen Geschlecht aufnehmen können; wie Körperlichkeit eingesetzt, aber auch Zärtlichkeit zugelassen werden kann; wie Kinder ihre Fragen zur Sexualität äußern und darauf ehrliche Antworten bekommen können; wie die unterschiedliche Sozialisation der Kinder hinsichtlich des eigenen Körpers und der eigenen Rolle respektiert wird; wie Pädagoginnen und Pädagogen ohne aus ihrer eigenen Sozialisation herrührende, undurchschaute Festlegungen Jungen und Mädchen erziehen können.

Auch wenn die Grundschule die Kinder dazu befähigen will, ihre

Geschlechtsidentität zu entwickeln und miteinander gleichberechtigte und partnerschaftliche Beziehungen aufzubauen, so finden diese Bemühungen doch in einem sozialen Raum statt, der noch immer von den jahrhundertealten, etablierten Herrschafts- und Machtverhältnissen gezeichnet ist. Koedukation muß daher mehr sein als die Organisationsform des Unterrichts. Aufgaben für die Pädagoginnen und Pädagogen liegen darin, die eigenen geschlechtsspezifischen Einstellungen zu reflektieren und ihre Anteile bewußt wahrzunehmen.

Beide Geschlechter müssen ermutigt werden, stereotype Rollenmuster und Lebensentwürfe aufzubrechen und zueinander faire, unterstützende und freundschaftliche Beziehungen aufzunehmen. Mädchen und Jungen sollten voneinander lernen können, zum Beispiel Jungen mehr Fürsorglichkeit, Mädchen mehr Mut, Durchsetzungsfähigkeit und – auch körperliche – Selbstbehauptung.

Mädchen und Jungen sind schon vor der Pubertät sexuelle Wesen und machen ihre Erfahrungen mit Umwerben und Flirten, Zärtlichsein und Zärtlichkeiterhalten, Sichverlieben und Gemochtwerden, Zurückweisen und Zurückgewiesenwerden. Sexualerziehung darf daher nicht auf biologische Informationen über Geschlechtlichkeit und Fortpflanzung reduziert werden, sondern ist ein wichtiger Teil der Sozialerziehung.

Ein anlaßbezogener Sexualunterricht soll auch in der Grundschule zu einem aufgeklärten, körperfreundlichen und sensiblen Umgang mit der eigenen und der fremden Körperlichkeit und den damit verbundenen Gefühlen anleiten. Dazu gehört auch, daß er den Kindern ein Bewußtsein dafür gibt, daß sie sich Zudringlichkeiten und Geheimnistuerei erwehren sollen und sich gegebenenfalls an eine Vertrauensperson wenden können.

Im Falle eines Verdachtes auf sexuellen Mißbrauch sollten sich Lehrerinnen und Lehrer in jedem Fall mit Fachleuten in Verbindung setzen und Beistand von entsprechenden Einrichtungen holen.

Keinesfalls können alle Probleme von Kindern im Klassenplenum öffentlich verhandelt werden. Manchmal ist ein Einzelgespräch zwischen Lehrer/in und Kind (oder Lehrer/in und Eltern) hilfreich. In vielen Fällen trägt jedoch auch die Versachlichung heikler Themen dazu bei, den Kindern den notwendigen psychischen Schutz zu gewähren und ihnen dabei zu helfen, auf symbolische Weise eigene bedrängende Erfahrungen und Erlebnisse zu verarbeiten.

Die Eltern sind auf Elternabenden in die Diskussion über Ziele, Inhalte und Arbeitsformen der Sexualerziehung einzubeziehen. Dabei ist Zurückhaltung und Toleranz gegenüber unterschiedlichen Wertvorstellungen zu wahren und darauf zu achten, daß Kinder nicht unnötigen Konflikten ausgesetzt werden, sondern in ihrer Persönlichkeit, ihrem Körpergefühl und ihrer Geschlechtsrollenidentität gestärkt werden.

2.4.2.2 Medienerziehung

Ausgangslage

Medien sind aus Gesellschaft und Kultur sowie aus der Entwicklung und Sozialisation der Kinder heute nicht mehr wegzudenken. In den meisten Familien sind heute verschiedene Bild- und Printmedien und zum Teil speziell auf Kinder ausgerichtete, kommerzorientierte Medienverbundsysteme verbreitet. Beträchtlich sind allerdings die Unterschiede, die zwischen den Kindern hinsichtlich des Zugangs zu den Medien und deren Nutzung bestehen. Unterschiedlich ist außerdem die Bedeutung, die das einzelne Medium für den Seher, Hörer oder Leser entfalten kann. Die soziale Lage des einzelnen Kindes, dessen mehr oder weniger belastete oder behütete Lebenssituation und die individuellen Medienpräferenzen spielen hierbei eine Rolle.

Unter pädagogischen Gesichtspunkten ist die Ambivalenz der Medien deren hervorstechendstes Merkmal. Einerseits bieten die neuen Techniken, insbesondere Computer- und Videotechnik, Hilfen für das Lernen und Lehren an, die die Möglichkeiten von Schulbuch und Arbeitsblatt, Tafel, Filmgerät, Tageslicht- und Diaprojektor partiell weit übertreffen. Sie versprechen, Erfahrung zu verdichten und in der Schule präsent und bearbeitbar zu machen. Technische Geräte erlauben Lernprozesse, in denen Schülerinnen und Schüler auf rasche und unkomplizierte Art Lösungen simulieren können, und sie ermöglichen Lernen auf eigenen Wegen und unabhängig von der Kontrolle Erwachsener. Auf die Medien ist es wohl auch zurückzuführen, daß Kinder heute in umfassenderer, wenngleich oft ungeordneter Weise über gegenwärtige und vergangene Ereignisse informiert sind. Als relevanter Teil der gesellschaftlichen Wirklichkeit, zum Beispiel in Arbeitswelt und Freizeitangebot, können die Medien von der Grundschule nicht länger ignoriert werden.

Andererseits ist gegenwärtig schwer abzuschätzen, in welcher Weise der menschliche Umgang mit Information und Kommunikation durch die Medien und ihre Allgegenwart verändert wird: Sehen wir die Welt mit anderen Augen an? Beeinflussen die Bildmedien unsere Art des Denkens? Beherrschen wir die Medien, oder beherrschen sie längst uns? Stumpfen die Bilder menschlichen Leids, die uns täglich frei Haus erreichen, unsere Fähigkeit zum Mitempfinden ab, oder sind die Informationen über Gewalt und Not Voraussetzung und Anstoß, mitzuleiden und helfend tätig zu werden? Wie werden vor allem die Kinder damit fertig, permanent mit Nachrichten über jeden beliebigen Ort der Erde konfrontiert zu werden und so der Tendenz nach in einer «Weltgesellschaft» zu leben? Wie kann dem von den Medien ausgehenden Konsumdruck widerstanden werden?

Pädagogische Konsequenzen

Die Revolutionierung der Informationsvermittlung und -verarbeitung durch die Medien innerhalb der letzten Jahrzehnte ist nicht nur als neue epochale Herausforderung zu verstehen, sondern stellt auch die Schule, die dort geübte Art des Lernens und das Verständnis von Bildung in Frage. Angesichts der von den Medien geförderten rezeptiven Grundhaltungen und der Klischeehaftigkeit vieler Darstellungen ist es dringlich, die Urteils- und Ausdruckskraft der Heranwachsenden und ihre Symbolisierungs- und Sprachfähigkeit zu stärken. Das anzustrebende Ziel besteht darin, daß die Heranwachsenden auf lange Sicht bewußt und eigenständig mit den Medien umzugehen lernen.

Mit den neuen Techniken der Speicherung und des Zugriffs auf

Information kann die Schule nicht konkurrieren. Als Buch- und Paukschule wird sie daher nicht überleben. Wenn Schule ihre Relevanz behalten oder wiedergewinnen soll, dann nur, wenn sie sich vornehmlich als Erfahrungsraum versteht. Für die Grundschule lassen sich daraus folgende Aufgaben ableiten, die nur lernbereichsübergreifend wahrgenommen werden können:

● Die Pädagoginnen und Pädagogen sollten sich den Medienerfahrungen der Kinder öffnen und diese darin begleiten, auch wenn Erwachsene häufig nur wenig über die von den Kindern genutzten Medien wissen und vielen medialen Erscheinungen reserviert gegenüberstehen.

● Zu überprüfen ist, inwiefern nicht die Schwerpunkte des Unterrichts grundsätzlich verlagert werden sollten, indem weniger die Vermittlung von Informationen als deren Aufarbeitung und Ordnung angestrebt wird.

● Es gehört zur guten Grundschultradition, den Kindern originale Begegnungen mit Personen, Lebewesen und Sachen zu ermöglichen sowie außerschulische Lernorte aufzusuchen. Medien können bei der Aufarbeitung dieser Erfahrungen helfen, sie aber niemals ersetzen. Ein sich vornehmlich oder gar ausschließlich auf Medien stützender Grundschulunterricht ginge an zentralen Lernbedürfnissen der Kinder vorbei.

● Die Grundschule sollte in einem umfassenden Sinne die «Gegenkräfte» der Kinder entwickeln, indem sie die Nahsinne in Anspruch nimmt und der aus den Medien gewohnten raschen Aufeinanderfolge der Ereignisse Nachdenklichkeit und Verlangsamung entgegenstellt. Eigentätigkeit sollte zum übergeordneten Unterrichtsprinzip werden. Dazu gehört, daß Medien von Anfang an in der Schule selbst hergestellt werden und die Kinder anhand selbstgefertigter Materialien lernen.

● Medienerziehung ist – wie jede andere Erziehung – auf den engen Dialog zwischen Elternhaus und Schule angewiesen. Die Grundschule muß daher diesen Dialog auch auf dem Gebiet der Medienerziehung gezielt pflegen.

Wie in der Debatte über die von den Medien verbreiteten Gewaltdarstellungen abzulesen ist, verfolgen viele Anbieter vordringlich kommerzielle oder politische Interessen. Pädagogische Gesichtspunkte und der Kinder- und Jugendschutz spielen bestenfalls eine untergeordnete Rolle. Viele Eltern unterschätzen die Auswirkungen auf das Seelenleben der Kinder, wenn diese unkontrolliert Gewaltdarstellungen ansehen oder mitsehen müssen, die eigentlich nicht für Kinderaugen gedacht waren. Die Pädagogen würden sich allerdings selbst überfordern, wenn sie solchen Erscheinungen allein mit pädagogischen Mitteln entgegenwirken wollten. Die Mediengewalt verlangt vielmehr flankierend politisches Handeln: Von der Politik ist zu fordern, die Kinder vor Schaden zu bewahren, indem den Medienanbietern Grenzen gesetzt werden. Der Grundsatz der Freiheit der Kunst rechtfertigt nicht den Mißbrauch oder die Gefährdung von Kindern durch die und in den Medien. Eltern und Pädagogen sind in der Pflicht, sich für einen zeitgemäßen Kinder und Jugendschutz auf dem Gebiet der elektronischen Medien öffentlich einzusetzen und die Politiker aufzufordern, entsprechende Regelungen zu erlassen.

Zur Computerbildung in der Grundschule

Da die Grundschule den Kindern alle Aspekte der gesellschaftlichen Wirklichkeit zugänglich zu machen versucht, müssen auch Computer ihren selbstverständlichen Platz im Grundschulklassenzimmer erhalten. Tatsächlich stehen die deutschen Grundschulen diesbezüglich derzeit noch auf dem Niveau von Entwicklungsländern: Von den rund 43 000 Schulen im Primar- *und* Sekundarbereich haben nur 40 einen Internet-Anschluß, und ein Computer-Arbeitsplatz in der Schule steht derzeit erst 2 Prozent aller Schüler in Deutschland zur Verfügung. Im Primarbereich liegt dieser Wert allenfalls im Promillebereich.

Viele Kinder, insbesondere solche aus intellektuell anregenden Elternhäusern, haben aber schon im Vorschulalter privaten Zugang zu und Nutzungsmöglichkeiten von Computern und lernen frühzeitig, diese Geräte für phantasievolle Text- und Bildproduktionen sowie erste Programmierversuche zu nutzen. Andere Kinder lernen Computer eher über mehr oder weniger stupide Reiz-Reaktions-Spiele kennen und verlieren viel Zeit in immer neuen Reaktionstests, die bestenfalls die Wahrnehmungsgeschwindigkeit, nicht aber die Phantasie trainieren. Hier hat die Grundschule eine kompensatorische Aufgabe, indem sie mit hochwertiger Hard- und Software-Ausrüstung die schon angebahnten Entwicklungen der einen aufgreifen und ausbauen muß und den anderen lust- und phantasieanregende Programme bieten sollte, die den kreativen Umgang mit den elektronischen Medien fördern.

Computer können das Lernen und Lehren in der Grundschule bereichern. Positive Erfahrungen liegen etwa zum Sach- und Mathematikunterricht und für den Schriftspracherwerb vor. Entscheidend ist die didaktische Qualität des Computereinsatzes, für den die ganze Bandbreite von der Verdoppelung der Lektionenschule bis zu freisetzenden Lernprozessen denkbar ist. Entsprechend der jeweiligen didaktischen Absicht, werden die Kinder mit Hilfe der Geräte auf stereotypes, ergebnisorientiertes Lernen festgelegt, oder sie erhalten die Möglichkeit, ohne Stift, Schere und Papier Bilder und Texte zu entwerfen und anderen zugänglich zu machen, sich selbständig Informationen zu erarbeiten und an mathematischen Problemen zu knobeln. Erwünschte Nebeneffekte liegen darin, daß computerunerfahrene Kinder, insbesondere auch die Mädchen, frühzeitig die Scheu vor den Geräten verlieren und lernen, wie damit umzugehen ist. Den vorliegenden Erfahrungsberichten ist auch zu entnehmen, daß die Arbeit am Computer nicht isolieren muß, sondern durchaus interaktiv zusammen mit einem Freund beziehungsweise einer Freundin oder mehreren anderen Kindern erfolgen kann. Von daher entspricht der Einsatz von Computern in der Grundschule auch dem sozialen Auftrag dieser Schulstufe. Wir empfehlen daher, alle Grundschulklassenzimmer mit hochwertigen Computern auszustatten und die Pädagoginnen und Pädagogen in einer stufenspezifischen Nutzung dieser Geräte und entsprechender Programme auszubilden.

2.4.2.3 Umweltbildung

Die zerstörenden Eingriffe des Menschen in die Natur nehmen in einem Maße zu, das die Existenz des Lebens auf der Erde aufs schwerste bedroht. Der Grund: Die Menschen lassen sich weiterhin von ihrem Anspruch bestimmen, die natürliche Welt habe ihnen verfügbar zu sein, sie brauchten ihre Bedürfnisse nicht einzuschränken und sie könnten ohne Rücksicht auf den Gesamtzusammenhang allen Lebens auf der Erde ihre ressourcenverzehrenden und lebensvernichtenden Produktionsweisen und Konsumgewohnheiten aufrechterhalten und ausweiten.

Die Mittel, dieser Bedrohung Einhalt zu gebieten, sind insbesondere Politik und Pädagogik. Umweltpolitik muß durch Schaffen umweltgerechter Rahmenbedingungen bewirken, daß sich unser Wirtschaften und Alltagsverhalten in Richtung auf einen verantwortbaren Umgang mit den Lebewesen unserer Mitwelt und mit den Gütern der Erde verändert. Das wird jedoch nur dort gelingen, wo sich Parlamente und Regierungen auf umweltgerechtes Denken und Handeln der Bürgerinnen und Bürger stützen können und wo diese umweltgerechtes staatliches Handeln kraftvoll fordern. Der Pädagogik kommt die Aufgabe zu, den Heranwachsenden zu helfen, Bereitschaften und Fähigkeiten zu entwickeln, sich selbst umweltgerecht zu verhalten und für ein umweltgerechtes Handeln der Gemeinschaft einzutreten, in der sie leben.

Da das umweltzerstörende Verhalten des Menschen auf einer falschen Selbstbewertung als Maß und Mitte der Natur, auf einer oft aus Sinnleere erwachsenden Haltung des «Habenwollens» sowie aus dem Mangel an Mitverantwortung für die Mitlebewesen beruht, kann Umweltbildung und -erziehung nur als eine alle Bildungs- und Erziehungsbereiche umfassende und durchdringende pädagogische Bemühung wirksam werden:

- In Gesprächen des Bereichs «Religion, Ethik, Philosophie» sollten Kinder die Möglichkeit haben, ein Empfinden dafür zu entwickeln, daß wir Menschen ein Teil der Schöpfung sind, daß uns Raubbau an ihr nicht zusteht, daß zum Menschsein Achtung vor dem Leben anderer gehört und daß wir uns in der Pflicht sehen müssen, bedrohtes Leben auch von Tieren und Pflanzen in unsere Obhut zu nehmen.

- Überall im Leben und Lernen der Grundschulzeit sollten Kinder erleben können, wie erfüllend es ist, zu spielen, sich zu bewegen, zu musizieren, Schönes zu betrachten oder Gehaltvolles zu lesen, sich auszutauschen und selbst etwas zu produzieren, womit man sich ausdrücken, was man gebrauchen oder mit dem man andere erfreuen kann und für das man die Anerkennung seiner Mitwelt erfährt. Eine derart als sinnerfüllt erlebte Grundschulzeit vergrößert die Chance, daß in den Heranwachsenden Lebensbejahung stark ist und jene innere Leere nicht aufkommt, die umweltzerstörendes Habenwollen erzeugt.

- Wenn in der Grundschule überall jene Lebens- und Lernformen Platz greifen, die anregen und helfen, mit sich selbst etwas Sinnvolles anzufangen, selbst Ideen zu entwickeln, sich selbst zu steuern und zu kontrollieren und auf die Bedürfnisse der anderen zu achten, mit ihnen zu kooperieren und gemeinsame Vorhaben mitzubestimmen und mitzuverantworten, können sich Haltungen und Fähigkeiten entwickeln, die auch für umweltgerechtes Handeln grundlegend sind.

Da es alle Lebewesen unserer Mitwelt zu achten und ihr Leben durch Wiederherstellen der Zusammenhänge ihres Lebens zu wahren gilt, steht im Mittelpunkt der Umweltbildung in der Grundschule die Beziehung der Kinder zur natürlichen Mitwelt. Wer zur Natur eine tiefgehende positive Beziehung entwickelt, bereichert das eigene Leben und wird am ehesten bereit sein, sie auch unter Inkaufnahme von Umbequemlichkeiten und notfalls gegen Widerstand anderer zu erhalten und zu schützen. Deshalb muß es vorrangiges Ziel in den Jahren der Kindheit sein, die Zuneigung der Kinder zu Pflanzen, Tieren und Menschen zu wecken und das Verständnis für ihre Lebensbedürfnisse zu stärken.

Umweltbildung der Kinder kann sich entwickeln, wenn sie angeregt und ermutigt werden, mit allen ihren Sinnen sich der Tiere und Pflanzen und der Geschehnisse in der natürlichen Mitwelt zu vergewissern, und sie dabei eigene, durch Anschauung fundierte Vorstellungen bilden.

Im Miteinander werden diese Vorstellungen geklärt, so daß die Kinder Ursachen, Wirkungen und Beziehungen im Leben von Tieren und Pflanzen und deren Lebensbedingungen nachvollziehen können. So kann sich Empathie entwickeln als Voraussetzung für die Achtung vor dem Leben anderer, vor ihrem Lebenwollen, ihrem Eigenwert und ihrem Recht zu leben – und das sowohl bei solchen, mit denen die Kinder sich eins fühlen, als auch bei solchen Geschöpfen, bei denen die Identifikation kaum möglich scheint. Erst auf dieser Basis eigener Vorstellungsbildung und eigenen Mitfühlens lassen sich ökologische Sicht- und Arbeitsweisen entwickeln.

In der Umweltbildung geht es ferner um ein Erkennen von Zusammenhängen zwischen der natürlichen, sozialen und technischen Welt. Bei Aufgaben des Bewahrens und Wiederherstellens der natürlichen Lebensbedingungen muß es ein Schwerpunkt sein, daß die Gesellschaft mit den Mitteln (sanfter) Technik den Naturzerstörungen begegnet. Unter Einbeziehung von Sprache, Mathematik und Kunst kann Umweltbildung in der Form von Projekten, in denen die Zusammenhänge der Lebenswirklichkeit in den Blick gerückt und Sicht- und Arbeitsweisen aller Lernbereiche angewandt werden, am ehesten wirksam sein.

Die Möglichkeit, Umweltbildung in lernbereichsübergreifenden Lebens- und Handlungszusammenhängen qualitätsvoll zu konkretisieren, ist in starkem Maße davon abhängig, daß auch die Grundschul*kollegien* Umweltbildung als ihre Sache begreifen und anerkennen. Umweltvorhaben wie das Herstellen und Pflegen von Biotopen, Erarbeiten und Durchsetzen von Energiesparkonzepten, Entwickeln von Recyclinggewohnheiten, Lärmschutzprojekte, sinnvolle Schulgartenarbeit und dauerhafte Gestaltung der «grünen Schule» lassen sich erst im Arbeitsverbund des Kollegiums und möglichst in Kooperation mit den Eltern erlebnisintensiv und lernwirksam organisieren und langfristig erhalten.

Ökologische Sachlagen und Problemlösungen sind oft so kompliziert, daß es zu ihrer Durchdringung rationaler Fähigkeiten und spezifischer Arbeitsweisen bedarf, über die jüngere Kinder erst in Ansätzen verfügen und die Grundschulunterricht nur anbahnen kann. Informationen über Probleme jedoch, die nicht wirklich verstanden werden, können zu irreleitendem Scheinwissen führen. Daher müssen in der Grundschule der Gebrauch der Sinne, das Lernen durch Entdecken, selbständiges Ausprobieren und Produzieren, Pflege von Pflanzen und Tieren und das Erleben ihrer Lebensvollzüge Hauptformen des Umgangs mit der Umwelt sein. Haltung und Fähigkeiten des Fragens, Beobachtens, Erkundens, Abwägens und Suchens von Lösungswegen im Rahmen der unmittelbar wahrnehmbaren Umwelt des Kindes sind in der Grundschule zu erwerbende Voraussetzungen, später auch komplexere Systemzusammenhänge zu durchschauen.

Zum Entwickeln umweltgerechten Denkens und Handelns trägt die Grundschule bei, indem die Kinder stetig Gelegenheit erhalten, sich als einzelne in umweltbewahrendes Alltagshandeln einzuüben, und, soweit Schule und Wohnregion Möglichkeiten bieten, sich auch als Gruppe an Maßnahmen zum Erhalten und Wiederherstellen naturnaher Umwelt zu beteiligen. Wenn ihnen hierbei der Erfolg ihres Beitrages deutlich werden kann, erkennen sie, daß Umweltprobleme durch menschliches Handeln lösbar sind, und sie gewinnen Mut für weiteres Handeln.

2.5 Beobachten, Beurteilen, Informieren

2.5.1 Bildung als Maßstab des diagnostischen Handelns

Alles pädagogische Geschehen in der Grundschule steht unter dem Anspruch der Förderung des Kindes und seiner Bildung. Die Formen der Lernerfolgsfeststellung und Lernerfolgsrückmeldung dürfen nicht in Widerspruch zu diesem Anspruch geraten. Erfolgszuversicht und Könnenserfahrung sind die elementaren Voraussetzungen für die Entfaltung von Bildungsbereitschaft und Lernfreude. Nur ein Kind, das gerne lernt und Freude daran empfindet, seinen Horizont zu erweitern, ist den Anforderungen des Lebens gewachsen.

«Schulleistung» besteht in der Grundschule nicht primär in der Aneignung von reproduzierbarem Wissen und testbaren Fertigkeiten. Der Anspruch der individuellen Förderung der Kinder bezieht sich immer auf individuelle Bildungsprozesse in der Gemeinschaft der Mitschüler und immer auf die gesamte Persönlichkeit jedes einzelnen Kindes. Nur wenn es der Schule gelingt, die Einsichten, Erfahrungen, Fähigkeiten und Überzeugungen des einzelnen Kindes in einem gemeinsamen Erfahrungsaustausch über bedeutsame Inhalte und Gegenstände zu differenzieren und zu bereichern, kann sie ihren Bildungsauftrag erfüllen. Schulerfolg oder -mißerfolg sind zunächst immer der Erfolg oder Mißerfolg der Schule.

Der Bildungsanspruch der Grundschule und das Anknüpfen an die biographischen Voraussetzungen jedes einzelnen Kindes verbieten jede schematische Form der Lernerfolgsfeststellung. So differenziert die Erziehungsprozesse und Unterrichtsangebote heute sein müssen, so differenziert müssen auch die Formen der Leistungsbeurteilung und Lernerfolgsrückmeldung sein.

Die Lehrerinnen und Lehrer dürfen sich auch nicht auf die Begutachtung der *Resultate* des Lernens beschränken, sondern müssen immer die individuellen *Voraussetzungen* des Kindes einbeziehen und die *Entwicklungen*, die das Kind macht, mitvollziehen. Leistungsbeurteilung erfolgt in der Grundschule als kontinuierliche *Lernprozeßbegleitung*.

2.5.2 Diagnostik als Lernprozeßbegleitung

Weniger bedeutend als die punktuelle Lernerfolgsrückmeldung im Halbjahres- oder Jahreszeugnis ist die kontinuierliche diagnostische Begleitung der Lernbemühungen der Kinder durch die Lehrerinnen und Lehrer der Grundschule. Leistungsbeurteilung als Lernprozeßbegleitung zielt dabei nicht auf eine Überwachung der Kinder und permanente Registrierung ihres Verhaltens, sondern auf die mit den Lernbemühungen der Kinder *mitgehende Beobachtung* und (auch selbst-) *kritische Reflexion* des Geschehens durch die Pädagoginnen und Pädagogen. Dazu müssen die Lernbemühungen der Kinder allerdings in angemessener Form dokumentiert werden. Aus diesem Grunde sammeln inzwischen viele Pädagogen kontinuierlich die Arbeiten ihrer Schülerinnen und Schüler, benutzen individuelle Beobachtungskarteien oder führen ein «pädagogisches Tagebuch».

Wo die Schüler auf dem Wege der «Selbstdifferenzierung» an der Auswahl der Inhalte, Methoden und Zugriffsweisen auf die Lerngegenstände beteiligt sind, bieten sich zugleich besondere Gelegenheiten, Selbstkontrolle und Selbsteinschätzung zu üben: Die Kinder wählen den Schwierigkeitsgrad ihrer Aufgaben selber aus, müssen das von ihnen Geleistete dann aber auch selbstkritisch beurteilen und rechtfertigen.

In der gemeinsamen Werkbetrachtung lernen die Kinder nicht nur die systematische Reflexion über die Qualität ihrer Produkte, sondern auch Maßstäbe zu gewinnen und die Bemühungen der jeweils anderen zu achten.

Klassenarbeiten dienen nicht länger dem Vergleich der Kinder untereinander, der infolge ihrer unterschiedlichen Lebensbedingungen ohnedies immer ungerecht ausfallen muß, sondern sind allenfalls als «Vergewisserungen» über den Lernstand gerechtfertigt. Sie müssen daher an die inhaltlichen Aufgaben und individuellen Lernbemühungen der verschiedenen Kinder anknüpfen und sind in der Regel so differenziert zu gestalten, daß jedes Kind Lernfortschritte erkennen und dokumentieren kann.

Umwege, Fehler, sogar partielles Scheitern sind normale Bestandteile von Lern- und Entwicklungsprozessen. Wenn überhaupt, werden daher beispielsweise Diktate oder Rechenarbeiten nicht länger geschrieben, um Fehler zu zählen, sondern allenfalls, um dem Kind seine schon entfaltete Kompetenz zu demonstrieren und noch vorhandene Fehlerquellen zu identifizieren. Nicht *wieviele* Fehler ein Kind bei der Lösung einer Aufgabe macht, sondern *welche* es macht und *welche Abhilfe* es dafür gibt, ist entscheidend. Nicht Punktwerte, sondern *inhaltliche Analysen* und Dokumentationen der Lernbemühungen der Kinder sind das Resultat solcher Diagnostik.

Wichtig ist, jede Form der Selbsteinschätzung und der Fremdbeurteilung durch die Mitschüler oder die Pädagogin ausschließlich als *sachstrukturelle Rückmeldung* anzulegen und niemals als Bewertung *der Person* des Kindes. Bei der Lernerfolgsrückmeldung sind nicht Lob und Tadel, sondern Ermutigung und Sachkritik die angemessenen Kategorien.

Die bisweilen sachlich gebotene Aufforderung zur Selbstkritik der Schüler ist besonders sorgsam zu gestalten, damit sie von den Kindern nicht als Nötigung zur Unterwerfung unter fremdbestimmte Maßstäbe oder die Übermacht der Lehrerin beziehungsweise des Lehrers mißverstanden werden kann.

Die postindustrielle Gesellschaft mit ihren Tendenzen zur Individualisierung und Entsolidarisierung bedarf – unabhängig von Formen individueller Leistungserprobung – auch der Einübung in Formen gemeinsamen Leistens. In gemeinsamer Arbeit bewältigte Aufgaben werden jedoch nur dann eine solidarisierende Wirkung entfalten, wenn Arbeitsprozeß und Arbeitsergebnisse als gemeinschaftliche gewürdigt werden. Das verlangt neue Formen der Lernprozeßbegleitung und -würdigung. Leistung ist nicht allein unter sachstrukturellen Qualitätsmerkmalen zu gewichten, sondern auch als sozialer Prozeß, bei dem eventuell besondere Erschwernisse in der Ausgangssituation der Gruppe mit zu berücksichtigen sind.

2.5.3 Grundschule in der Wettbewerbsgesellschaft

Die Grundschule muß sich entschlossen von dem in unserer Gesellschaft immer noch verbreiteten Trugschluß freimachen, daß Bildung unter Wettkampfbedingungen besonders gut gedeihe. Bildung ist kein Leistungssport. Wer das Lernen zum Wettkampf macht, produziert notwendigerweise Verlierer. Dazu hat die Grundschule als staatliche Pflichtveranstaltung überhaupt kein Recht, zumal die Verlierer in der Regel von vornherein feststehen.

Wenn also die Grundschule selber kein Wettkampfplatz sein soll, so ist sie gleichwohl in die Widersprüche einer wettbewerborientierten Gesellschaft eingebunden. Die Grundschule bereitet ihre Schülerinnen und Schüler auf die noch bestehende Wettbewerbsgesellschaft dadurch am besten vor, daß sie, solange es nur geht, das Selbstvertrauen der Kinder stärkt und ihnen in Ruhe und Gelassenheit immer wieder neu Gelegenheiten der Könnenserfahrung eröffnet und Strategien des Lernens und der Erfahrungserweiterung aufzeigt.

Spielerische Formen von Leistungswettbewerb unter annähernd gleich leistungsstarken Kindern können gleichwohl eine lustvolle und stärkende Erfahrung sein. Im Unterschied zu konkurrenzorientierten Formen, bei denen es primär um Sieg und Niederlage geht, führen sie nicht zu überdauernden Etikettierungen im Gefüge der Lerngruppe, wenn auch den leistungsschwächeren Schülern angemessene Chancen eingeräumt werden.

2.5.4 Formen der Lernerfolgsrückmeldung

Die mit der konkurrenzorientierten Ziffernbenotung einhergehende öffentliche Rückmeldung von Erfolg und Mißerfolg bewirkt beim langsam lernenden Kind auf lange Sicht eine dauerhafte Störung der Lernfreude und des Selbstvertrauens und verleitet das schnell lernende Kind zu Selbstüberschätzung und falschem Stolz. Aus diesem Grund muß die noch immer vorfindliche Praxis der Ziffernbenotung als pädagogisch unverantwortlich bezeichnet werden. Ziffernzensuren sind nicht nur leistungsfeindlich, sondern auch persönlichkeitsschädigend – und zwar auch für das leistungsstarke Kind.

Das Notenzeugnis war die Konsequenz eines normativen Schulverständnisses und die angemessene Form der Lernerfolgsrückmeldung für eine Schule, die von der Individualität ihrer Schüler weitgehend abstrahierte, allen Schülern im wesentlichen das gleiche Lernangebot unterbreitete, von allen den gleichschrittigen Nachvollzug vorgedachter Sinnstrukturen erwartete und alle frühzeitig an die Annahme fremdbestimmter Leistungsnormen in einer konkurrenzorientierten Gesellschaftsordnung gewöhnen wollte. Es ist mit den Normen, die es repräsentiert, und mit der Schule, die noch immer so verfährt, unzeitgemäß geworden und sollte in allen Grundschulklassen abgeschafft werden.

Die eingangs genannten Grundsätze machen den Übergang zu *differenzierten Lernentwicklungsberichten* als Normalform der Lernerfolgsrückmeldung erforderlich. In solchen Lernentwicklungsberichten werden die Lernangebote der Schule und die Lernbemühungen und Lernerfolge der Kinder detailliert beschrieben und kritisch aufeinander bezogen. Sie dienen nicht mehr der einseitigen Ursachenzuweisung an das Kind und Archivierung seines Leistungsstandes durch den Staat, sondern der *wechselseitigen Beratung* zwischen dem Kind, seinen Eltern und seinen Lehrerinnen und Lehrern über gelungene und gescheiterte Lehr- und Lernbemühungen im sozialen Raum der Schule.

Lernentwicklungsberichte sind Momentaufnahmen aus fortdauernden Entwicklungsprozessen. Sie sollten daher nur zwischen dem Kind, seinen Eltern und seinen Lehrerinnen und Lehrern ausgetauscht werden. Außerhalb dieses Kommunikationsprozesses verlieren sie ihre Bedeutung und ihre Berechtigung. Sie sollten daher Dritten, insbesondere auch den weiterführenden Schulen, *nicht* zugänglich gemacht werden.

Hinsichtlich der Form und der Qualität der schriftlichen Lernerfolgsrückmeldungen, die an die Stelle der traditionellen Ziffernzeugnisse treten sollen, besteht noch ein größerer Entwicklungs- und Fortbildungsbedarf. Insbesondere sollte in der Fortbildung weiter auf die Differenz zwischen der pädagogisch gebotenen Ermutigung der Kinder und einer pädagogisch besonders problematischen Beschönigung von Schülerleistungen in den Jahreszeugnissen hingewiesen werden.

2.5.5 Versetzung, Rücktritt und Vorversetzung

Angesicht der Vielfalt kindlicher Biographien macht es wenig Sinn, eine einheitliche Verweildauer der Kinder in der Grundschule zu unterstellen. Selbst wenn eine solche für die meisten Kinder angenommen wird, gibt es doch immer wieder Fälle, daß einzelne Kinder sinnvollerweise länger als nur vier (beziehungsweise sechs) Jahre in der Grundschule verweilen oder durch Überspringen einzelner Jahrgangsstufen auch mit einer kürzeren Grundschulzeit auskommen.

Grundsätzlich gilt, daß stets alle Kinder einer Lerngemeinschaft versetzt werden und keines zurückgelassen werden sollte. Wenn im Einzelfall eine andere Regelung sinnvoller erscheint, darf diese nicht von einzelnen Vorkommnissen, Schulleistungen oder gar Zensuren abhängig gemacht, sondern nur im gemeinsamen Konsens zwischen dem Kind, seinen Eltern, seinen Lehrerinnen und Lehrern sowie den Pädagoginnen und Pädagogen der aufnehmenden Klasse gemeinsam verabredet werden.

Analoges gilt für das Überspringen einer Jahrgangsstufe durch solche Kinder, die in ihrer Altersgruppe dauerhaft unterfordert sind.

2.5.6 Verzicht auf Übertrittsempfehlungen

Fördern und Auslesen bilden einen unversöhnlichen Gegensatz. Die Grundschule kann sich von diesem gesellschaftlich bedingten Gegensatz nicht ganz freimachen, darf ihn aber auch nicht durch eigenes Zutun noch verschärfen. Sie darf nicht selber Auslese betreiben.

Die Grundschule riskiert, vor den ihr anvertrauten Kindern ihre Glaubwürdigkeit zu verspielen, wenn sie sich weiterhin zum Auslesegehilfen für ein gesellschaftlich umstrittenes und in sich problematisch strukturiertes Sekundarschulsystem macht. Dem Anspruch der Sekundarschulen, von der Grundschule eine nach Leistungs- und Anpassungsfähigkeit vorsortierte Schülerschaft zu erhalten, muß die Grundschule als Schule der Demokratie Widerstand entgegensetzen.

Da die gesellschaftlichen Ansprüche an die Schulen der Sekundarstufe rasch wechselnden Maßstäben unterworfen sind und die Qualität der nachfolgenden Bildungsangebote überhaupt nicht in der Verantwortung der Grundschule liegt, kann diese ohnedies keine verläßlichen Zukunftsprognosen über die Schullaufbahn der ihr anvertrauten Kinder abgeben und keine verantwortlichen Übertrittsempfehlungen für die weiterführenden Schulen aussprechen. Die Übertrittsgutachen sollten daher abgeschafft werden. Entscheiden müssen die Erziehungsberechtigten – frei und ohne Furcht vor Diskriminierung oder vorurteilsbehafteter Abwehr der aufnehmenden Schule.

Die Grundschule kann und soll die Eltern bei der schwierigen und immer risikobehafteten Übertrittsentscheidung gleichwohl umfassend *beraten*. Dabei kann es nicht darum gehen, die Eltern um jeden Preis für die eine oder andere Schulform zu gewinnen oder sie von einer vermeintlichen «Fehlentscheidung» abzuhalten. Die Grundschulpädagogin kann den Eltern allenfalls dabei helfen, sich in abwägender Reflexion über die Lernvoraussetzungen des Kindes und die Lernbedingungen der aufnehmenden Schulen selber zu entscheiden.

2.6   Kinder in besonderen Lebenslagen

2.6.1   Heterogenität und Fragwürdigkeit früher Auslese

Es ist der Normalfall, daß Grundschulklassen eine hohe Heterogenität hinsichtlich der Schülerzusammensetzung aufweisen. Darüber hinaus gibt es in jeder Grundschulklasse Kinder, die einen höheren Bedarf an Zuwendung, Ermutigung, Unterstützung und sachlicher Förderung haben als die Mehrheit der Kinder, sei es, weil sie in einer anderen Kultur aufgewachsen sind, sei es, weil sie besondere Lebensprobleme haben, sei es, weil sie leichter und schneller lernen als die meisten Kinder.

Viele Kinder wachsen heute unter so schwierigen familialen, materiellen oder psychosozialen Bedingungen auf, daß sie nur wenig Kraft für das schulische Lernen aufbringen können. Für immer mehr Kinder gilt, daß ihre außerschulischen Lebensbedingungen so erheblich von den üblichen Gegebenheiten abweichen, daß für den Erfolg der schulischen Bildungsbemühungen besondere Maßnahmen erforderlich werden. Dies betrifft Kinder, die die deutsche Sprache nicht oder nur unzulänglich beherrschen, ebenso wie Kinder mit latenten oder manifesten Behinderungen, aber auch sogenannte «hochbegabte» Kinder.

Kinder, die eine extrem gleichgültige oder eine extrem strenge Erziehung im Elternhaus erfahren haben oder gar Opfer von Mißhandlungen geworden sind, sprengen mit ihrem Verhalten oft die üblichen Normen, erregen damit in ihrer Umwelt Anstoß und sind zumeist auch in ihren Lernmöglichkeiten massiv beeinträchtigt. Daraus folgt eine besondere Verantwortung der Schule für persönliche Unterstützung, individuelle Förderung und die Erschließung angemessener Hilfen seitens des Staates oder der einschlägigen sozialen Dienste.

Kinder, die in anderen Ländern oder Kulturen geboren wurden oder im Elternhaus eine andere Muttersprache als die deutsche gelernt haben, leben trotz ihrer großen Zahl in Deutschland in einer besonderen Situation. Soweit sie als Flüchtlinge in unser Land kamen, sind sie häufig aufgrund der Umstände der Flucht oder der Gründe für ihre Flucht besonders belastet. Viele haben auch schon die Auswirkungen von Diskriminierung und Fremdenfeindlichkeit in Deutschland erfahren oder erleben die Furcht ihrer Eltern vor Diskriminierung, Fremdenfeindlichkeit oder Abschiebung. Auch die Grundschule kann – wie alle anderen Schulen – durch unreflektierte Gestaltung von Unterricht und Schulleben und ungeprüfte Fortsetzung überkommener Traditionen und Umgangsformen zur Diskriminierung von Migrantenkindern beitragen.

In der Vergangenheit hat die Schule immer wieder versucht, dadurch «einfache Verhältnisse» herzustellen, daß Kinder in besonderen Lebenslagen aus der Gruppe ihrer Nachbarschaftskameradinnen und -kameraden ausgegrenzt und in Spezialgruppen zusammengefaßt wurden, in denen sie eine spezielle Behandlung erfuhren. Zurückstellung von der Einschulung, frühe Anwendung von Ziffernbenotung und Nichtversetzung, Überweisung an Sonderschulen oder Einrichtungen der Erziehungshilfe, aber auch die Bildung von Spezialklassen für Kinder fremder Muttersprache sind typische Segregationsstrategien, die darauf abzielen, Kinder zu Gruppen von Gleichartigen zusammenzufassen, die dann jeweils möglichst gleichartig beschult werden sollen.

Wir halten eine solche Praxis der Aussonderung im Grundschulalter trotz der Erfolge, die beispielsweise das Sonderschulwesen mit der Beschulung einstmals für «nicht-bildbar» erklärter Kinder und Jugendlicher erzielt hat, für pädagogisch und politisch falsch, und zwar nicht nur im Hinblick auf die Kinder mit Beeinträchtigungen, sondern im Hinblick auf *alle* Kinder:

- Für Kinder mit Behinderungen wiegt der Vorteil einer gezielten Förderung in Lerngemeinschaften von gleichartig Behinderten in der Regel den gravierenden Nachteil *nicht* auf, daß sie durch diese Sonderbehandlung aus ihren Nachbarschaftsbezügen herausgerissen werden und auf das Anregungspotential der nichtbehinderten Kinder verzichten müssen. Insbesondere die Zusammenlegung von sogenannten lern- und «verhaltensgestörten» Kindern in Sonderschulen oder Sondergruppen muß als pädagogisch geradezu kontraproduktiv betrachtet werden, weil diesen Kindern dort unter den Mitschülern jedes positive Vorbild fehlt und sie durch die besonderen Schwierigkeiten und Probleme ihrer Mitschüler in ihren Entfaltungsmöglichkeiten eher noch weiter beeinträchtigt werden.
- Die Zusammenfassung von Kindern aus anderen Herkunftsländern in sogenannten «Nationalitätenklassen» hat ähnlich separierende Effekte.
- Für *alle* Kinder gilt, daß zu einer reifen Persönlichkeit nicht nur das Wissen um, sondern auch die persönliche Erfahrung mit der Andersartigkeit von Mitmenschen aus anderen Lebenslagen gehört und die Fähigkeit, mit solcher Andersartigkeit positiv umgehen zu können. Hierzu muß Schule erziehen, hierfür muß schon die Grundschule allen Kindern Übungsmöglichkeiten bereitstellen.

2.6.2 Grundsätze integrativer Pädagogik

Grundsätzlich verläuft das Lernen bei allen Kindern nach den gleichen Prinzipien. Bei der gemeinsamen Unterrichtung sehr heterogener Schülergruppen kommt es jedoch wegen der größeren Hilfebedürftigkeit einiger ihrer Mitglieder in noch höherem Grade auf die konsequente und sensible Anwendung der allgemein gültigen Erziehungs- und Unterrichtsprinzipien an. Integrative Pädagogik ist im Kern also keine andere, sondern vielmehr nur eine *vertiefte* Pädagogik, die Kindern in besonderen Lebenslagen, insbesondere Kindern mit Beeinträchtigungen oder Behinderungen, sehr viel mehr an einfühlsamer Beachtung, emotionaler Stützung und individueller Förderung gibt, als es gemeinhin üblich ist.

Integrativer Unterricht orientiert sich nicht als erstes an den Besonderheiten, Beeinträchtigungen oder Behinderungen der Kinder – mit dem Risiko einer Fixierung von Anspruch und Methodik auf die vorhandenen oder auch nur unterstellten «Defizite». Integrativer Unterricht versucht vielmehr, *alle* Schüler, auch das schwerstbehinderte Kind, primär als Persönlichkeiten zu begreifen, die *alle* – wenn auch in unterschiedlichem Ausmaß – imstande sind, vorhandene (uns manchmal noch verborgen gebliebene) Interessen und Lernmöglichkeiten zu aktivieren und zu erweitern. Erst an zweiter Stelle – jedoch nicht weniger ernst genommen! – steht die Aufgabe, jeweilige Lernschwierigkeiten und Fördernotwendigkeiten so präzise wie möglich zu erfassen und ihnen durch Bereitstellung besonderer individuumsbezogener Anforderungen und Hilfen zu entsprechen.

Lernen in gemeinsamen Vorhaben

Kinder aus anderen Kulturen oder Kinder mit besonderen Behinderungen oder Beeinträchtigungen können nicht «von oben», zum Beispiel durch die Pädagoginnen und Pädagogen, in die Gemeinschaft der übrigen Kinder «integriert» werden; Gemeinschaft können die einzelnen Individuen nur selber – eigentätig – erzeugen, indem sie wechselseitige Beziehungen zueinander herstellen.

Wie Menschen mit Menschen, die ihnen (oft nur zunächst) ganz anders zu sein scheinen als sie selbst, auf gute Weise miteinander umgehen können, lernen Kinder daher am besten in der Selbstverständlichkeit nahen Miteinanderlebens und -arbeitens. Wechselseitiges Interesse an Beziehungen und wechselseitige Akzeptanz entstehen in gemeinsamen Situationen, in denen alle ihre Erfahrung und ihre Hilfe zum Nutzen des anderen oder des gemeinsamen Vorhabens eingeben und das gleiche beim anderen erleben können. Solche Situationen will die integrative Schule stiften.

Integrative Pädagogik stützt sich daher vorrangig auf die gemeinsame Arbeit in gemeinsamen Vorhaben und Projekten, zu denen jedes Kind je nach seinem persönlichen Leistungsvermögen und Entwicklungsstand unterschiedliche Beiträge leistet.

Einheit von kognitiver und sozialer Bildung

Integrative Pädagogik favorisiert weder den sozialen Aspekt der Erziehung auf Kosten des individuellen Lernens und Leistens noch gibt sie der Individualisierung von Zielen und Methoden Vorrang vor Austausch, Kooperation, Sich-Verstehen und Sich-helfen-Wollen. Integrative Erziehung zielt vielmehr darauf ab, dem einzelnen Kind sowohl durch Einbindung in das Leben und Lernen der Gruppe als auch durch individuumsgerechte Anforderungen und Hilfen bestmögliche Chancen zu bieten, Selbststärke, fachliches Können und soziale Kompetenz gleichzeitig zu gewinnen.

Gleiche Ziele für alle

Die Lebens- und Entwicklungsfähigkeit eines Gemeinwesens erfordern, daß möglichst alle seine Mitglieder über ein Mindestmaß an gemeinsamen Fähigkeiten, Kenntnissen und Verständigungsmöglichkeiten verfügen. Im Gegensatz zu einem Schulsystem, das auf Auslese beruht und verschiedene Formen der Trennung praktiziert, betont die integrative Schule gemeinsame Bildungsziele für alle Kinder.

Zur integrativen Erziehung gehört es, für die dem einzelnen Kind erreichbaren Möglichkeiten offen zu sein und nicht im vornhinein festzulegen, welche Ziele und Inhalte dem Kind erreichbar sein werden und welche nicht. Die gemeinsame Schule will gerade nicht die einen Kinder zu diesen Zielen und die anderen zu jenen Zielen auf den Weg bringen, sondern strebt Chancengerechtigkeit und Gemeinschaftlichkeit durch *ein möglichst hohes Maß gemeinsamer* Lerninhalte und Unterrichtsziele an.

Zieldifferentes Lernen

Bei Anerkennung des grundlegenden Prinzips der gleichen Ziele für alle praktiziert die integrative Schule Methoden zieldifferenten Lernens. «Zieldifferentes Lernen» bedeutet nicht, Kindern in besonderen Lebenslagen andere, das heißt von den für alle übrigen Grundschulkinder geltenden Vorgaben abweichende (differente) Ziele zu setzen. Es bedeutet auch nicht, der Ungleichheit der Kinder lediglich durch eine Differenzierung der Lernabläufe zu entsprechen.

Zieldifferentes Lernen heißt vielmehr, die Möglichkeiten und die Grenzen der Leistungsfähigkeit jedes einzelnen Kindes im Unterrichtsprozeß immer wieder neu auszuloten und ihm im Unterricht selbst immer wieder individuell angemessene Förderung und Unterstützung zukommen zu lassen. Zieldifferentes Lernen geht dabei von einem unterschiedlichen und eventuell höchst ungleichen Grad der Annäherung an die gemeinsamen Ziele als Normalität aus.

Mit dem Prinzip des zieldifferenten Lernens stehen die Pädagoginnen und Pädagogen in der Grundschule vor der schweren, aber, wie die praktischen Versuche mit Integrationsklassen seit dem Beginn der achtziger Jahre ergeben haben, durchaus leistbaren Aufgabe, den Kindern in besonderen Lebenslagen

– einerseits durch Teilnahme an dem zu den gemeinsamen Zielen führenden Unterricht die gleichen Entwicklungschancen zu geben (sie also nicht – mögliche Grenzen ihrer Leistungsfähigkeit vorwegnehmend – von vornherein vom gemeinsamen Unterricht auszuschließen),

– sie andererseits aber durch das Teilnehmenlassen auch nicht zu überfordern.

Bei schweren Beeinträchtigungen der Lernfähigkeit einzelner Kinder ist dies in der Regel nur in einem Mehrpädagogensystem zu verwirklichen (vgl. hierzu detaillierter Kap. 4.3.3 und Kap. 7.3).

Die Grundsätze der integrativen Pädagogik und des zieldifferenten Lernens gelten grundsätzlich für *alle* Kinder. Für manche Kinder sind darüber hinaus zusätzliche Maßnahmen erforderlich.

2.6.3 Maßnahmen für Kinder mit besonderem Förderbedarf

Für die integrative Grundschule gilt der Grundsatz, daß nicht die Kinder mit einem besonderen Förderbedarf zu den entsprechenden Förder- und Therapieangeboten des Staates, sondern die Förder- und Therapieangebote zu den Kindern in die allgemeine Grundschule gebracht werden.

Wir empfehlen, zukünftig Kinder mit Behinderungen nur noch in wenigen Ausnahmefällen in speziellen Einrichtungen zusammenzufassen und statt dessen die sonderpädagogische Kompetenz in die Grundschule zu holen und präventiv im Schulalltag der Regelschule wirken zu lassen. Die praktischen Modelle, die eine solche integrative Pädagogik ermöglichen, heißen «Integrationsklasse» und «Integrative Regelklasse».[6] Die Primarstufen der Sonderschulen für Sprachheilpädagogik, für Lernbehinderte und für die sogenannten «verhaltensgestörten» Kinder sollten aufgelöst und die dort tätigen Sonderpädagogen in den Grundschulen eingesetzt werden, und zwar insbesondere in Schulen in sozialen Brennpunkten, weil die oben genannten Behinderungen dort erfahrungsgemäß am häufigsten auftreten.

Die Sonderschulen für körperbehinderte, geistig behinderte und sinnesgeschädigte Kinder werden teilweise weiterbestehen müssen, auch wenn sie zu einem Großteil in Ambulatorien («Förderzentren») umgewandelt werden können und ihre Zahl in dem Maße reduziert werden kann, in dem die Zahl der Integrationsklassen mit voller sonderpädagogischer Betreuung wächst.

Soweit eben möglich, sollten alle sonder- und heilpädagogischen Fördermaßnahmen grundsätzlich nach dem Konzept des integrierten

---

6 Ziel der «Integrativen Regelklasse», die derzeit in Hamburg erprobt wird, ist die Vermeidung der Aussonderung von sprach- oder lernbehinderten sowie verhaltensauffälligen Kindern aus der Grundschule durch eine wohnortnahe, integrative Pädagogik in multiprofessionellen Teams. Eine zweizügige Grundschule erhält für diese Arbeit drei Sonderpädagogenstellen und eine ¾-Stelle einer Erzieherin zugewiesen. Der Unterricht erfolgt mehrere Stunden am Tag in Doppelbesetzung.

Förderns in der Gemeinsamkeit des Klassenverbandes organisiert werden (vgl. Kapitel 2.2). Übungen, die eine intime Betreuungssituation erfordern, sowie behinderungsspezifische Therapien, die nicht in der Klassengemeinschaft angewandt werden können (zum Beispiel psychotherapeutische oder medizinische Behandlungen), sollten jenseits des für alle gemeinsamen Unterrichts angesetzt werden und das betreffende Kind nach Möglichkeit nicht aus der Klassengemeinschaft herauslösen.

Mehrpädagogensystem

Wenn Kinder mit manifesten Behinderungen eingeschult werden oder von solchen bedroht sind, reicht die Kompetenz der Grundschullehrerin oder des Grundschullehrers für eine gezielte Förderung und Therapie in aller Regel nicht aus. Wo Kinder einen besonderen Förderbedarf aufweisen, muß daher zusätzliches Personal bereitgestellt werden.

In den meisten Fällen wird eine dauerhafte Betreuung durch zwei Pädagoginnen, von denen eine auch Erzieherin oder Sozialpädagogin sein kann, erforderlich sein. Dieses Team wird durch eine auf die jeweilige Behinderungsart spezialisierte Heil- oder Sonderpädagogin ergänzt, die stundenweise in der Klasse mitwirkt und die beiden anderen Teammitglieder fachlich berät. Die quantitativen Aspekte eines solchen Mehrpädagogensystems und den damit verbundenen Stellenbedarf haben wir in den Kapiteln 7.3 und 8 ausführlich dargestellt.

Zusätzliche Therapieangebote

Der Vorteil der Sonderschulen, behinderungsspezifische Therapieangebote bereitstellen zu können, darf bei einer integrierten Förderung von Kindern mit besonderem Förderbedarf in der allgemeinen Grundschule nicht verlorengehen.

Soweit sich solche Therapieangebote nicht ohne Aussonderung der entsprechenden Kinder in den vormittäglichen Unterricht integrieren lassen, sollten sie nachmittags bereitgestellt werden. Es ist darauf zu achten, daß diese unterrichtsergänzende Therapie wie in der Sonderschule für die Kinder grundsätzlich kostenfrei erfolgt und – wo erforderlich – entsprechende Fahrdienste von seiten des Schulträgers ebenfalls kostenlos bereitgestellt werden.

Sonderschulen für sogenannte lern- und verhaltens«gestörte» Kinder sollten ganz abgeschafft werden. Sonderschulen für körper-, sinnes- oder geistigbehinderte Kinder sollten nur noch in dem Maße vorgehalten werden, wie dies von den betroffenen Eltern selber nachgefragt wird. Im übrigen sollten diese Schulen vorrangig die Funktion von sonderpädagogischen Förder- und Beratungszentren übernehmen, die die Kinder (und ihre Eltern) ambulant betreuen und Fortbildungs- und Supervisionsdienste für die Pädagoginnen und Pädagogen in Integrationsklassen anbieten. Die Sonder- und Heilpädagogen, auf deren spezielle Qualifikationen auch in Zukunft nicht verzichtet werden kann, können dann mehrheitlich in die allgemeinen Grundschulen integriert werden.

2.6.4 Maßnahmen für Kinder aus anderen Sprach- und Kulturräumen

Unsere Gesellschaft durchläuft derzeit – teilweise gegen den Willen vieler ihrer Mitglieder – Prozesse sprachlicher und kultureller Pluralisierung. Mit der zunehmenden wirtschaftlichen und politischen Verflechtung der verschiedenen Staaten und Gesellschaftssysteme wird Migration mehr und mehr zu einem normalen biographischen Ereignis, auf das sich alle Institutionen der beteiligten Staaten und Gesellschaften einrichten müssen. Die monolinguale Schule ist – zumindest was die Muttersprachen der Schüler anbetrifft – heute schon Vergangenheit. Die Fähigkeit zur Kommunikation und Interaktion aller – Einheimischer und Eingewanderter – mit allen gehört in einer multikulturellen Lebenswelt zur allgemeinen Bildung. So gesehen ist jede Form von Ethnozentrismus bildungsfeindlich.

Ziel aller schulischen Bemühungen sollte es sein, *alle* Grundschulkinder zu befähigen, mit Menschen anderer Sprache oder kultureller Herkunft kommunizieren zu können und in einer kulturell zunehmend differenzierten Lebenswelt selbstbestimmt und über die Grenzen der jeweils eigenen Herkunftsgruppe hinweg mit allen anderen Menschen partnerschaftlich zusammenarbeiten zu können. Wir gehen davon aus, daß grundsätzlich alle Kinder eines Wohnbezirks gemeinsam die für sie zuständige Grundschule besuchen sollen, die prinzipiell eine kulturoffene, aber integrative Schule sein soll:

- Sie ist «kulturoffen», indem sie die Begegnung und Auseinandersetzung mit der Verschiedenheit der Menschen pflegt und dabei die Pluralität der Lebenswelten und Lebensformen ausdrücklich thematisiert;
- sie ist «integrativ», insoweit sie Kinder aus ganz verschiedenen Kulturen gemeinsam miteinander fördert und bildet, dabei Toleranz praktiziert, die Gemeinsamkeiten unter den Menschen ins Bewußtsein der Kinder hebt und jeder Form von Ethnozentrismus und Nationalismus, die das jeweils Eigene über das Fremde stellen, entgegenwirkt.

Die kulturoffene, integrative Grundschule versucht mithin, im Zusammenleben der Kinder die Bereicherung, die aus dem Zusammentreffen verschiedener Kulturen mit ihren je unterschiedlichen Weltdeutungen erwachsen kann, gezielt zu nutzen, um die Spannungen, die ebenfalls aus dem Zusammentreffen der verschiedenen Gruppen resultieren können, für die Kinder verstehbar und – soweit möglich – ertragbar zu machen.

Die Grundschule hat dabei sicherzustellen, daß alle Kinder Deutsch lernen, wozu sie Kindern mit anderer Muttersprache Zusatzunterricht in Intensivformen anbieten muß. Des weiteren hat die Grundschule dafür zu sorgen, daß diese Kinder zusätzlich zum Unterricht in der deutschen Regelklasse auch regulären Unterricht in der jeweiligen Muttersprache erhalten.

Um den respektvollen Umgang aller Menschen miteinander anzubahnen, sollen *alle* Kinder einer Grundschulklasse mit den kulturellen Gewohnheiten und Traditionen *aller* Mitschüler vertraut gemacht werden. Dies ist für die Herausbildung und Festigung der Identität aller Kinder bedeutsam und fördert das Zurechtfinden aller Kinder in der multilingualen und multikulturellen Realität der Bundesrepublik Deutschland.

Die Beschäftigung von Lehrerinnen und Lehrern aus den Herkunftsländern der Schüler und ihre Einbindung in das Kollegium der jeweiligen Schule sind – soweit entsprechend große Schülergruppen die Schule besuchen – besonders dringlich und erleichtern es auch den deutschen Pädagogen, sich selber für die Kultur der Herkunftsländer ihrer Schüler und Kollegen zu öffnen.

Da Erziehung nur als gemeinsame Bemühung von Schule und Elternhaus gelingen kann, sind die Grundschulen darauf angewiesen, auch die Eltern aus anderen Herkunftsländern aktiv in das Schulleben und die innerschulischen Entscheidungsprozesse einzubeziehen. Die Schulträger sind in der Pflicht, hierfür die erforderlichen Dolmetscherdienste bereitzustellen.

3 Übergänge

3.1 Von der Elementarstufe zur Primarstufe

Mit dem Schulanfang beginnt das Kind seinen Weg im Schulsystem. In personeller, zeitlicher, räumlicher und vielfach auch inhaltlicher Hinsicht müssen sich die Kinder neu orientieren. Unter ungünstigen Bedingungen kann der Schulbeginn zu einer «Bruchstelle» in der Biographie werden: Schlechte äußere Bedingungen wie große Klassen mit nur einem Erwachsenen, knappe Zeit und ein nicht auf die Kinder abgestimmter Tages- und Wochenrhythmus sowie eine stoff- und lehrerzentrierte Unterrichtsgestaltung können dazu führen, daß manche Kinder schon am Anfang am liebsten wieder weglaufen würden. Die Freude der Kinder auf die Schule und ihre Bereitschaft, selbst zum Gelingen des Schulanfangs beizutragen, verpflichten alle Verantwortlichen, am Schul*anfang* die besten Bedingungen zu schaffen.

3.1.1 Schulfähigkeit, Schulfähigkeitsuntersuchung, Einschulungsalter

Da Kinder bei gleichem Lebensalter Entwicklungsunterschiede von mehreren Jahren aufweisen können, erlaubt das Lebensalter allein keine Aussage, ob ein Kind eingeschult werden soll oder nicht. Das entscheidendere Kriterium ist der Entwicklungsstand. In der Nicht-Übereinstimmung von Lebensalter und Entwicklungsstand sind auch die Sonderregelungen für die Einschulung begründet, das heißt vorzeitige Einschulung und Zurückstellung.

Die schulrechtlichen Regelungen bauen zu Unrecht darauf, in einem einfachen Erhebungsverfahren das Entwicklungsniveau eines Kindes erheben zu können, handelt es sich dabei doch um keinen

festen oder in sich einheitlichen Zustand, sondern um ein sich fortwährend veränderndes, der Förderung zugängliches Zusammenspiel
von sozialen, motivationalen, kognitiven und körperlichen Faktoren. Jede Einschulungsentscheidung ist außerdem von den spezifischen, nicht voraussehbaren Bedingungen in der Anfangsklasse abhängig, wobei die Person der Klassenlehrerin und eine sich positiv
entwickelnde Beziehung zwischen ihr und dem Kind häufig für einen
gelingenden Schulanfang entscheidender sind als die «objektiv» fest-
stellbaren Lernvoraussetzungen.

Einschulungsuntersuchungen in Form von «Schulreifetests» glau-
ben die Schulfähigkeit an wenigen isolierten Kompetenzen festma-
chen zu können. Nachgewiesenermaßen stufen sie zahlreiche Kinder
zu Unrecht als «nicht schulreif» oder «fraglich schulreif» ein. Qualitative Schulfähigkeitsuntersuchungen sind notwendigerweise um-
fangreich und aufwendig; die Entscheidung über «Einschulen oder
nicht» eindeutig machen können sie jedoch nicht.

Diagnosehilfen in Schuleingangsuntersuchungen eignen sich allenfalls zur Feststellung eines besonderen Förderbedarfs. Sie können
jedoch die lernprozeßbegleitende Beobachtung im Anfangsunterricht
nicht ersetzen, die laufend den Förderbedarf erhebt, um umgehend
die notwendigen Hilfen im Unterricht folgen zu lassen. Ein solches
Vorgehen muß in Zukunft vorrangig beachtet werden.

Da der Entwicklungsstand, den jede Einschulungsentscheidung zu
berücksichtigen versucht, sich der präzisen Bestimmung entzieht,
muß er als Kriterium aufgegeben werden. Wir empfehlen, daß jedes
Kind, das ein bestimmtes Alter erreicht hat, ohne eine Überprüfung
in die Schule aufgenommen wird. Das fragwürdige Konstrukt
«Schulfähigkeit», das als Hürde Kinder von der Schule fernhält, wird
dadurch hinfällig. *Die Grundschule hat die Aufgabe, die «Schulfähigkeit» ihrer Schüler mit den Kindern selbst zu erarbeiten.*

Sofern Kinder im Vorschulalter eine vielseitige Förderung in verschiedenen familienergänzenden Bildungseinrichtungen erhalten
und der Schulanfang im Sinne einer differenzierten Eingangsstufe
gestaltet wird, ist es letztlich gleichgültig, welches Alter für den
Schuleintritt festgesetzt wird. Daher kann es durchaus bei der derzei-

tigen Stichtagsregelung bleiben, die zu einer Normaleinschulung der Kinder zwischen sechs und sieben Jahren führt.

Da vereinzelt auch jüngere Kinder daran interessiert sind, zur Schule zu kommen, und mit Gewinn in diesen Klassen leben und lernen können, sollte sich die Grundschule diesen Kindern weiterhin öffnen. Freilich sind dies Einzelfallentscheidungen, die im Zusammenwirken von Kind, vorschulischer Einrichtung, Eltern und Schule gründlich zu überlegen sind. Der Schulbeginn ist kein Start auf der «Rennbahn des Lebens», zu dem möglichst früh anzutreten ist.

3.1.2 Abschaffung der Zurückstellung

In allen Bundesländern bestehen Einrichtungen, die schulpflichtige, aber «nicht schulfähige» Kinder während eines Jahres so weit fördern sollen, daß sie danach eingeschult werden können. In den meisten Bundesländern werden diese Gruppen, die «Schulkindergarten» oder «Grundschulförderklasse» genannt werden, nur von zurückgestellten Kindern besucht. In Bremen, Hamburg und Berlin bestehen «Vorklassen» beziehungsweise «Vorschulklassen» aus zurückgestellten Kindern und von den Eltern angemeldeten Fünfjährigen. Dadurch werden reine Sonderklassen von benachteiligten Kindern vermieden. Eine besondere Lösung stellen die nur in Hessen und Berlin in nennenswerter Zahl vorhandenen «integrierten Eingangsstufen» dar; Vorschuljahr und erste Klasse bilden pädagogisch und personell eine Einheit, und alle Kinder ab fünf Jahren werden aufgenommen.

Alle diese Einrichtungen stellen vorschulische, der Primarstufe zugeordnete Bildungseinrichtungen dar. Zuständigkeit, Gruppengrößen, wöchentlicher Förderumfang, Personalausstattung und die konzeptionellen Vorgaben sind nicht einheitlich. Im allgemeinen arbeiten in diesen Einrichtungen Erzieherinnen oder Sozialpädagoginnen, die von Lehrerinnen oder Lehrern unterstützt werden.

Zurückstellungen erfolgen sowohl vor Schulanfang als auch während der ersten Schulmonate. In Bremen und Nordrhein-Westfalen kommen zunächst alle schulpflichtigen Kinder in die Schule; dann aber werden während eines sog. «Beobachtungszeitraums» von vier beziehungsweise sechs Wochen und auch noch danach die «nicht schulfähigen» Kinder wieder ausgeschult und in die Schulkindergartengruppen beziehungsweise Vorklassen überwiesen. In Einzelfällen werden bewußt große Anfangsklassen gebildet, da man davon ausgeht, daß sich die Klassenfrequenz durch die Zurückstellungen noch verringern wird. Wir halten diese Praxis für inhuman und pädagogisch unverantwortlich.

Bei weitem nicht alle zurückgestellten Kinder können Fördereinrichtungen besuchen. Obwohl noch immer Sondergruppen eingerichtet werden, steht nicht in allen Bundesländern für jedes Kind auch ein Platz zur Verfügung. In ländlichen Räumen ist das Förderangebot besonders lückenhaft und fehlt zum Teil vollständig, da die Zahl der zurückgestellten Kinder nicht die vorgeschriebenen Gruppengrößen erreicht. Im schlimmsten Fall haben zurückgestellte Kinder sogar ihren Kindergartenplatz verloren, da dieser bereits von jüngeren Kindern eingenommen wird.

Die Quoten der Zurückstellungen liegen in Westdeutschland überregional und im langfristigen Vergleich bei knapp 10 Prozent. Im einzelnen sind sie jedoch sehr unterschiedlich und betragen je nach Schule zwischen 2 und 20 Prozent. Die Nähe einer besonderen Fördereinrichtung für zurückgestellte Kinder verstärkt dabei die Tendenz, sich von vermeintlich schwierigen Schulanfängern zu trennen.

Nach einem Jahr, in Ausnahmefällen auch nach zwei Jahren in der Sondereinrichtung beginnen zurückgestellte Kinder die Schule als «überalterte» Schulanfänger. Gerade diese Kinder stellen jedoch statistisch die Risikogruppe dar, die trotz der Zurückstellung häufiger als normal eingeschulte Kinder in ihrer Schullaufbahn scheitert.

Sondereinrichtungen am Schulanfang stellen ungeeignete institutionelle Lösungen dar. «Schulfähigkeit» läßt sich weder vor noch nach dem Schulanfang definitiv «feststellen». Der Beobachtungszeitraum setzt Kinder und Eltern einem «Probeunterricht» am Schulbeginn aus, in dem besonders ängstliche, zurückhaltende und weniger angepaßte Kinder zu scheitern drohen. Hinter dem Konzept der gesonderten einjährigen Schulvorbereitung, die – einer Trockenübung gleich – zwar behutsam zur Schule hinführen, aber nichts vorwegnehmen soll, steht die Vorstellung eines «Nachreifens», die zusammen mit den entsprechenden Entwicklungstheorien längst hätte ad acta gelegt werden müssen.

Die Versammlung benachteiligter Kinder in gesonderten Schulanfangsgruppen beschwört all die pädagogischen, ethischen und politischen Probleme herauf, die die Integrationsbemühungen zur Vermeidung von Sonderbeschulungen zu überwinden trachten. Der Einrichtung dieser Gruppen liegt letztlich die Logik eines selektionsorientierten Schulwesens zugrunde, das die «Normaleinrichtungen» schon am Anfang, noch bevor die Kinder überhaupt die Chance hatten, die Anforderungen zu bewältigen, von bestimmten Schülern entlasten will. Zurückstellung und Sonderförderung sind Einfallstore für soziale und – da auch Sprachprobleme zur Zurückstellung führen – ethnische und kulturelle Auslese.

3.1.3 Integrative Förderung am Schulanfang

Schulanfänger, die als potentiell Zurückzustellende beurteilt werden, brauchen eine besondere Förderung. Diese sollte in der für alle Kinder gemeinsamen Grundschule nach den Grundsätzen integrativer Pädagogik *in der Schulanfangsklasse* erfolgen. Damit erübrigen sich Schulaufnahmeuntersuchungen und ein besonderes Zurückstellungsverfahren. In der integrativen Grundschule darf kein Kind mehr «auf Probe» in die Schule kommen, keine Lehrerin muß oder darf mehr entscheiden, ob sie ein bestimmtes Kind unter den gegebenen Bedingungen fördern kann oder nicht.

Nach der Konzeption der «integrativen Grundschule» müssen nicht mehr die Kinder «schulfähig», sondern *die Schulen kindgerecht* werden. Voraussetzung ist, daß die Schulanfangsklassen und ihre Lehrerinnen und Lehrer in den Stand gesetzt werden, im Rahmen der ohnehin schon gegebenen Heterogenität vielfältig belastete Schulanfänger besonders fördern zu können. Die wichtigste Voraussetzung dafür ist eine kleine Klasse (vgl. Kap. 7.3.8). Die sorgfältige Begleitung jedes Schulanfängers bei seinen ersten schulischen Lernprozessen setzt kleine Gruppengrößen voraus. Die Zugehörigkeit zu einer

Gruppe kann nur dann erfahren werden, wenn individueller Kontakt in einem überschaubaren Kreis möglich ist. Große Klassen führen unweigerlich dazu, daß benachteiligten Kindern die notwendige Förderung und Zuwendung nicht ausreichend gewährt werden kann. Daher erfordern die Schulanfangsgruppen die mit Abstand kleinsten Gruppengrößen im Schulwesen.

Entsprechend dem Grundsatz, die Förderung zu den Kindern zu bringen, müssen die bisher für zurückgestellte Kinder zur Verfügung gestellten personellen und materiellen Ressourcen in vollem Umfang in die Schulanfangsgruppen eingebracht werden.

Obwohl zurückgestellte Kinder vor Schulversagen bewahrt werden sollen, werden mit ihrer Förderung bisher keine sonderpädagogisch qualifizierten Personen betraut. Dieses Versäumnis sollte in den Schulanfangsgruppen vermieden werden. Sonderpädagogische Prävention und Förderung sind um so wirksamer, je früher sie einsetzen. Alle Schulanfangsklassen sollten daher durch Teams von Pädagoginnen und Pädagogen geführt werden, die grundschul-, sonder- und sozialpädagogische Kompetenzen vereinen (vgl. Kap. 7.3.1). Wo das nicht möglich ist, sollte zumindest eine Sonderpädagogin beziehungsweise ein Sonderpädagoge beratend zur Verfügung stehen.

Jeder Schulanfänger, jede Schulanfängerin muß die Möglichkeit haben, so lange in diesen Schulanfangsgruppen zu bleiben, wie es für den erfolgreichen weiteren Schulweg wünschenswert ist. In schulrechtlicher Hinsicht setzt dies voraus, daß eine unterschiedliche Verweildauer der Kinder in der Grundschule nicht als Problem betrachtet wird und Schuljahreswiederholungen keine negativen Folgen haben. Jahrgangsübergreifende Schulanfangsgruppen können langsamer lernende Kinder sozial und inhaltlich besonders gut fördern (vgl. Kap. 4.3.4). Gleichzeitig wird in altersgemischten Gruppen eine Abstempelung vermieden, weil die längere Verweildauer weniger offenkundig wird.

3.1.4 Vorschulische Einrichtungen und Grundschule

Drei- bis sechsjährige Kinder brauchen im Interesse ihres Wohlbefindens und ihrer geistigen, seelischen und sozialen Entwicklung familienergänzende Bildungseinrichtungen. Jedes Kind muß die Möglichkeit haben, dieses Erziehungs- und Bildungsangebot in Anspruch zu nehmen. Ein Gelingen des Schulanfangs setzt voraus, daß das Kind in jüngerem Alter mit behutsamer Hilfe und viel zeitlichem Spielraum lernen konnte, sich zeitweise von seiner Familie zu lösen, und daß es Erfahrungen mit anderen Kindern und einer Institution machen konnte. Üblicherweise machen deutsche Kinder diese Erfahrungen im Kindergarten.

In Westdeutschland besuchen nach wie vor nicht alle Drei- bis Sechsjährigen den Kindergarten. In Ostdeutschland ist der Kindergartenbesuch, seit er kostenpflichtig geworden ist, vielerorts in Frage gestellt. Je niedriger der Sozialstatus der Eltern und je geringer das Familieneinkommen, desto weniger wahrscheinlich ist der Kindergartenbesuch. Kinder mit fremder Muttersprache sind ebenfalls unterrepräsentiert. Gerade die Kinder, die die familienergänzende Erziehung und Bildung am dringendsten brauchten, werden also von dieser Förderung zu selten erreicht.

Maßnahmen zum Abbau dieser sozialen Ungleichheit sind eine familien- und gesellschaftspolitische Aufgabe ersten Ranges. In der Diskussion um die Verwirklichung des Rechts auf einen Kindergartenplatz wird bisher zuwenig berücksichtigt, daß der gesetzliche Anspruch mit der Chance verbunden werden könnte, die Strukturen der Kleinkinderziehung generell zu überdenken und zu einer größeren Pluralität der Einrichtungen, insbesondere im Übergangsbereich zur Grundschule, zu kommen, wobei auch die positiven Ansätze aus beiden Teilen Deutschlands miteinander verknüpft werden könnten.

Förderung im familienergänzenden Vorschulbereich und Bildung und Erziehung in der Schule haben ähnliche, jedoch nicht identische Intentionen und finden unter verschiedenen institutionellen Bedingungen statt. Die Erziehungs- und Bildungseinrichtungen des Übergangsbereichs stehen vor der zentralen Aufgabe, die Kontinuität in ihren Erziehungs- und Bildungsbemühungen zu verbessern. Ohne Einheitlichkeit herstellen zu wollen und unter Wahrung der entwicklungsfördernden Herausforderung, die die Schule für die Kinder darstellt, müssen Erziehung und Bildung der Kinder im Vorschul- und im Schulanfangsbereich besser aufeinander abgestimmt werden.

Die Kooperation zwischen Kindergarten und Grundschule fördert die wechselseitige Information und Abstimmung zwischen Erzieherinnen und Lehrerinnen und Lehrern sowie den Austausch beider mit den Eltern. Die positiven Erfahrungen, die mit dieser Zusammenarbeit gemacht werden, sind ein eindrücklicher Hinweis darauf, wie notwendig die Kooperation ist. Jedoch entspricht die Praxis – von einzelnen Fällen abgesehen – häufig nicht den offiziellen Proklamierungen. Viele Einrichtungen kooperieren nur punktuell. Eine Kooperation, die auf die Eigeninitiative der Beteiligten setzt, kann nur dann erfolgreich sein, wenn dafür förderliche Bedingungen geschaffen werden, das heißt zum Beispiel eine Verankerung im Deputat, gemeinsame Fortbildungen, bis hin zur Kooperation ganzer Kollegien. Sonst stellt sie eine Notlösung dar, die von der weitergehenden Lösung, dem institutionellen Verbund von Vor- und Grundschulbereich, eher ablenkt.

Erfahrungen mit der Entwicklung von «Brückeninstitutionen» zwischen Vor- und Grundschulbereich liegen aus den Versuchen mit integrierten Eingangsstufen der 60er und der 70er Jahre vor. Das Modell der integrierten Eingangsstufe zeigt überzeugend, wie eine Bildungsarbeit für Fünfjährige aussehen muß, die kleine Kinder nicht verschult und sie doch in die Schule einführen will. Die Hürden vor der Schule, unter denen nicht nur die Kinder, sondern auch die Eltern leiden, werden dadurch entscheidend gesenkt.

Das Ende dieser Modellversuche ist, von heute aus betrachtet, eine bildungspolitische Fehlentscheidung gewesen. Es lohnt sich, an die Erfahrungen dieser Modellversuche anzuknüpfen, wobei es nicht um eine Wiederholung der Eingangsstufenmodelle, sondern um eine Weiterentwicklung geht. Zu bedenken ist, daß inzwischen in Kindergärten und Schule innere Reformen stattfanden, die die pädagogischen und didaktischen Grundansätze beider Institutionen veränderten.

Wir empfehlen daher, die noch vorhandenen Eingangsstufen zu erhalten und dort, wo ohnehin neue Plätze geschaffen werden müssen, neue Eingangsstufen einzurichten. Integrierte Eingangsstufen können jahrgangsübergreifend eingerichtet werden, indem entweder die Vorklasse und das erste Schuljahr oder Vorklasse, erstes und zweites Schuljahr zusammengefaßt werden.

3.1.5 Zur pädagogischen Gestaltung des Anfangsunterrichts

Was in früheren Abschnitten dieser Empfehlungen zu den Prinzipien und Formen des schulischen Lebens und Lernens im allgemeinen ausgeführt wird, gilt auch für diese besondere Phase der Schulzeit. Das Spezifikum des Anfangsunterrichts liegt dabei darin, daß in vielerlei Hinsicht Beziehungen erst zu stiften und Prozesse erst anzubahnen sind. Schulanfänger müssen sich geborgen fühlen, um sich gegenüber bisher unbekannten Personen und neuen inhaltlichen Herausforderungen öffnen zu können. Die Formen des Miteinanderlebens und -lernens sind so zu gestalten, daß die Kinder ein möglichst hohes Maß förderlicher Beziehungen entwickeln. Vom ersten Tag an sollen sich die Kinder als Subjekte ihres Lernens erleben und dieses selbst vorantreiben und verantworten können. Gemeinsam eingeführte Regeln und schulische Rituale sowie eine durchdachte Zeit- und Raumgestaltung machen die neue Situation den Kindern durchschaubar und ermöglichen aktive Mitgestaltung.

Auch viele Eltern sind in ihrer neuen Rolle in der Schule «Anfänger» und benötigen Informationen, Begleitung und Anregung.

Oft wird erst im Anfangsunterricht deutlich, daß viele Kinder nicht über elementare Sinnes- und Bewegungserfahrungen verfügen, die auch als Basis der schulischen Lernprozesse gebraucht werden. Dies macht umfassend ansetzende, nicht auf einzelne Lernbereiche eingeschränkte Fördermaßnahmen nötig, mit denen die Schule bisher fast noch keine Erfahrungen hat.

Der Anfangsunterricht soll in die Vielfalt der schulischen Lern-

und Arbeitsformen einführen. Damit jedes Kind hierin sicher werden und die Abläufe von Anfang an sachgerecht erlernen kann, sind sensible Vorausplanung, abgestimmte Anforderungen und vor allem ausreichend Zeit notwendig. Besondere Aufmerksamkeit erfordert es, die Kinder in der Institution selbstgesteuert lernen zu lassen. Zwar lernten sie vor der Schule vornehmlich auf diese Weise, aber die Schule setzt für dieses Lernen einen anderen Rahmen und fordert zum Beispiel größeres Durchhaltevermögen, höhere Bewußtheit und zunehmend auch Rechenschaft über das, was ein Kind gelernt hat. Die Beziehungen zu den schulischen Inhalten müssen so gestiftet werden, daß sich jedes Kind als erfolgreich erleben kann.

Häufig wird als Spezifikum des Anfangsunterrichts die «Hinführung zum systematischen Lernen» und als dessen charakteristische Form das Lernen in Lehrgängen hervorgehoben. Jedoch lernen Kinder schon vorher teilweise systematisch, zum Beispiel in vorschulischen Kursangeboten, oder wenn sie sich für etwas besonders interessieren und dazu gezielt Informationen beschaffen. Gleichschrittiger Lehrgangsunterricht sollte im Anfangsunterricht auch deshalb zurückgedrängt werden, weil Kinder erfolgreicher sind, wenn sie in projektähnlichen Formen einer Sache nachgehen oder sich in klar strukturierten Situationen nach eigenem Tempo Fähigkeiten aneignen. Spielerisches und systematisches Lernen sind gerade kein Gegensatz, da Kinder auch im Spiel lernen.

Gerade im Anfangsunterricht wird deutlich, wie sehr die meisten Kinder etwas lernen und leisten wollen, wie unterschiedlich aber auch die Ausgangslagen sind. Leistungsbereitschaft und Lernfähigkeit werden nachhaltig zerstört, wenn Kinder an allgemeinen Normen und nicht an ihrem eigenen Lernfortschritt gemessen werden (vgl. Kap. 2.5). Die Schule muß die Kinder in ihrer Auseinandersetzung mit den schulischen Anforderungen behutsam begleiten und sie stärkende Erfahrungen mit ihrer Leistungsfähigkeit und ihrem Leistungsvermögen machen lassen.

Die wichtigste Voraussetzung all dieser Lernprozesse ist ausreichend Zeit. Für Schulanfangsklassen wird jedoch bislang die geringste Wochenstundenzahl im gesamten Schulwesen zur Verfügung gestellt. Dahinter steht die Fehleinschätzung, daß mehr Zeit in der Schule mehr Streß bedeuten würde. In Wahrheit liegen die Verhältnisse genau umgekehrt: Nur bei ausreichend Zeit können Kinder gelassen und mit der notwendigen Gründlichkeit in die Schule hineinfinden, und nur dann können die Lehrerinnen und Lehrer ihren Auftrag erfüllen. Berücksichtigt man sowohl die Fülle als auch die Bedeutung der Aufgaben des Anfangsunterrichts, wird deutlich, daß die Schulanfangsklassen den gleichen Zeitrahmen wie die folgenden Schuljahre brauchen, und zwar mindestens die Ganze Halbtagsschule.

3.2 Von der Primarstufe zur Sekundarstufe

Wie der Schulanfang hat auch das «Ende» der Grundschule noch keine stimmige Struktur gewonnen.

3.2.1 Schulstrukturen im Sekundarbereich und deren Auswirkungen

Infolge der abgebrochenen Reform des Sekundarbereichs beginnt die Sekundarstufe in sehr unterschiedlicher Form. Je nach Bundesland und den Verhältnissen vor Ort gehen Grundschulkinder in die Einrichtungen eines drei-, vier- oder fünfgliedrigen Schulsystems über. Nach der Grundschule stehen ihnen entweder Mittelschule oder Gymnasium offen, oder sie wechseln in ein traditionelles dreigliedriges Schulsystem oder in ein dreigliedriges Schulsystem plus Integrierter Gesamtschule; hinzuzuzählen sind jeweils die sonderschulischen Einrichtungen.

Die Organisation der Klassen 5 und 6 führt zu weiteren Varianten: Wenn es keine Orientierungsstufe gibt oder nur eine sog. «schulformabhängige» Orientierungsstufe, werden die Kinder bereits nach Klasse 4 getrennt. Einige Bundesländer lassen die Fünft- und Sechstkläßler in flächendeckenden integrierten Orientierungsstufen weiterhin miteinander lernen. Daneben besteht die Förderstufe für einen Teil der Kinder, oder die Gymnasialklassen beginnen in Klasse 5 und die Realschulklassen in Klasse 7. In Brandenburg und Berlin gehen (fast) alle Kinder auch in der 5. und 6. Klasse in die gemeinsame sechsjährige Grundschule.

Die Schulen des Sekundarbereichs sind in ihren äußeren und inneren Strukturen in Bewegung: Neue Schulformen entstehen, die frühere Abschottung zwischen den Schullaufbahnen wurde aufgehoben, und die einzelnen Schularten gleichen sich einander an. Die Schulen vergeben unterschiedliche Abschlüsse; Durchlässigkeit besteht allerdings nach wie vor vornehmlich «nach unten». Der Trend zu intellektuell anspruchsvollen, mindestens mittleren Bildungsabschlüssen hält an.

Im uneinheitlichen Beginn der Sekundarstufe und in der in Deutschland vorherrschenden frühen leistungsbezogenen Aufteilung der Kinder auf unterschiedliche Schülergruppen spiegeln sich gesellschaftliche Auseinandersetzungen: Es geht darum, wer mit wem zusammen in den Klassen 5 und 6 lernen, wer dies auf welcher Grundlage entscheiden darf und ob leistungsbezogene, sozialschichtabhängige Trennung oder soziale Integration das bestimmendere Merkmal sein soll. Diese Fragen sind nicht neu, sondern ihre Spur läßt sich im deutschen Schulwesen bis ins 19. Jahrhundert zurückverfolgen.

In der Mehrzahl der Bundesländer werden alle Kinder oder deren größerer oder größter Teil nach der vierten Klasse auf verschiedene weiterführende Schulen verteilt. Nach nur vier Jahren endet in diesen Bundesländern die gemeinsame Schulzeit der Kinder, und es finden Segregation und soziale und kulturelle Auslese statt.

Unter den Bedingungen sozialer und kultureller Heterogenität und auseinanderdriftender Lebensstile und Werte ist aber eine genügend lange gemeinsame Schulzeit im Interesse eines gedeihlichen gesellschaftlichen Zusammenlebens unverzichtbar. Dies ist die wichtigste Aufgabe der Schule für alle heute: die unterschiedlicher gewordenen Kinder miteinander lernen, leben und handeln zu lehren. Darum ist eine mindestens sechsjährige gemeinsame Schulzeit heute aktueller denn je. Sie entspricht der Praxis fast aller europäischen Nachbarländer.

Wie die weitaus längere gemeinsame Schulzeit in den meisten europäischen Ländern zeigt, gibt es im übrigen keinen pädagogischen Grund, die gemeinsame Schulzeit auf sechs Jahre zu beschränken. Mehr gemeinsame Schuljahre unter Einschluß aller Kinder scheinen in Deutschland aber, wie die Gesamtschulentwicklung gezeigt hat, aus gesellschaftlichen und politischen Gründen in absehbarer Zeit nicht durchsetzbar.

3.2.2 Zur Übergangsentscheidung

Wer über die Aufnahme eines Kindes in eine weiterführende Schule entscheidet, übt eine soziale Schlüsselfunktion aus. Die Regelungen, wer die Übergangsentscheidung treffen soll, sind unterschiedlich. In einem Teil der Bundesländer werden die Eltern von der Schule beraten, entscheiden aber in eigener Verantwortung über die Wahl des weiteren Bildungsgangs.

Eine Beratung verdient nur dann diesen Namen, wenn die Entscheidung nicht festliegt und nicht von der Schule allein getroffen wird. Nur unter diesen Bedingungen werden sich die Partner im Beratungsgespräch offen begegnen und gemeinsam nach der besten Entscheidung suchen können. Die Qualität der Beratung seitens der Schule hängt davon ab, inwieweit die Pädagoginnen und Pädagogen die Anforderungen der in Frage kommenden weiterführenden Schulart, nach Möglichkeit sogar die der einzelnen Schule kennen. Die Kinder sollten an diesen Entscheidungsprozessen beteiligt werden.

In anderen Bundesländern bestimmt in letzter Instanz die Schule, welche Schulart(en) das Kind nach dem Ende der Grundschule besuchen darf. Zwar wird den Eltern ein Widerspruchsrecht eingeräumt und zur Klärung strittiger «Fälle» ein besonderes Beratungsverfahren durchgeführt, jedoch ist alljährlich eine beträchtliche Anzahl von Familien gezwungen, ihr Kind auf eine nicht gewünschte Schulart zu schicken.

Das Recht der staatlichen Schule auf (Aus-)Wahl der «geeigneten» Schülerinnen und Schüler wird in diesen Bundesländern über das Recht der Eltern gestellt, den Bildungsgang ihrer Kinder zu bestimmen. Dadurch wird in einer für das ganze Leben bedeutsamen Entscheidung das Elternrecht beschnitten. Von dieser Einschränkung sind vor allem bildungsferne Familien betroffen, die mit dem Schulwesen und den gegebenen Ausnahmeregelungen und Ausweichmöglichkeiten weniger vertraut sind, weniger Geld in die Ausbildung der Kinder investieren können, vielleicht auch das Schulschicksal ihrer Kinder weniger langfristig zu planen und zu beeinflussen versuchen. Staatliche Reglementierungen dieser Art, die über Eltern, Kinder und Lebenschancen befinden, sind der Demokratie unzuträglich.

Besonders inhuman ist die Übergangsentscheidung, wenn vornehmlich die Lernleistungen der Kinder in den «Hauptfächern» Deutsch und Mathematik den Ausschlag geben. Mindestens genauso wichtig sind die Interessen der Kinder, ihre Lern- und Arbeitshaltung und die Entwicklung, die das Kind im Verlauf der Grundschulzeit gemacht hat.

Aus der Diskussion über die «Schulfähigkeit» der Kinder bei der Einschulung ist im Hinblick auf die Übergangsentscheidungen zu lernen, daß die Wahl der passenden Schule nicht allein aufgrund der Voraussetzungen des einzelnen Kindes – seien sie intellektueller, motivationaler, sozialer oder sonstiger Art – erfolgen darf. Ebenso entscheidend sind die pädagogischen Bedingungen in der Grundschule, in der gewählten weiterführenden Schule und im Elternhaus sowie das Zueinander der beiden Schulen hinsichtlich des Anforderungsprofils und der speziellen Unterrichtsbedingungen. Nicht zuletzt die Integrationskraft und die pädagogische Qualität der aufnehmenden Schule und der jeweiligen Lehrerinnen und Lehrer entscheiden darüber, ob ein Kind mit Aussicht auf Erfolg in der jeweiligen Schule und Schulart leben und lernen kann.

Ebensowenig wie die Schulfähigkeit zu Schulbeginn läßt sich die «Eignung» für eine bestimmte weiterführende Schule oder Schulart vorab und mit den üblicherweise zur Verfügung stehenden Diagnoseverfahren sicher feststellen. Die Kinder dort abholen, wo sie stehen, und mit ihnen zusammen die Voraussetzungen der Lernprozesse erarbeiten – dieser am Schulbeginn bewährte Grundsatz gilt auch für den Übergang und die weiterführenden Schulen.

In einigen Bundesländern müssen die Pädagoginnen und Pädagogen Prognosen über den weiteren Schulerfolg abgeben. Die bisherigen Leistungen und Verhaltensweisen erlauben jedoch keineswegs den Schluß auf zukünftige Erfolge, da das Kind nach dem Übergang in einer anderen Schulart, unter neuen Anforderungen und in einer veränderten sozialen Situation lernt. Entwicklungen lassen sich nicht vorwegnehmen. Die Voraussagen sind um so unsicherer, je länger der Zeitraum ist, auf den sich die Prognose bezieht, und je früher sie abgegeben werden.

Schullaufbahnprognosen sind nicht nur wenig verläßlich, sondern zu einem erheblichen Prozentsatz falsch: Nachgewiesenermaßen verbleiben viele Schülerinnen und Schüler auch dann in einer «höheren» Schulart oder erreichen in dieser Schulart den Schulabschluß, wenn sie für diese Schulart keine Empfehlung erhalten hatten. Umgekehrt verlassen erhebliche Anteile der für eine Schulart empfohlenen Schüler die jeweilige Schule vor dem Abschluß.

Die staatliche Schule hat kein Recht, auf der Basis derart unsicherer Empfehlungen Kindern den Zugang zu einer von ihnen beziehungsweise ihren Eltern gewünschten Schulart zu versagen. Die Schule muß die Eltern umfassend beraten, die Übergangs*entscheidung* ist jedoch *Elternrecht*.

Je früher die Übergangsentscheidung zu treffen ist, desto weniger Zeit verbleibt dem Kind, unbelastet von der zukünftigen Schulartwahl seine schulische Bildung grundzulegen. Bei einer nur vierjährigen Grundschulzeit überschattet die Übergangsauslese schon die ersten Schuljahre. Die Ausleseprozesse müssen derzeit in der Mitte der Kindheit getroffen werden und damit zu einem Zeitpunkt, zu dem sich weder die Stärken der Kinder noch deren eigene Bildungsvorstellungen deutlich genug abzeichnen. Eltern und Kinder haben keine Zeit, sich auf die Fortsetzung des Lernens nach der Grundschule einzustellen und realistische Erwartungen bezüglich des zukünftigen Schulerfolgs zu entwickeln. Als frühester Zeitpunkt ist eine Übergangsentscheidung in Klasse 6 zu vertreten. Daher spricht auch das Problem des Zeitpunkts der Übergangsentscheidung für eine sechsjährige gemeinsame Schulzeit.

Zur «Rückläufer»-Diskussion

Die erhebliche Anzahl von Schulwechslern im Verlauf der Sekundarstufe I («Rückläufer») wird mitunter zum Anlaß genommen, ein Auswahlverfahren zu verlangen, das frühzeitig «ungeeignete» Schülerinnen und Schüler von den «höheren» Bildungsgängen fernhält. Prognosen, die den Einzelfall verläßlich längerfristig voraussagen, kann es jedoch aus den oben dargelegten Gründen nicht geben.

Angeblich sollen die Rechtschreibleistungen am Ende der Grundschule den späteren gymnasialen Schulerfolg vorhersagen können: Eine eng begrenzte, relativ leicht und vorgeblich objektiv zu erhebende Fähigkeit, nämlich Texte orthographisch weitgehend richtig zu schreiben, wird hier zum Indikator wesentlich schwieriger oder unter schulischen Bedingungen keinesfalls zu erfassender allgemeinerer und zentralerer geistiger Fähigkeiten gemacht. Zwischen der Rechtschreibleistung und diesem umfassenderen Leistungsvermögen, das «höhere» Bildungsgänge ihrem Selbstverständnis nach voraussetzen und fördern wollen, bestehen jedoch nur mäßige Zusammenhänge. Allerdings entspricht diese Auffassung einem unaufgeklärten Alltagsverständnis.

Jedes Kriterium der Übergangsauslese hat wie jede Art der Leistungsüberprüfung weitreichende Rückwirkungen auf den vorausgehenden Unterricht. Diktatleistungen als Übergangskriterium würden den Grundschulunterricht auf ein zeitaufwendiges Einüben von Orthographieleistungen festlegen, Leistungsmöglichkeiten anderer und entscheidenderer Art vernachlässigen lassen und den «höheren» Bildungsgängen gerade nicht die von diesen erwartete Schülerschaft zuführen.

Hohe Eingangshürden in den aufnehmenden Schulen würden zwar einige spätere Schulwechsler fernhalten, damit zugleich aber auch Kinder, die die gewählte Schulart erfolgreich durchlaufen könnten. Eine Verschärfung der Übergangsauslese träfe außerdem vor allem Kinder aus bildungsferneren Elternhäusern, die hinsichtlich der Wahl der «höheren» Schulart ängstlicher und unsicherer sind. Dies wäre pädagogisch und sozialpolitisch nicht zu rechtfertigen.

Um die menschlich, pädagogisch und administrativ wenig wünschenswerten vorzeitigen Abgänge aus weiterführenden Bildungsgängen zu senken, empfehlen wir statt dessen folgende Maßnahmen:
- eine gründliche Übergangsberatung, die den Eltern die volle Verantwortung überläßt und dabei auch auf die Folgen absehbar falscher Schulwahlen aufmerksam macht;
- die Steigerung der pädagogischen Qualität der weiterführenden Schulen, die sich unter anderem in intensiven Bemühungen um jeden Schüler und jede Schülerin unter Einschluß individualisierender Unterrichtsmethoden und rechtzeitiger Förderung äußert; dazu gehört die Bereitstellung der notwendigen personellen und sächlichen Mittel;
- kontinuierliche intensive Kontakte zwischen Schule und Elternhaus, durch die notwendige Schullaufbahnkorrekturen rechtzeitig besprochen und in die Wege geleitet werden können.

3.2.3 Schulformunabhängige Orientierungsstufen oder sechsjährige Grundschule?

Die Ziele, mehr Gemeinsamkeit im Bildungswesen zu verwirklichen, die Übergangsentscheidung möglichst spät zu treffen und in einer heterogenen Lerngruppe unter wechselseitiger Anregung gefördert zu werden, können sowohl in einer schulartunabhängigen Orientierungsstufe als auch in der sechsjährigen Grundschule erreicht werden. Die sechsjährige Grundschule ist der Orientierungsstufe jedoch überlegen, weil sie einen erneuten Schulwechsel der Kinder zwischen Primar- und Sekundarbereich vermeidet. Wenn Grundschulklassen ohne Auslese und Segregation in Gesamtschulen übergingen, würden auch Gesamtschulen diese Anforderung erfüllen. Die Grundschule könnte dann «Grundstufe» einer Gesamtschule sein.

Als eigenständige Schulart mit nur zwei Klassenstufen sind Orientierungsstufen zu eng angelegt, um zum Beispiel Fachräume und Materialien ausreichend zu nutzen und ihren Lehrerinnen und Lehrern professionelle Breite abzuverlangen. Orientierungsstufen sind daher im allgemeinen an die vorhergehende oder nachfolgende Schulstufe angegliedert. Im Interesse der Kontinuität des Lernens empfehlen wir, schulformunabhängige Orientierungsstufen an Grundschulen anzusiedeln.

Ob im Rahmen der Grundschule oder der Gesamtschule oder als schulformunabhängige Orientierungsstufe, auch das Ende der Grundschulzeit sollte zu einer «Brückeninstitution» ausgebaut werden, die in den Klassen 5 und 6 als echte «Übergangsschule» zwischen Primar- und Sekundarstufe vermittelt: mit einer Pädagogik und Didaktik, die Elemente aus beiden Stufen aufnimmt, mit Lehrkräften aus der Grundschule *und* den verschiedenen Schularten des Sekundarbereichs und mit veränderten Anforderungen, die alle Kinder angemessen fordern. Die Zusammenarbeit in diesen Klassen wäre zugleich ein Stück Lehrerfortbildung, weil die Lehrerinnen und Lehrer verschiedener Schularten und -stufen in der Zusammenarbeit in Klassenstufenteams handelnd lernen, wie mit den Kindern dieser Altersgruppe gearbeitet werden kann und muß. In der sechsjährigen Grundschule könnte eine solche «Übergangsschule» dem nicht zu unterschätzenden Risiko dieses Schultyps entgegenwirken, die sogenannten «begabten» Kinder, die sonst nach Klasse 4 auf das Gymnasium überwechseln würden, anhaltend zu unterfordern.

3.2.4 Leben und Lernen in den Klassen 5 und 6 der sechsjährigen Grundschule

Die Gegner der sechsjährigen Grundschule betonen stets, ohne die Klassen 5 und 6 seien die Ziele der «höheren» Bildungsgänge nicht zu erreichen, der «weiterführende» Bildungsgang müßte deshalb bereits nach Klasse 4 beginnen. Dieser Einwand ist jedoch schlecht begründet: Keine der Sekundarschulen hat eine besondere Pädagogik und Didaktik für die Kinder der 5. und 6. Klassen, das heißt die Kinder der ausgehenden Kindheit und deren Lernen, entwickelt.

Die Schülerinnen und Schüler der Klassen 5 und 6 lernen fruchtbarer, wenn sie nicht als «verkleinerte Jugendliche» behandelt werden. Begeisterungsfähig und lernbereit, stellen sie sich auf neue Anforderungen ein. Ihr Abstraktionsvermögen wird am besten gefördert, wenn handlungs- und situationsorientierte Unterrichtsverfahren es herausfordern und fördern, und sie sind auf Geborgenheit in der vertrauten sozialen Gruppe und eine verläßliche Beziehung zu wenigen Pädagoginnen und Pädagogen weiterhin angewiesen.

Entgegen verbreiteten Annahmen führen die schulischen Ausleseprozesse, die ja jeweils auf dem Hintergrund der spezifischen Verhältnisse in den abgebenden Klassen und Schulen erfolgen, in den weiterführenden Schulen nicht zu leistungshomogenen Eingangsklassen. In allen weiterführenden Schulen unterscheiden sich die Kinder der Anfangsklassen erheblich in ihren Leistungsvoraussetzungen und in ihrem Lernvermögen. Wie die Integrationsklassen zeigen, werden leistungsverschiedene Kinder am besten gefördert, wenn die Verschiedenheit bewußt wahrgenommen, anerkannt und zur Grundlage der Unterrichtsgestaltung gemacht wird. Von allen Schularten verfügt bisher allein die Grundschule über weitreichende Erfahrungen mit einer Didaktik heterogener Lerngruppen. Diese muß das Kernstück der Pädagogik und Didaktik der Klassen 5 und 6 bilden.

Die Erfahrungen mit der sechsjährigen Grundschule in Berlin und Brandenburg zeigen allerdings, daß für eine pädagogisch verantwortbare Gestaltung der sechsjährigen Grundschule zwei Voraussetzungen unerläßlich sind:

- Das Nichtgetrenntwerden der Kinder muß auch tatsächlich genutzt werden, indem die Idee der Gemeinschaftsförderung den Unterrichtsalltag durchzieht und zum Beispiel Gesprächskreise und fächerübergreifende Arbeitsvorhaben übliche Praxis werden.
- Die Differenzierung muß umfassend und kontinuierlich genug sein, damit jedes Kind auch in Anbetracht der steigenden und zunehmend komplexer werdenden Anforderungen entsprechend seiner besonderen Fähigkeiten und Lernnotwendigkeiten gefördert wird – auch die besonders begabten Kinder.

Das bloße Fortführen des in den vorhergehenden Klassen eingespielten Verbundes von gemeinsamer Einführung und differenzierter Arbeitsphase reicht nicht aus. Wenn die sechsjährige Grundschule die Differenzierungsleistungen, die das mehrgliedrige Schulsystem erbringt, unterbietet, betrügt sie die Kinder um wichtige Lernchancen. Gefordert ist daher eine qualitative Weiterentwicklung der Differenzierungspraxis, die die selbständige Arbeit der Kinder mit intensiven Beratungsprozessen durch die Lehrenden verzahnt. Ein solcher Unterricht setzt erneut kleine Lerngruppen voraus. Darüber hinaus sind differenzierte Einführungsphasen und anspruchsvolle Vorhaben, auch in Interessengruppen, notwendig. Dies gilt auch und besonders für den Fremdsprachenunterricht.

Leben und Lernen dieser Art erfordert unterstützende Rahmenbedingungen, zu denen vor allem die flexible Zeiteinteilung in einer Ganzen Halbtagsschule und die Flexibilisierung der Stundentafel gehören. Projektarbeit, fächerübergreifendes Lernen und Epochalunterricht können dadurch Bestandteil des Schulalltags werden. Von den Sekundarstufenschulen wird ein solcher Unterricht stets nur in eingeschränktem Maße zu erwarten sein, da dort die Organisationsstrukturen der Grundschule fehlen, das heißt vor allem das Klassenlehrerprinzip und die überschaubaren Organisationseinheiten.

Eine weitere wichtige Voraussetzung für die Einführung der sechsjährigen Grundschule ist, daß die Lehrerinnen und Lehrer in Aus- und Fortbildung intensiv mit den verschiedenen Formen der inneren und äußeren Differenzierung praktisch vertraut gemacht werden, damit sie die mit dem wachsenden Alter der Kinder stetig wachsende Differenz im Anspruchsniveau und Leistungsvermögen der Kinder in der Schule auch praktisch bewältigen können. Diese Voraussetzung ist derzeit noch nicht überall gewährleistet.

3.2.5 Abstimmung zwischen Grundschule und weiterführenden Schulen

Unabhängig davon, zu welchem Zeitpunkt der Übergang stattfindet, ist eine Abstimmung zwischen Grundschule und weiterführenden Schulen notwendig. Die Abstimmung zwischen den Schulstufen, die bisher nur der Grundschulpädagogik ein besonderes Anliegen zu sein scheint, muß auch von seiten der Sekundarstufenpädagogik als Aufgabe begriffen werden. Sie darf nicht auf den Aspekt der freundlichen

Begrüßung der neuen Schülerinnen und Schüler in den weiterführenden Schulen reduziert werden.

Die Zusammenarbeit der beiden Schulstufen muß Kinder, Eltern, Lehrerinnen und Lehrer einbeziehen. Analog zur Schulanfangsdebatte sollte eine Zusammenarbeit auf drei Feldern entwickelt werden:

- Planung von Vorhaben für die Kinder, durch die sich deren Kenntnisse der weiterführenden Schulen und damit deren Entscheidungsmöglichkeiten erweitern;
- gemeinsame Elternarbeit am und zum Übergang, um die Eltern gemeinsam zu beraten;
- pädagogische und didaktische Abstimmung zwischen den Lehrerinnen und Lehrern der Schulstufen, um die Kontinuität in der Erziehungs- und Bildungsarbeit über die Schulstufen hinweg zu verbessern.

Im Vergleich zur Kooperation am Beginn der Grundschule ist die Zusammenarbeit zwischen Primar- und Sekundarbereich noch sehr unterentwickelt. Sie muß durch bessere Bedingungen gefördert werden. Wir empfehlen eine intensive wechselseitige Information, die Anerkennung der Zusammenarbeit als ständige, im Deputat berücksichtigte Dienstaufgabe der Pädagoginnen und Pädagogen beider Stufen, Austausch und Abstimmung von Materialien, Verankerung in den Schulprogrammen kooperierender Schulen, schulstufenübergreifende Fortbildungen und eine in wesentlichen Teilen gemeinsame Lehrerausbildung (vgl. hierzu Kap. 7.5).

4 Die Grundschule als Institution

4.1 Schulautonomie als Zukunftsperspektive für das staatliche Schulwesen

4.1.1 Gründe, Ziele, Grenzen

Gründe

Um dazu beizutragen, daß Individuum und Gesellschaft den Herausforderungen von Gegenwart und Zukunft gerecht werden können, muß die grundlegende Stufe im Schulwesen nachhaltigere Erziehungs- und Bildungswirkungen entwickeln als bisher. Von einer Stärkung zentralistischer Regelungen oder einer Privatisierung des Schulwesens sind solche Besserungen nicht zu erwarten. Die Stärkung von Selbstverwaltung und Gestaltungsautonomie der einzelnen Schule jedoch kann der Qualitätsentwicklung der Schulen Auftrieb geben.

Erziehung und Bildung von Kindern und Jugendlichen erfordern heute mehr als je zuvor, ihnen zu helfen, sich selbständig zu orientieren und Wertentscheidungen zu treffen, selbständig zu denken, zu urteilen und zu handeln sowie ihr Leben eigenverantwortlich und dem Gemeinwohl verpflichtet zu führen. Damit diese Autonomie der Heranwachsenden Wirklichkeit werden kann, muß sie von ihnen im praktischen Handeln der Erwachsenen glaubwürdig erfahren werden können. Dafür müßten die Pädagoginnen und Pädagogen Selbst- und Mitbestimmung sowie Selbst- und Mitverantwortung verinnerlicht haben und aktiv praktizieren. Das können sie nur in einer Schule, in der sie gemeinsam mit Schülern und Eltern innerhalb eines rechtlich gesicherten Freiraums ihre Arbeit weitgehend selbst gestalten.

Bildungsprozesse haben sich an den Lernenden zu orientieren.

Diese Orientierung kann eine noch so intelligente Bildungsplanungs-instanz nicht leisten. Dies ist einer der gewichtigsten Gründe dafür, daß die einzelne Schule für das schulische Leben und Lernen ihrer Schülerschaft *selbst* die Entscheidungen treffen und verantwortlich sein muß.

Eine Vielzahl der für eine Schule nötigen Entscheidungen – päd-agogisch, personell, organisatorisch, baulich, finanziell – werden vor Ort von den Beteiligten in Kenntnis der Personen und ihrer Mög-lichkeiten situationsgerechter und wirksamer getroffen, als es einer zentralen Verwaltung möglich ist.

Wenn die Beteiligten ihre Vorstellungen in die Entwicklung ihrer Schule einbringen und sich zum Begründen ihres Handelns stetig herausgefordert sehen, steigern sich ihr Interesse, ihr kritisch-kon-struktives Handeln und ihre Mitverantwortung.

Ziele

Die Aufgabenteilung zwischen Schulaufsicht und Schule, zwischen Schulleitung und Lehrenden sowie zwischen Lehrenden und ihren Schülerinnen und Schülern muß eine neue Qualität erhalten: Die einen dürfen nicht mehr in dem Maße wie vorher vornehmlich die Steuernden sein und die anderen nicht länger die vornehmlich Ge-steuerten; die bisher Gesteuerten übernehmen vielmehr selbst einen großen Anteil des Steuerns, und die bisherigen Steuerer werden ver-stärkt zu Helfern, Stützern und Vermittlern. Entscheidungen, die besser durch die Schulen selbst getroffen werden können, müßten die Behörden diesen durch entsprechende Freiraumgebung überlassen.

Anzustreben sind:
1. die einzelne Grundschule als Einrichtung, die innerhalb eines weite Verantwortungsfreiräume gebenden Rechts- und Richt-linienrahmens ihre Entwicklung selbst plant, realisiert und über-prüft;
2. eine Kooperationsstruktur der Schule, die der erhöhten Verant-wortung durch Bindung an demokratisch legitimierte Entschei-

dungen gerecht wird und eine kompetente Aufgabenerfüllung sichert;

3. eine Schuladministration, welche die Leitung über und die Verantwortung für das Schulwesen insgesamt beibehält, aber Befugnisse an die einzelnen Grundschulen in dem Maße abgibt, wie es der Erfüllung des Erziehungs- und Bildungsauftrags förderlich ist.

Grenzen

Die eigenständig arbeitende Grundschule muß sich an das Prinzip der Gleichwertigkeit von Bildung und Erziehung in allen Grundschulen halten. Ihr Bemühen um Profilbildung muß auf Verläßlichkeit zielen. Ein Handeln, mit dem die Einzelschule in die Bereiche anderer Schulen eingreifen würde, muß außerhalb ihrer Selbstbestimmung liegen. Größere Freiräume der Gestaltung und Entwicklung kann es in der Schule als einem staatlichen Dienstleistungsbetrieb für das Volk nur geben bei zugleich zu stärkender Bindung an die vom Gesetzgeber gegebenen übergeordneten rechtlichen und pädagogischen Ziele und zieldienlichen Prinzipien der Schule.

4.1.2 Gestaltungsbereiche

Insbesondere in vier Bereichen muß die Schule größere Freiräume zum Zwecke der Qualitätsentwicklung erhalten und Gestaltungsarbeit in erhöhter Eigenverantwortung leisten: in der pädagogischen Organisation, in Personalangelegenheiten, in der Selbstbewirtschaftung sowie in einem Bereich, der in der Regel ganz neu aufzubauen ist, der Selbstüberprüfung.

Pädagogische Organisation

Pädagoginnen und Pädagogen können den ihnen anvertrauten Menschen und ihrem Erziehungs- und Bildungsauftrag nur gerecht werden, wenn sie die ihnen in Lehrplänen, Stundentafeln und anderen Verordnungen vorgegebenen Ziele, Prinzipien, Formen und Inhalte in freier Verantwortung individuums- und situationsgerecht konkretisieren. Über die dafür zu treffenden Entscheidungen müssen sie sich in der Schulgemeinschaft verständigen und im Schulalltag den Kindern hinreichend Gelegenheit geben, sich am Finden und Festlegen der konkreten Aufgabenstellungen zu beteiligen.

Zur selbstverantworteten Gestaltung der Grundschularbeit sind in Stundentafeln, Bildungsplänen, Zeugnisordnungen und anderen Vorgaben größere Verantwortungsfreiräume als Herausforderungen nötig. So sollten Bildungspläne die Forderung verbindlicher Orientierung an ihren Zielen und Grundsätzen mit großen Freiräumen für eigene inhaltliche Schwerpunktsetzungen innerhalb vorgegebener Inhaltsbereiche vereinen. An die Stelle der *Wochen*stundentafel, die der Gestaltung eines beziehungs- und sinnvollen Lebens und Lernens von Grundschulkindern nicht förderlich ist, sollte die *Jahres*stundentafel treten (mit – als Orientierungshilfe – Angaben von Mindestzeitanteilen, die für die einzelnen Lernbereiche zu nutzen sind) als eine Basis und Herausforderung für die Kollegien, wirksame Konzepte der Lernorganisation schulbezogen zu entwickeln.

Im Rahmen allgemein geltender Regelungen müssen die Grundschulen über die Klassen- und Lernorganisation selbst entscheiden können. Dazu gehören vor allem:
– Anzahl, Größe, Zusammenlegung und Teilung von Lerngruppen; Bildung jahrgangsübergreifender Klassen; Doppelbesetzungen;
– Kombination, Integration, Vermehrung oder Wegfall von Schülerstunden;
– Regelungen im Hinblick auf die Individuallage einzelner Kinder;
– ein Personalstundenkontingent zur selbständigen Verfügung für Planung, Beratung, Koordination, Kooperation, Verwaltung, Fortbildung, Schülerbetreuung und andere nachweisbar dringliche Zwecke.
Die Möglichkeiten einer vernünftigen Organisation des pädagogischen Handelns nicht zu nutzen, nur weil detaillierte Vorgaben das verhindern – das darf es in Zukunft nicht mehr geben.

Personalangelegenheiten

Wie sich die Qualität einer Schule entwickelt, hängt von den in ihr tätigen Pädagoginnen und Pädagogen ab. Die Schule sollte daher das Mitbestimmungsrecht bei der Personalauswahl erhalten. Dabei müssen die allgemein geltenden Qualifikationsstandards in Geltung bleiben. Die Mitarbeit zusätzlicher Honorarkräfte, die nicht professionelle Pädagogen sein müssen, sollte zur Verbesserung des Bildungsangebots aber verstärkt möglich sein. Um Diskontinuität von Erziehung und Unterricht zu mindern, müßte der Grundschule ein Pool von Vertretungsstunden sowie ein eigenes Vertretungsmittelkonto zur Verfügung stehen. Weitgehender als bisher braucht die Schule auch Mitbestimmung bei Auswahl, Einsatz und Wechsel des Hauspersonals. Die Dienstaufsicht über dieses Personal sollte bei der Schulleitung liegen.

Selbstbewirtschaftung

Die Abhängigkeit der Schulqualität von einer situationsgerechten Verwendung der Finanzmittel sowie ein verantwortungsvolles Umgehen mit Steuermitteln erfordern zweckdienliche Voraussetzungen und Verfahren der Selbstbewirtschaftung:

- Damit die Schule ihre Mittel sinnvoll verwenden kann, müssen die Summen zeitig bekannt sein und die Mittel ohne eine zu enge Sachbindung («global») zugewiesen und auf das jeweils folgende Haushaltsjahr übertragen werden können.
- Die Kosten der Schule den Pädgoginnen und Pädagogen, Kindern, Eltern und der Öffentlichkeit in verständlichen Formen durchschaubar zu machen wäre ein bedeutsamer Schritt zur Abkehr von eventuell gedankenlosem Ressourcenumgang. Die Beteiligten einer Schule müssen wissen, was ihre Schule kostet – bezogen auf die Kostenbereiche und anschaulich gemacht durch Beispiele.
- Begünstigt wird solides Wirtschaften, wenn Schulen die Gelder, die sie durch kosten- und umweltbewußten Umgang mit Strom, Wasser, Gas oder Heizwärme, kostengünstige Raumreinigung,

Ausstattungseinkäufe oder Bauerhaltungsmethoden sparen, für Ausgaben zur Entwicklung von Schulqualität nutzen dürfen. Wünschenswert ist, daß ihnen dazu Bewirtschaftungsberater und günstige Einkaufsquellen (zum Beispiel Sammeleinkauf) zur Verfügung stehen.

- Gebäudereinigung, Mobiliarpflege, Bauerhaltung, Modernisierung und Umbauten werden heute häufig entgegen den Prioritäten der Schule bestimmt und unwirtschaftlich und unkorrekt realisiert. Leitlinie einer Neuregelung sollte sein: Die Schule wird bei Haus- und Bausachen angemessen beteiligt oder erhält die Rolle des Auftraggebers und Steuerers, ohne mit den Details belastet zu werden.

Unter dem Etikett «Autonomie» empfiehlt man der Schule heute, ihre Mittel aufzustocken durch Gewinnen von Sponsoren, Produktverkauf, Raumvermietung oder Kursangebote von Lehrern. Zwar gibt es seit langem Schulen, die über die Schulvereine von Sponsoren unterstützt werden oder durch Eigenleistungen Mittel erwerben; wenn sie das fortsetzen wollen, sollte man sie nicht hindern – aber Gelderwerb zum Handlungsprinzip der Schule zu machen ist falsch. Das Risiko wächst, daß «arme» und «reiche» Schulen sowie ungewollte Abhängigkeiten entstehen und die Schule ihre Energien vom Sozialen und Pädagogischen weg auf wirtschaftliches Konkurrierenmüssen richtet.

Die staatliche Mittelzuweisung sollte wie folgt geregelt werden:

- Alle Schulen erhalten eine ihrer Aufgabenstellung und Schülerzahl entsprechende (jeweils im Prinzip gleiche) ausreichende Grundausstattung.
- Entsprechend der nachgewiesenen Zahl der Schülerinnen und Schüler mit besonderem Förderbedarf, werden finanzielle Zuschläge gezahlt.
- Benachteiligungen von Schulen aufgrund des Einzugsgebietes, des Gebäudezustandes und des Ausstattungsgrades werden durch Personal- und Sachmittelzuschläge berücksichtigt.
- Nachgewiesene besondere Reformbemühungen werden durch Sondermittel belohnt und gefördert.

Der Staat muß also Verteilungsgerechtigkeit und ausgleichende Gerechtigkeit üben. Die Schule muß den Freiraum erhalten und sich veranlaßt sehen, ihre Mittel sinnvoll zu verwenden. Eine Stärkung der «Schule als Firma» ist dagegen zu meiden.

Selbstüberprüfung und Rechenschaftslegung

Zur selbstverantworteten Schule gehört nicht nur die Selbständigkeit des Planens und Realisierens schulischer Arbeit, sondern auch die des Überprüfens. Diese Selbstevaluation beginnt mit dem Feststellen von Stärken und Schwächen der eigenen schulischen Arbeit und sucht nach deren Ursachen. «Wie weit haben wir uns den Zielen genähert?» muß die immer wieder gestellte Frage sein. Alle Gruppen der Schule nehmen an der Evaluationsgruppe teil, eventuell, indem eine Evaluationsgruppe des Kollegiums unter Beteiligung von Elternvertretern gegründet wird, die durch regelmäßige Befragungen auch die Schülerinnen und Schüler einbezieht.

Auf der Ebene der Kinder hätte eine kooperativ angelegte Selbstevaluation der Schule, die nach Stärken fragt, um sie auszubauen, und nach Schwächen, um an ihrer Verminderung zu arbeiten, ihre Entsprechung darin, daß im Alltag der Schulklassen neben der Frage, ob sich alle Mitglieder der Schule wohl fühlen konnten, die Frage «Was will ich lernen?» sowie die Selbstkontrolle «Was habe ich gelernt?» oder «Was haben wir gelernt?» in stärkerem Maße in die Mitte rücken.

Den Zielen grundlegender Bildung entsprechend, werden bei der Evaluation nicht nur die im herkömmlichen Sinne schulischen Leistungen geprüft, sondern auch, in welcher Weise es der Schule gelingt, soziale und humane Haltungen und die Mitbestimmung der Kinder zu entwickeln. In den Schulgremien wird dann erörtert und entschieden, was aus der Überprüfung für die Gestaltung der Schule zu folgern ist.

Die Entwicklung zur Gestaltungsautonomie steht in Frage, wenn man die Evaluation aus dem eigenverantwortlichen Handeln der Schule ausgrenzt und statt dessen auf zentral gelenkte Überprüfungen setzt. Pädagoginnen und Pädagogen würden sich mit hoher Wahrscheinlichkeit unter Zurückstellung ihrer sich an den Kindern orientierenden Lernprojekte auf die in den zentralen Prüfungen erwarteten Inhalte konzentrieren und dadurch die günstigen Wirkungen eigenständig geplanter Bildungsprozesse auf die Lernenden aufheben.

Grundschulen sollten die Ergebnisse ihrer Selbstüberprüfung jedoch in gemeinsam mit der Schulaufsicht und externen Beratern organisierten Prüfungen ihrer Konzepte und Praktiken einbringen – am besten im Verbund mit anderen Grundschulen –, so daß die Schulen ihre Leistungen in Kenntnis der Leistungen und Praktiken anderer Schulen und im Lichte externer Kritik beurteilen und verbessern können.

Interne Evaluation bedarf immer der Ergänzung durch externe Evaluation, und diese ist um so wirksamer, je stärker sie auf einer soliden Selbstevaluation aufbauen kann.

Soweit datenrechtlich möglich, sollten die Ergebnisse der Evaluation allen Interessenten zugänglich sein. Eine Verpflichtung jeder Schule zu regelmäßiger öffentlicher Berichterstattung über ihre Leistungen – verbunden mit Nachprüfmöglichkeiten – könnte ein stärkeres Mittel zum Entwickeln von Qualität werden als die heutige behördliche Aufsicht.

4.1.3 Kooperationserfordernisse

Die Stärkung selbstverantwortlichen Wahrnehmens des Erziehungs- und Bildungsauftrags erfordert intensives Kooperieren aller Beteiligten in der Schule.

Wenn die Lernenden innerhalb des schulischen Lernfeldes kooperativ Ziele, Aufgaben, Arbeitsweisen und Regeln des Miteinanders mitbestimmen und Eltern, Pädagoginnen und Pädagogen auf der Suche nach der bestmöglichen Schulgestaltung kooperieren und sich in gemeinsame Entscheidungen zur Legitimierung ihres Handelns einbinden, kann Schule ein Ort werden, in dem die Anforderungen der Gesellschaft die Notwendigkeiten des Schulganzen und die Interessen und Leistungen der Individuen sich produktiv verknüpfen. In der innerhalb eines Rechtsrahmens eigenständig arbeitenden Schule sind alle Beteiligten kooperierende und mitverantwortliche Produzenten der schulischen Lebens-, Arbeits- und Lernkultur – zugunsten eines bekömmlichen Schullebens und wirksamen Sich-Bildens der jungen Menschen.

Pädagoginnen und Pädagogen sollten sich in diesem Sinne als eine Reformgemeinschaft verstehen, die Kinder, Eltern und Hauspersonal für die Zusammenarbeit zugunsten der Schule gewinnt. Unter Einbeziehung der Interessen aller Beteiligten und der Schulsituation entwickelt sie im Rahmen der staatlichen Richtlinien das Schulkonzept, dessen Verwirklichung zur Leitlinie der Entwicklungsbemühungen der Schule wird (vgl. Kap. 7.2).

Informations- und Beteiligungskultur

Entwickeln kann sich Schulkommunikation und -kooperation nur, wenn kein Beteiligter im dunkeln gelassen wird über die wesentlichen Vorkommnisse, Probleme und Absichten der Schule und der Schulklassen. Das fängt mit der Besprechung des Tagesablaufs mit den Kindern an und geht über das Berichten von Schulereignissen bis zum Bekanntmachen der Jahresterminplanung, der Finanzmittelverwendung sowie des Standes der Programmentwicklung. Eine verläßlich geregelte Information macht das Schulgeschehen transparent und schafft Voraussetzungen, ein Interesse zum Mitmachen zu entwickeln.

Ein Schulklima der Kooperation setzt die Entwicklung einer Beteiligungskultur in der ganzen Breite der Schule voraus mit eingespielten Formen der Zusammenarbeit und der Verantwortungsübernahme, aber auch mit immer wieder neuen Bemühungen. Wenngleich viele Kinder, Eltern und manche Pädagoginnen und Pädagogen nicht in der Lage sein mögen, von Anfang an die umfassenden Fragen der Schulentwicklung versiert zu behandeln, sind sie dennoch zu interessieren, sich am Verhandeln konkreter Probleme ihrer Klassen oder Schulstufen zu beteiligen. Mitwirkung hat

Chance, in kleinen selbständigen Arbeitsteams geweckt zu werden und sich zu entwickeln.

Schulstufenteams oder Eltern/Lehrer-Arbeitsgruppen mit Zuständigkeit jeweils für *ein* Entwicklungsprojekt haben einen unmittelbareren Bezug zu den Schulproblemen als die Gesamtkonferenz. Von Bedeutung ist die Rückbindung dieser Teams an ihre Basis. So sollte es zur Regel werden, daß, wenn zum Beispiel die Schülervertreter aus dem Kinderrat in die Klassen zurückkehren, sie berichten, was sie getan haben für die Belange der Klasse oder der Schule.

Dem Einwand, Kindern und Eltern fehle für Schulgestaltung die Professionalität, ist zu entgegnen: Sie sollen sich als *Betroffene* in die Entscheidungsfindungen einbringen können. Da Erziehung und Bildung als Vermittlungsprozesse nur gelingen mit aktiver Beteiligung dieser Betroffenen, ist es die Aufgabe der pädagogischen Mitarbeiter, Kindern und Eltern zu helfen, Fähigkeiten kooperativen Mitwirkens zu entwickeln. Schulgestaltung und -entwicklung sind um so wirksamer, je stärker sie von möglichst vielen der Beteiligten mitgetragen werden.

Die Entwicklung der Autonomiebereitschaft von Menschen ist kontextbedingt und bedarf eines mehr als kurzzeitigen Entwicklungsprozesses unter förderlichen Bedingungen. Zu den Voraussetzungen, daß aus Möglichkeit Wirklichkeit wird, gehören eine überzeugende Ideenvermittlung und Stützung durch fähige Schulentwicklungsberater sowie das Herausfordern von mehr Eigenständigkeit und Verantwortung durch neue Schul- und Schulverfassungsgesetze, die der Schule in kooperativem Handeln zu gestaltende Verantwortungsfreiräume geben.

Konferenzen

Wir brauchen Konferenzen in der Schule, in denen im Bewußtsein tatsächlicher Folgewirkungen um die Problemerkennung und um richtige Entscheidungen gerungen wird. Erst ernstzunehmende Kompetenzen lassen Mitwirkung ernst nehmen. Schule sollte mehr als bisher ein Einbringungs- und Verhandlungsort unterschiedlicher

Sichtweisen und Interessen werden, an dem die Beteiligten erleben, daß ihr Wort bedacht und bei der Entscheidungsfindung berücksichtigt wird.

Die Schulkonferenz sollte das Haushaltsrecht erhalten und in Abstimmung mit der Mitarbeiterkonferenz über alle schulischen Grundsatzfragen entscheiden können. Als Vertretung aller Beteiligten ist sie das oberste beschlußfassende Gremium einer Schule.

Die Zusammensetzung der Klassen-, Zeugnis- und Mitarbeiterkonferenzen, zu denen prinzipiell auch Elternvertreter zugelassen werden sollten, stellt zum einen sicher, daß um die Fachlichkeit der Entscheidungen in diesen Gremien niemand Sorge haben muß. Zum anderen sehen sich die Pädagoginnen und Pädagogen durch solche Regelungen kontinuierlich gefordert, ihr Handeln auch den nichtprofessionellen Vertretern der Schulgemeinschaft erläutern zu müssen.

Da sechs- bis zwölfjährige Kinder nur bedingt fähig sind, sich neben Lehrer- und Elternvertretern in Konferenzen gleichgewichtig am Erarbeiten der die Schulentwicklung bestimmenden Entscheidungen zu beteiligen, müssen – soweit möglich – die Erwachsenen und gegebenenfalls die Schülervertreter aus Sekundarstufenklassen in den Konferenzen die Interessen der Grundschulkinder vertreten. Wichtig ist, daß zu allen relevanten Fragen die Meinung der Schüler eingeholt und in die Konferenzen eingebracht wird und die Konferenzbeschlüsse den Schülerinnen und Schülern in kontinuierlicher Entscheidungsrückbindung erläutert und begründet werden.

Außenkontakte und -bindungen

Die Eigenständigkeit der Verwaltung und Gestaltung einer Schule verträgt es nicht, daß deren Beteiligte ihr Handeln innerhalb der vergrößerten Freiräume auf nur die eigenen Sichtweisen gründen – mit dem Risiko der Enge oder des Stillstands der Entwicklung. Leitvorstellung sollte die im Gemeinwesen verankerte und von ihm getragene «offene» Schule sein. Sie sucht den Austausch mit den Menschen, ihren Vereinigungen und Einrichtungen im Umfeld und pflegt

Beziehungen zu kommunalen Institutionen wie Schulausschüssen und Stadtteilkonferenzen, die die Schule vielfältig unterstützen können.

Minderheiten und Mehrheiten

In der Entwicklungsarbeit der Schule wird ein schulinterner Konsens der Ziele, Inhalte und Methoden, die für alle gelten sollen, angestrebt, aber auch dafür gesorgt, daß alternativ Denkende konstruktiv zum Zuge kommen. Auch Minderheiten müssen ihre Ansichten mit ausführlichen Begründungen darlegen können und dafür faire Aufmerksamkeit erhalten. Entscheidungen sollten erst nach hinreichenden wechselseitigen Überzeugungsbemühungen fallen. In der Regel müßte sich die Minderheit dann den Mehrheitsbeschlüssen unterordnen, wobei in jedem Fall zu prüfen wäre, ob ein Handeln gemäß Minderheitsmeinung unter das Toleranzgebot fallen kann.

Mehrheits- oder Minderheitsmeinungen, die den Grundsätzen eines demokratischen Miteinanders sowie übergeordneten pädagogischen Prinzipien wie sozialer Integration, Differenzierung, Lernen durch Selbstaneignung und Kulturoffenheit widersprechen, können nicht toleriert werden. Wo hierzu in Fällen von grundsätzlicher Bedeutung durch wechselseitige Überzeugungs- und Schlichtungsversuche intern keine Klarheit zu schaffen ist, müßte ein externer Schlichtungsausschuß angerufen werden können.

4.1.4 Zur Rolle der Schulverwaltung

Schulentwicklung als gemeinsame
Aufgabe von Verwaltung und Einzelschule

Das Erfordernis, die Entwicklung des Schulwesens stärker als bisher über die Weiterentwicklung der einzelnen Schulen voranzutreiben und diesen erheblich größere Gestaltungs- und Entwicklungsfreiräume zu geben als bislang, macht Änderungen der Struktur und des Rollenverständnisses der Schulverwaltung nötig, verringert jedoch nicht ihre Bedeutsamkeit. Die Schulverwaltung bleibt zuständig für die Globalplanung und Beaufsichtigung des staatlichen Schulwesens unter Berücksichtigung einer erheblich zu stärkenden Selbstverwaltung der Schulen. Sie behält die Gesamtverantwortung für das Schulwesen gegenüber Parlament, Regierung und Öffentlichkeit. Mehr denn je zuvor sind die Schulen heute darauf angewiesen, daß eine sachkundige Schulverwaltung die berechtigten Belange der Schülerinnen und Schüler, der Eltern und des pädagogischen Personals gegenüber allen Zuständigen kompetent und kraftvoll vertritt. Eine Hauptaufgabe der Schulverwaltung muß das Einfordern eines Schulhaushalts in sachgerechter und schulentwicklungsfördernder Höhe bleiben und die aufgabengerechte Verteilung der von den Landesparlamenten zugewiesenen Ressourcen auf die einzelnen Schulen unter Ausgleich besonderer Belastungen.

Die notwendige Veränderung der Rolle der Schulverwaltung gegenüber den Schulen liegt vornehmlich darin, daß sie sich zukünftig aller Detailregelungen enthält und nur noch die grundlegenden Ziele und Gestaltungsgrundsätze als Richtungsbestimmung und Herausforderung zum Handeln vorgibt, an denen sich zu orientieren für die Schulen verbindlich sein muß. Zugleich muß die Verwaltung verstärkt zur Beratung der Schulen zur Verfügung stehen, mit dieser Aufgabe auch unabhängige Beratungs- und Evaluationseinrichtungen beauftragen sowie wirksame Unterstützungssysteme und Anreize schaffen für die Qualitätsentwicklung der Schule.

Erst im Zusammenwirken aufeinander bezogener und einander ergänzender schulfördernder Rahmenvorgaben sowie Rahmenbedingungen des Staates *und* einer erweiterten schulförderlichen Gestaltungs- und Ergebnisverantwortung der Einzelschulen entsteht das Kraftfeld, in dem das Schulwesen sich wirksam weiterentwickeln und den Bildungs- und Erziehungsauftrag gegenüber der nachwachsenden Generation bestmöglich erfüllen kann. Damit die Balance dieser Kräfte gewahrt bleibt, darf nicht nur vornehmlich die Überprüfung der Schulen und ihrer Leistungen im Blick der Öffentlichkeit, der Parlamente und Regierenden sein, sondern müssen auch die Vorgaben des Staates immer wieder neu überprüft werden, ob sie tatsächlich nur das Erforderliche und Förderliche vorgeben und der schulischen Selbstgestaltung und Selbstverantwortung den aufgabendienlichen Raum belassen.

Dieses gleichgewichtige Zusammenwirken setzt eine nichthierarchische, auf dem Grundsatz *wechselseitiger* Beratung fußende Kommunikation zwischen den Menschen in den Schulen und der Schulverwaltung voraus – frei von Bevormundung, wie sie, um nur ein kleines Beispiel zu nennen, in der immer noch üblichen Zulassungspflicht für Schulbücher zum Ausdruck kommt.

Wir brauchen also zum einen eine staatliche Gewährleistung und Sicherung der Zielerreichung durch ein orientierendes und förderndunterstützendes staatliches Handeln und zum anderen selbstverantwortlich arbeitende Schulen, die sich eingebunden sehen in den Anspruch der Sicherung gleichwertiger Qualität ihrer Arbeit im Interesse der Heranwachsenden.

Die Bildungskommission NRW hat kürzlich zu einer Neugestaltung von Schulverwaltung und Schulaufsicht detaillierte Vorschläge unterbreitet, auf die hier nur verwiesen werden kann, die aber eine sorgfältige Erörterung und Erprobung wert sind.[7] Wir nennen daher zu diesem Thema im folgenden nur einige Aspekte, die uns besonders bedeutsam erscheinen.

Rechts-, Dienst- und Fachaufsicht

Die Schulaufsicht wird heute in der Regel durch Schulaufsichtsbeamte (Schulrätinnen und Schulräte) wahrgenommen, die für die Rechts-, Dienst- und Fachaufsicht einer bestimmten Anzahl von Schulen (oft *einer* Schulform) in einer Region zuständig sind. Sie nehmen ihre aufsichtlichen Aufgaben insbesondere in Rechts- und in spezifischen Fach- und Verwaltungsfragen zwar meist in Zusammenarbeit mit anderen behördlichen Experten wahr – es ist jedoch ein

---

7 Bildungskommission NRW: Zukunft der Bildung – Bildung der Zukunft, Neuwied: Luchterhand Verlag 1995.

sehr hoch einzuschätzender Vorteil, daß die Schulen in *ihrer* Schulrätin oder *ihrem* Schulrat *einen* ihnen als Person bekannten *Mittler* haben, der mit den konkreten Details ihrer Arbeitssituation und ihren Problemen relativ gut vertraut ist. Hinzu kommt, daß Fragen, Aufgaben, Probleme und Konflikte der Schule oft nicht nur rein rechtlicher *oder* nur dienstaufsichtlicher *oder* nur fachlicher Art sind, sondern Lösungen meist nur unter Einbeziehung rechtlicher, dienstaufsichtlicher *und* pädagogisch-fachlicher Aspekte gefunden werden können.

Sich also von einer *Aufhebung des Zusammenhangs* der Aufsichtsfunktionen – wie häufig vorgeschlagen – eine Verbesserung behördlichen Einwirkens auf die Schulen zu versprechen scheint uns fragwürdig – sie kann die Beziehung Schule / Staat auch schwächen und eine kontraproduktive Komplizierung behördlicher Unterstützung der Schulen nach sich ziehen.

Wir schlagen vor – wie oben in Kapitel 4 im einzelnen ausgeführt wurde – Abhilfe durch eine entschiedene und umfängliche Zurücknahme bisheriger Vorgabe- und Interventionstätigkeit aller Behördenorgane einschließlich der Schulaufsicht zu suchen und – bei Konzentration auf die hoheitliche Funktion der Schulverwaltung – durch ein weitgehendes Verlagern von Entscheidungsbefugnissen an die Einzelschulen einen wesentlichen Beitrag zu einem effizienteren Schulmanagement zu leisten. Wie nachfolgend kurz skizziert wird, sollte die Schulverwaltung die *Rechtsaufsicht* mit größtmöglicher Zurückhaltung ausüben, die *Dienstaufsicht* unter Entlastung von effizienzhindernden Verwaltungsabläufen in großen Teilen an die Schulleitungen delegieren und in der *Fachaufsicht* zu heutigem Kenntnisstand entsprechenden Methoden übergehen.

Rechtsaufsicht

Eine unerläßliche Aufgabe der Schulverwaltung ist wie bisher weiterhin die Wahrnehmung der Rechtsaufsicht, die sich großenteils auf das vom Grundgesetz Gebotene beschränkt. Dazu gehören die Überwachung der Einhaltung des Indoktrinations- und des Diskriminierungsverbots, die Respektierung von Minderheiten und die Sicherung der Pluralität der Meinungen und Kulturen in der Schule. Die Schulverwaltung wacht auch darüber, daß Rechtsvorgaben der jeweiligen Landesparlamente und -regierungen eingehalten werden. Solange nicht geltendes Recht in Frage steht, sollte sich die Rechtsaufsicht aus schulischen Diskursen und Konflikten heraushalten und deren Bewältigung den Schulen selbst oder noch zu schaffenden Schlichtungsinstanzen überlassen.

Zur Wahrnehmung ihrer Aufgaben sollte sich die Rechtsaufsicht als erstes des Mittels der Beratung der Schulen in allen rechtlichen Fragen bedienen. Nur falls Bemühungen wechselseitiger Beratung und Zielvereinbarung ohne Wirkung bleiben, greift bei Rechtsverletzungen die Aufsicht mit Rechtsmitteln ein.

Dienstaufsicht

Die Dienstaufsicht ist heute durch Aufsichts- und Verwaltungsarbeit verschiedener Art überlastet und kann der dringlichen Aufgabe intensiver Beratungen mit den Schulen zwecks Entwicklung von Selbstgestaltung, Selbstverantwortung und Schulqualität nur unvollkommen gerecht werden. Zum einen könnte ein erheblicher Teil ihrer herkömmlichen bürokratischen Tätigkeiten zugunsten des Gewinns wertvoller Beratungszeit entfallen. Wir empfehlen daher, Schulaufsicht und Schulverwaltung überall von externen Verwaltungsspezialisten auf überflüssige Bürokratieanteile überprüfen zu lassen. Zum anderen sollten große Teile dienstaufsichtlicher Tätigkeiten, vor allem in der Personalbewirtschaftung, -führung und -beurteilung sowie in verschiedenen Verwaltungsbereichen, durch die der Verantwortungsfreiraum der Schulen ohnehin unangemessen eingeengt wird, auf die Schulleitungen delegiert werden.

Die Dienstaufsicht über die Schulleitung verbleibt bei der Schulaufsichtsbehörde.

Die Schulaufsicht nach Möglichkeit schulformübergreifend zu organisieren wäre nicht nur wirtschaftlich vernünftig, sondern erleichterte auch nötige Abstimmungen und Ressourcenausgleiche zwischen der Grundschule und den anderen Schulstufen und -formen.

Fachaufsicht

Eine Hauptaufgabe der Fachaufsicht sollte es zukünftig sein, die Schulprogramme der Einzelschulen auf ihre Übereinstimmung mit den amtlichen Vorgaben und Richtlinien zu überprüfen, den Schulen bei ihrer Entwicklungsarbeit tatkräftig zu helfen und sie bei der Selbstevaluierung durch Fremdevaluation zu unterstützen. Dazu müssen allerdings die Schulaufsichtsbeamten wie die Schulleitungen ihr Selbstverständnis ändern und sich stärker als bisher auf die Beobachtung von Entwicklungen und die Förderung, Moderation und Beratung der einzelnen Schulen konzentrieren. Zum Erwerb der nötigen Subtilität für solche Beratungsarbeit sollten sie die Möglichkeit erhalten, sich für ihre neuen Aufgaben zu qualifizieren, was am ehesten in schulbezogenen Pilotprojekten mit auch anderen Experten Erfolg verspricht.

Nötig ist die Einarbeitung in neue selbstgestaltungs- und kooperationsförderliche Beratungsformen wie etwa die Übertragung der Organisation von Schulleiterkonferenzen mit Themenfindung, Vorbereitung und Leitung an Teams von Schulleiterinnen und -leitern, die sich damit in eine Möglichkeit kooperativen und mitverantwortlichen Handelns für ihre Schulen einarbeiten können.

Die Fachaufsicht sollte sich zwar auch für Beratung und Unterstützung bei pädagogisch-fachlichen Konflikten in den Schulen als zuständig verstehen, sollte jedoch vornehmlich *entwicklungsorientiert* wirken. Konflikte sollten soweit als möglich in den Schulgremien selbst bearbeitet werden.

Behördenleistungen sollten zukünftig vorwiegend als von den Schulen abrufbare *Dienstleistungen für die Schulen* und die in ihnen tätigen Menschen begriffen werden. Da die bisher üblichen Hospitationen bei einzelnen Lehrerinnen und Lehrern zur Entwicklung der Schule als Reformgemeinschaft wenig beigetragen haben, sollten sie weitgehend ersetzt werden durch Beratungsveranstaltungen, die vor allem das Zusammenwirken aller Gruppen der Schule herausfordern.

Zu den Dienstleistungen gehören ferner die permanente intensive Fortbildung *aller* Pädagoginnen und Pädagogen einschließlich der

Schulleitungen (insbesondere auf dem Wege der schulinternen Fortbildung – vgl. Kap. 7.2 und 7.5) und Informationen über zukunftsträchtige Entwicklungen an anderen Orten. Und es gehören dazu das
ermutigende und stützende Hinwirken auf eine verläßliche Selbstüberprüfung sowie mit der Schule einvernehmlich geplante Überprüfungen der Wirksamkeit von Bildung, Erziehung, Selbstgestaltung
und -verwaltung.

Unabhängige fachliche Dienste

Da Beratung Vertrauen voraussetzt, das in Frage steht, wenn die Beratenen im anderen die Aufsichtsperson sehen oder fürchten, erscheint es sinnvoll, daß eine fachliche Einwirkung auf Schulen effektiver von Personen vorgenommen wird, die nicht Vorgesetzte sind.
Zu überlegen ist daher, ob man die fachaufsichtlichen Aufgaben nicht
besser unabhängigen Expertenkommissionen überträgt.

Die Schulaufsicht deshalb von der Aufgabe der Fachaufsicht völlig
freizustellen ist allerdings mit Vorsicht zu bedenken, denn eine Verwaltung ohne Zuständigkeit für die pädagogischen Inhalte verliert
möglicherweise an Fähigkeit, sich im Parlament, in Regierung, Öffentlichkeit und Schulen für die Belange schulischer Bildung und Erziehung und für die Pädagoginnen und Pädagogen hinreichend sachbezogen und kreativ zu verwenden. Ob innerhalb der Schulverwaltung
oder ob in Form unabhängiger Instanzen: eine fachaufsichtliche Aufgabenerfüllung ist anzustreben, die nicht durch Kleinregulierungen,
sondern durch effektive Beratungs- und Evaluationsmethoden Einfluß nimmt.

Wir empfehlen, die Fachaufsicht durch Supervisionsgruppen oder
gemischte Kommissionen von externen und internen Fachleuten
vornehmen zu lassen. Unter diesen sollte die Schulaufsicht durch ein
Mitglied vertreten bleiben, so daß der für eine kompetente Aufgabenwahrnehmung der Verwaltung notwendige Praxisbezug in pädagogisch-fachlichen Fragen gesichert bleibt.

Eine interessante Variante zu einer solchen gemischten Kommission aus externen Fachleuten und staatlichem Schulaufsichtspersonal ist die von der Bildungskommission NRW vorgeschlagene Einführung eines separaten staatlichen «Pädagogischen Dienstes», der von der Landesregierung unabhängig und nicht in die staatliche Schulverwaltung eingebunden ist, den Schulen bei der systematischen Selbstevaluation hilft und Regierung und Parlament regelmäßig Berichte über den Zustand des Bildungswesen liefert. Dieser Dienst soll zudem eine Instanz sein, die aufgrund ihrer Unabhängigkeit auch die Interessen der Betroffenen gegenüber den Schulen und der Schulverwaltung zur Geltung bringt.[8]

Wir empfehlen, beide Varianten in ausgewählten Regionen großflächig zu erproben.

4.2 Zur Schule in freier Trägerschaft – Stärkung der gemeinsamen Grundschule

Grundschulen in freier Trägerschaft gestalten die Bildung und Erziehung aus einer pädagogischen Idee (zum Beispiel die Waldorf- und Montessorischulen) oder aus der Ethik einer Konfession und gewinnen daraus die Kraft, sich der Erziehungsaufgabe zu stellen. Diesen Schulen wird ein stärkeres pädagogisches Engagement als den staatlichen Schulen nachgesagt.

Die Wurzeln des Bedürfnisses von zunehmend mehr Eltern nach freien Schulen für ihre Kinder sind vornehmlich in der Auffassung zu suchen, daß eine freiheitlicher organisierte und von den Eltern selbst mitgetragene besondere Schule für ihre Kinder bessere Bedingungen des Lebens und Lernens bietet als eine durch die staatliche Schulverwaltung eingeengte allgemeine Schule. Befürworter konfessioneller Schulen sind oft Eltern, die ihre Kinder in der Tradition einer Religionsgemeinschaft erziehen lassen möchten. Bei fast allen Privatschulen übersteigt die Nachfrage das Angebot, so daß sie ihre Schüle-

---

8 Vgl. im einzelnen Bildungskommission NRW a. a. O., S. 191 ff., insbesondere S. 198–203.

rinnen und Schüler aus den – vorwiegend aus der Mittel- und Ober-
schicht kommenden – Bewerbern auswählen können.

Bei einem weiteren Anwachsen der Privatschulen ist zu befürchten, daß die allgemeine Grundschule nicht die «gemeinsame Schule»
für alle bleibt, sondern sich zu einem in zwei Klassen gespaltenen
Schulwesen entwickelt: hier die privaten Schulen mit den Kindern
der bildungsinteressierten, initiativreichen und ökonomisch besser-
gestellten Eltern, dort die staatlichen Schulen mit einem erheblich
höheren Anteil problembelasteter und lernschwächerer Kinder aus
unterprivilegierten Bevölkerungskreisen.

Diese sich anbahnende Zerstörung der allgemeinen deutschen
Grundschule muß verhindert werden. Das auf Vielfalt im Schulwesen angelegte Grundrecht der Errichtungsfreiheit von Schulen nach
Art. 7 Abs. 4 und 5 GG ist jedoch weiterhin zu gewährleisten. Daher
darf der Trend nicht durch Behinderung der Errichtung freier Schulen umgekehrt werden, sondern nur dadurch, daß auch im öffentlichen Schulwesen die Möglichkeiten der einzelnen Schulen zur Bildung eines eigenen Schulprofils, zur Entwicklung eines Gefühls der
Zusammengehörigkeit, zur Mitbestimmung der Eltern und zu hö-
herwertigen Lebens- und Lernbedingungen für Schülerinnen und
Schüler auf dem Wege unterstützter Selbsterneuerung gestärkt werden.

4.3 Organisationsstrukturen

4.3.1 Größe und Zügigkeit

Im Vergleich zu einzügigen Grundschulen bietet die Mehrzügigkeit
von Grundschulen durch die größere Zahl an Pädagoginnen und Pädagogen ein breiteres Spektrum an pädagogischen Sicht- und Handlungsweisen sowie an Kooperationsmöglichkeiten. Dadurch vergrößert sich die Chance eines anregenderen Entwicklungsklimas und
vielfältigeren Bildungsangebots für die Schülerinnen und Schüler.
An größeren Schulen ist der Verwaltungsaufwand (Schulleitung,

Schulsekretariat, Hausmeister) je Schüler relativ geringer als an kleinen Schulen.

Aber auch die Vorzüge der kleinen Schule sind unübersehbar: die Überschaubarkeit des sozialen Gefüges und Nähe als günstige Voraussetzung für das Entwickeln personaler Beziehungen und Verantwortung füreinander. Zweizügigkeit kann eine günstige Größe sein, weil sie in der Regel den Vorzug befriedigender Anregungsvielfalt mit dem Vorzug der Nachbarschaftsschule vereint.

Die Nachbarschaftsschule als ein Teil der unmittelbaren Lebenswelt der Kinder und ihrer Eltern, der kurze, selbständig und ohne Verkehrsgefährdung zu schaffende Schulweg und die Vermeidung des Bustransportes ist für jüngere Kinder ein bedeutsames Erfordernis.

In dünn besiedelten Gegenden werden die erforderlichen Klassenstärken für eine komplette einzügige Grundschule jedoch vielerorts nicht mehr erreicht. Dies gilt derzeit insbesondere für die ostdeutschen Flächenstaaten, in denen ein dramatischer Geburtenrückgang nach dem Zerfall der DDR mit einer teilweise nicht weniger dramatischen Abwanderung der jungen Bevölkerungsgruppen einhergeht: Zwischen 1989 bis 1994 sind dort fast 60 Prozent weniger Kinder geboren worden als in den Jahren zuvor. Wenn jedoch in großem Umfang Schulen geschlossen werden, weil traditionelle Klassenstärken um die 20 Kinder nicht mehr zustande kommen, besteht die Gefahr, daß in diesen Ländern in wenigen Jahren sehr viele Gemeinden keine eigene Grundschule mehr haben werden. Eine solche Entwicklung wäre nicht nur für die verbleibenden Kinder, sondern auch für die weitere Entwicklung der jeweiligen Region verheerend.

In schwach besiedelten Regionen kann daher der Erhalt oder die Wiedererrichtung auch sehr kleiner Grundschulen nötig sein. Sie werden dann überwiegend jahrgangsübergreifend organisiert werden müssen und sollten insgesamt mindestens 40 Kinder haben, die sich auf zwei altersgemischte Lerngruppen (Jahrgang 1 plus 2 und 3 plus 4) verteilen. Diese beiden Lerngruppen können je nach den örtlichen Erfordernissen auf zwei benachbarte Standorte verteilt sein.

Sinkt die Schülerzahl langfristig unter die Zahl von etwa 40 Kindern, kann man von einer eigenständigen Schule sinnvoll nicht mehr reden. Gleichwohl kann es demographische oder regionale Situationen geben, die es rechtfertigen, auch solche «Schulstellen» als Außenstellen anderer Schulen zu erhalten. Solche Schulstellen sollten in Form eines Verbundes mit anderen Schulen geführt werden, der Austausch und Kooperation der Pädagoginnen und Pädagogen und eine gewisse Wirtschaftlichkeit der Verwaltung gewährleistet.

Auch große Systeme haben ihre eigenen systembedingten Probleme. Vier- oder mehrzügige Schulen sollten unseres Erachtens in für Kinder und Eltern überschaubare und mit einem hohen Maß an Eigenständigkeit arbeitende kleinere Einheiten untergliedert werden.

4.3.2 Lehrerkompetenz und Lernorganisation

Ein gravierendes Problem der Organisation von Grundschularbeit ist es, dem Anspruch an optimale fachliche Kompetenz des Unterrichts und der Notwendigkeit ausreichend guter personeller Kontinuität gleichermaßen gerecht zu werden. Die in der Praxis zu findenden Lösungsformen (Klassenlehrersystem, Fachlehrersystem, gemäßigtes Klassenlehrersystem) bieten dafür unterschiedliche Ansatzpunkte.

Für den Zusammenhang von Erziehung und Bildung ist das möglichst uneingeschränkte Klassenlehrersystem günstige Voraussetzung, denn zusammenhängendes Lehren und Lernen ist am besten durch Personen zu gewährleisten, die (in etwa) den ganzen Schulvormittag mit den Kindern zusammenleben. Für eine Lehrerin, die für fast alle Lernbereiche der Klasse zuständig ist, ist es am ehesten möglich, den Gesamtverlauf jeden Schultages gemeinsam mit den Kindern lebens- und lerngerecht zu gestalten. Das Klassenlehrersystem enthält jedoch das Risiko unzulänglicher Konkretisierung einzelner Lernbereiche, da selten eine Person in allen oder fast allen Feldern des Lernens interessiert und kompetent ist. Es ist ein sehr hoher Anspruch, in der erforderlichen Breite die notwendige Feinheit pädagogischer Arbeit zu leisten, die für das Entwickeln grundlegender Bildung bei Kindern dieses Alters nötig ist.

Für das Einbringen von optimaler fachlicher Kompetenz in alle Lernbereiche ist das Fachlehrersystem günstiger. Jedoch ist es bei mehreren jeweils wenige Male in der Woche für 45 oder 90 Minuten in der Klasse erscheinenden Personen kaum möglich, die Nähe und Einfühlung zu allen Kindern und zum Klassengeschehen herzustellen, die für eine fruchtbare Lernorganisation Voraussetzung ist.

Durch eine Zerstückelung des Schultages in 45-Minuten-Einheiten werden alle Bemühungen, durch die die Grundschule den Lebens- und Lernrhythmus des Schultages und den Zusammenhang des Lernens zu bewirken vermag, erschwert oder unmöglich gemacht.

Aus diesen Gründen bedient sich eine große Zahl der Grundschulen eines «gemäßigten» Klassenlehrersystems, bei dem die Klassenlehrerin oder der Klassenlehrer selbst das Gros der Fächer übernimmt und je nach verfügbarer Stundenzahl, Einschätzung der eigenen Kompetenz und Organisationsmöglichkeit der Schule einen oder mehrere Lernbereiche an Fachlehrerinnen oder -lehrer abgibt.

Diese Kombination aus Klassenlehrersystem und Fachlehrersystem ist zwar günstiger als die vorgenannten Konzepte; Beobachtungen zeigen jedoch, daß insbesondere Lösungen, bei denen die Klassenleiterin mehrere Fächer abgibt, die Gestaltung eines lebens- und lerngerechten Zusammenhangs des Schulvormittags behindern oder verhindern.

Die beste Lösung für dieses Problem ist ein Klassenleiterinnenteam, das sich die Verantwortung für Erziehung und Unterricht teilt. Beide Partnerinnen oder Partner sind mit Ausnahme einzelner Bereiche für alles Lernen der Kinder gleichgewichtig zuständig. Beide haben Nähe zu den Kindern, sind mit deren Schulleben und -lernen, deren Stärken, Schwächen und Problemschwankungnen vertraut, sind in den Ritualen des Lebens und Lernens der Gemeinschaft zu Haus, können sich auch bei Erkrankungen wirksam vertreten.

In Planung und Vorbereitung ergänzen sie sich in ihren Kompetenzen, so daß diese Lösung Kindern und Lehrerinnen die Vorzüge sowohl des Klassenlehrer- als auch des Fachlehrersystems bringt, ohne daß deren Systemdefizite in Kauf genommen werden müssen.

In den Klassen 5 und 6 der sechsjährigen Grundschule kann es mit Rücksicht auf die höheren Differenzierungsanforderungen geboten sein, vermehrt Fachlehrer einzusetzen, die aber gleichfalls im Sinne des auf der Sekundarstufe bewährten Team-Kleingruppenmodells inhaltlich miteinander kooperieren sollten (vgl. Kap. 3.2).

4.3.3 Kooperativer Unterricht

Wie in vielen Bereichen von Wirtschaft, Gesellschaft und Staat können wir auch im Schulwesen den Erfordernissen der Gegenwart und Zukunft nicht mehr jeweils als einzelne, sondern nur noch *kooperierend* gerecht werden: Ohne intensiven Austausch, gründliche Beratung und wechselseitige Unterstützung, Sich-Verständigen über pädagogische Ziele, Prinzipien, Inhalte und Organisation wird die Weiterentwicklung der Schule nicht gelingen. Mehr und mehr Lehrerinnen und Lehrer bilden daher Teams zum Planen und Beraten von Bildung und Erziehung ihrer Klassen oder Klassenstufen, und mehr und mehr Lehrerkollegien verstehen sich als Lern-, Arbeits- und Reformgemeinschaften.

Der Kern der Arbeit von Schulpädagoginnen und -pädagogen jedoch, die Arbeit in der Schulklasse, wird in der Breite der Schulen noch nicht in die Kooperation einbezogen. Dabei hat gerade kooperatives Unterrichten für erfolgreiches Lernen von Kindern und für die Selbstqualifizierung der Pädagoginnen und Pädagogen die höchste Wirksamkeit. Wir empfehlen, Grundschulklassen in Zukunft prinzipiell von Klassenteams unterrichten zu lassen, denen neben Lehrerinnen und Lehrern auch Erzieherinnen angehören (vgl. auch Kap. 7.3).

4.3.3.1 Unterschiedliche Formen

Bei kooperativem Unterricht wird die Schulklasse gemeinsam durch ein Team von zwei oder drei Pädagoginnen oder Pädagogen unterrichtet. Planung und Auswertung erfolgen ebenfalls in großem Umfang kooperativ oder werden unter Abstimmung der Ziele, Prinzipien und Formen von jeweils einzelnen Team-Mitgliedern übernommen. Aus den unterschiedlichen Möglichkeiten kann man drei Formen herausheben:

Hauptverantwortliche Pädagogin und «Stützpädagogin»

Die Klassenleiterin und ihre für einen bestimmten Lernbereich zuständige Kollegin beziehungsweise eine fest in der Klasse tätige Erzieherin (vgl. Kap. 7.3.3) unterstützen sich wechselseitig in einer oder mehreren Wochenstunde(n), zum Beispiel im Deutsch- und im Mathematikunterricht. Die für den jeweiligen Bereich zuständige Pädagogin plant und leitet den Unterricht, während die andere als «Stützpädagogin» tätig ist, etwa indem sie lernschwache Kinder besonders fördert. Es kann auch sinnvoll sein, daß die Zweitpädagogin als Stützpädagogin in einigen oder allen Bereichen mitarbeitet, ohne selbst für einen bestimmten Lernbereich zuständig zu sein. Besteht das Team, wie in Kap. 7.3.3 empfohlen, aus einer Grundschullehrerin und einer sie unterstützenden Erzieherin, ist die Erzieherin Stützpädagogin im Unterricht und bei sonstigen Vorhaben der Klasse, kann aber in einzelnen Bereichen auch die Planung und Leitung übernehmen.

Klassenleitungsteam

Ein Team zweier Klassenleiterinnen oder -leiter (mit annähernd gleicher Stundenzahl in der Klasse) teilt sich die Verantwortung für die Klasse. Mit Ausnahme einzelner Bereiche (etwa Musik oder Sport) sind beide Partnerinnen oder Partner für alle Bereiche gleichgewichtig zuständig. Geplant wird kooperativ; unterrichtet wird im tageweise oder während der Vormittagsmitte erfolgenden Wechsel sowie, nach Maßgabe vorhandener Stunden, kooperativ.

Integrationsklassenteam

Eine Grundschulpädagogin als verantwortliche Klassenleiterin, eine
Sonderpädagogin und als dritte Partnerin eine Erzieherin arbeiten
kooperativ in Planung, Realisierung und Auswertung des Unterrichts
zusammen, wobei jeder Teampartnerin für einen Zeitabschnitt die
Rolle zufallen kann, jeweils von den anderen unterstützt die Klasse
anzuleiten *oder* selbst als Stützpädagogin tätig zu sein.

4.3.3.2 Auswirkungen auf die Unterrichtsqualität

Binnendifferenzierung

Daß das Spektrum an Sichtweisen und Lernhilfen eines Pädagoginnen*teams* breiter und vielfältiger wird und man zu zweit oder dritt
Binnendifferenzierung besser realisieren kann als allein, liegt auf der
Hand. Schon wenige Kooperationsstunden je Woche bringen größeren Effekt, als wenn man sie für Klassenteilungen oder Förderstunden nutzte. Individuelle Planungsbesprechungen der Plan- und Freiarbeit mit den Kindern sowie die Lernbegleitung während der Phasen
selbständigen Arbeitens und integriertes Fördern kann den Kooperationspartnerinnen sehr viel besser gelingen als einer Pädagogin
allein.

Mehr Sachgerechtheit

Indem die Teampartnerinnen oder -partner jeweils die Hauptverant-
wortung für *diejenigen* Lernbereiche übernehmen, in denen ihre persönlichen Kompetenzschwerpunkte liegen, wird der Unterricht sachgerechter als im herkömmlichen Klassenlehrerunterricht.

Teamarbeit als Lernimpuls für Pädagoginnen und Pädagogen

In der Schulklasse haben es Grundschulpädagoginnen und -pädagogen fast ausschließlich mit von ihnen abhängigen Kindern zu tun und erleben unmittelbare Unterrichtskritik von kompetenten Erwachsenen nur selten. Diese Berufsbesonderheit ist einer der Gründe dafür, daß manche Lehrerinnen und Lehrer die eigenen Unterrichtsweisen nicht in Frage stellen, unzureichend entwickeln und lernbehindernde Unterrichtsstile nicht erkennen. Weil sie unmittelbar handlungsbezogene Verbesserungsvorschläge für ihren Unterricht kaum erhalten, verkennen sie deren Nutzen und wehren sie ab. Die Fähigkeit, kritische Ratschläge rational aufzunehmen, ist oft wenig entwickelt, und die Scheu von Kolleginnen und Kollegen, solche Ratschläge zu äußern, ist verbreitet. Kooperatives Unterrichten kann diese Haltung aufbrechen.

Ein besonderer Vorteil ist der gemeinsame Lernprozeß: Beim anderen mich vergewissern, mit ihm mich beraten, an ihm mich orientieren, mich auseinandersetzen und eigenes Handeln nachvollziehbar begründen müssen, läßt gründlicher bedachte Konzepte und Praktiken entwickeln. Die gemeinsame Verantwortung stärkt die Bereitschaft, offenzulegen, was man der Kinder wegen zu tun für geboten hält. Beim Planen, Konkretisieren und Auswerten kooperativen Unterrichts erhalten Pädagoginnen und Pädagogen Denk- und Handlungsanstöße, die oft «unter die Haut gehen» und die Beteiligten offener werden lassen für den Sinn der Kooperation im Kollegium und unter Schülerinnen und Schülern.

Nicht in der Vereinzelung, sondern gemeinsam an der Entwicklung des Lebens und Lernens in der Schulklasse zu arbeiten stärkt das berufliche Wohlbefinden. Ein Stück der Verantwortung für Kinder und ihre Zukunft miteinander *teilen* zu können wiegt die durch Kooperation entstehende Mehr-Anstrengung bei weitem auf.

Kontinuitätsförderung

Eines der leidigsten Probleme der Grundschule, die jüngeren Kindern schädliche Diskontinuität des Unterrichts beim Ausfall einer Pädagogin, könnte, wenn der Anteil der Stunden mit Doppelbesetzung nicht zu klein ist, durch ein Sich-vertreten-Können der Kooperationspartnerinnen etwas leichter gelöst werden. Auch der Besuch vormittäglicher Fortbildungsveranstaltungen mit Hospitationen in anderen Schulen wäre weniger problematisch.

4.3.3.3 Empfehlungen zur Einführung

Es gibt das Bedenken, Lehrerinnen und Lehrer hätten aufgrund ihrer Ausbildung und der herkömmlichen Formen des Schulunterrichts nicht die Voraussetzungen für kooperatives Unterrichten. (Bei Erzieherinnen existiert dieses Problem weniger.) Wie aber könnte man diese Voraussetzungen besser erwerben, als wenn man sich – mit einigen Wochenstunden beginnend – an die kooperative Arbeit macht? Kooperationsunterricht ist die ergiebigste Innovation zur Verbesserung der grundlegenden Bildung der Grundschulkinder.

Politik und Verwaltung sollten daher den Grundschulen zusätzliche Personalressourcen für kooperativen Unterricht zur Verfügung stellen. Solange die Grundschulen über solche Kooperationszeit noch nicht verfügen, sollten sie vorhandene Teilungs- und Förderstunden dafür nutzen.

Da auch Teams die Infragestellung ihres Handelns und das Aufnehmen neuer Ideen von *außen* nötig haben, kann kooperativer Unterricht das Kollegium als Lerngruppe, die Lehrerfortbildung und das außerschulische Lernen von Pädagoginnen und Pädagogen nicht ersetzen.

4.3.4 Jahrgangsübergreifende Lerngruppen

Verschiedene Gründe sprechen dafür, anstelle der üblichen Jahrgangsklassen in der Grundschule jahrgangsübergreifende Klassen zu bilden. In ihnen rücken in jedem Jahr jeweils die ältesten Kinder nach zwei- oder dreijährigem Verbleib in die nächsthöhere Klasse vor, und jüngere Kinder treten neu hinzu. Die altersgemischte Lerngruppe räumt mit der Fiktion einer für alle Kinder verbindlichen Leistungs- und Verhaltensnorm auf und setzt dagegen das Motto: «Es ist normal, verschieden zu sein». Dies macht es für alle Kinder leichter, sich ihrem jeweiligen Entwicklungsstand entsprechend zu verhalten, vertrauensvoll weitere Leistungsfortschritte zu erwarten und Leistungsrückstände zu akzeptieren.

Die altersgemischte Lerngruppe bietet Kindern Entwicklungs- und Lernchancen, die in der Kindheit heute eingeschränkten sozialen Erfahrungsmöglichkeiten auszugleichen.

Synthese sozialer Konstanz und Gruppenoffenheit

Soziale Sicherheit wird durch Beziehungsstetigkeit aufgrund mehrjährigen Zusammenbleibens des größeren Teils der Gruppe – ähnlich wie in der Jahrgangsklasse – gewährleistet. Zugleich wird durch Hinzutreten eines jeweils kleineren Teils der Gruppe der sozialerzieherische Nachteil der Jahrgangsklasse vermieden, daß die Kinder sich viele Jahre hindurch nur auf die gleichen Gruppenmitglieder einzustellen lernen. Aufgrund der Gruppenoffenheit lernen sie, sich auch anderen Mitschülern zu öffnen.

Lernen durch Weitergabe und Übernahme

Die jeweils neu in die Gruppe eintretenden Kinder können durch Mitleben und Übernahme in die Rituale, Regeln, Sicht- und Arbeitsweisen einer Lernkultur hineinwachsen, die die Älteren bereits ausgebildet haben, ihnen vorleben und weitergeben.

Entwicklungschancen durch breiteres Beziehungsspektrum

Die größere Alters- und Entwicklungsheterogenität vergrößert das Spektrum an Anregungen und Herausforderungen, an Beziehungs- und Orientierungsmöglichkeiten. Die jüngeren sehen, was sie noch lernen werden; auch die lernschwächeren älteren Kinder erkennen an den hinzutretenden jüngeren Kindern die eigenen Fortschritte. Sich in die Verhaltensformen Jüngerer zurückzuziehen oder in die der Älteren vorauszugehen sind wichtige Möglichkeiten der Entwicklung.

Entwicklungschancen durch Rollenwechsel

Durch den Wechsel der Gruppenmitglieder wird eine zu starke Verfestigung der Rangordnung im Klassenverband verhindert. Aus der Rolle der durch Übernahme Lernenden rücken die jüngeren Kinder später in die Rolle der durch Weitergabe Lernenden auf.

Mehr Mit- und Füreinander, weniger Konkurrenz

Verantwortungsübernahme, Anregen und Helfen der einen und Sich-behüten-, Sich-anregen- und Sich-helfen-Lassen der anderen können in altersgemischten Gruppen bei entsprechender Anleitung ausgeprägter sein als in altersgleichen Gruppen, in denen eher Konkurrenzsituationen entstehen.

Die genannten Wirkungen werden allerdings nur Realität, wenn die Zahl der Kinder nicht zu groß ist und wenn die Pädagoginnen und Pädagogen über vielfältige Erfahrungen verfügen, den unterschiedlichen Lernerfordernissen in der altersgemischten Klasse durch differenzierende Lernangebote und Hilfen zu entsprechen.

Wegen der Vorzüge altersgemischter Lerngruppen sollten Grundschulen die Erprobung jahrgangsübergreifender Schulklassen erwägen.

Jahrgangsübergreifende Gruppen werden sich allerdings nur dann durchsetzen, wenn sie nicht nur in sozialer, sondern auch in kognitiver Hinsicht günstige Lernchancen bieten. Die Vorteile dieser Organisationsform ergeben sich nicht «von selbst»: Die unterschiedlichen Lernausgangslagen der Kinder erfordern den besonders zielbewußten Aufbau einer Unterrichtsorganisation, die die Verschiedenheit der Kinder produktiv aufnimmt und sie in engen Kontakt und in die Auseinandersetzung miteinander bringt. Um dies zu gewährleisten, müssen die Pädagoginnen und Pädagogen spezifische didaktische Kompetenz entwickeln.

4.4 Ganze Halbtagsschule

Eine Schule, die ihren Kindern zu Ich-Stärke, Gemeinschaftsfähigkeit und soliden schulischen Grundfähigkeiten verhelfen will, braucht außer dem Konzept kind- und sachgerechter Ziele, Prinzipien, Formen und Inhalte vor allem genügend Zeit für Kinder. Damit die Grundschule dem Leben und Lernen von Kindern gerecht werden kann, darf sie nicht Schule mit zuwenig Stunden bleiben, sondern muß Ganztagsschule oder zumindest «Ganze Halbtagsschule» sein.[9]

Die Ganze Halbtagsschule bietet verläßliche Öffnungszeiten und eine gesicherte, mindestens fünfstündige qualitätsvolle pädagogische Versorgung aller Kinder durch das hauptamtliche Personal am Vormittag. Die Ganze Halbtagsschule bietet folgende Vorteile:

– die Angebote einer behüteten Anlaufzeit am Morgen und einer behüteten Auslaufzeit am Mittag für diejenigen Kinder, deren häusliche Situation das erfordert; der gleitende Schulanfang am Morgen für alle Kinder; verläßliche und familienfreundliche Schulanfangs- und Schulschlußzeiten von 8 bis 13 Uhr ohne Stundenausfall;

– genug Zeit für ein Geborgenheit gebendes und anregendes Schul-

9 In manchen Bundesländern wird für das, was wir «Ganze Halbtagsschule» nennen, der Begriff «Volle Halbtagsschule» verwendet. Letzteres ist ausgesprochen mißverständlich, suggeriert der Begriff «Volle Halbtagsschule» doch Laien, daß die Grundschulklassen möglichst «voll» sein sollten.

leben als Grundbedingung einer guten Entwicklung der Kinder; genug Zeit für gründliches Lernen; vielfältigere Möglichkeiten für Kinder als in der herkömmlichen Schule, die Lernziele zu erreichen; mehr Möglichkeiten, die Entwicklung von Selbständigkeit, Selbstverantwortung und Sozialfähigkeit der Kinder zu fördern;
– genug Zeit für die Pädagoginnen und Pädagogen, der großen Unterschiedlichkeit der Grundschulkinder gerecht zu werden und auf besondere Lebens- und Lernprobleme einzelner Kinder einzugehen; genügend Möglichkeiten, mit den Eltern als den für die Erziehung der Kinder Hauptverantwortlichen intensiv zusammenzuarbeiten.

Eine verläßliche sozial- und familienpolitische Hilfe wird die Schule jedoch durch feste Schulanfangszeiten am Morgen und feste Schulschlußzeiten am Mittag noch nicht: Verläßlich wird sie vorrangig dadurch, daß Kinder und Eltern sich in dieser Zeit auf die für jüngere Kinder unerläßliche personbezogene und beziehungsstiftende Zuwendung und Stützung stetig für sie sorgender Menschen verlassen können. Nur wenn der Schulvormittag auf das Kind stärkend wirkt, kann er auch eltern- und familiendienlich sein.

Es dient dem notwendigen Zusammenhang der Erziehung jüngerer Kinder, wenn ihre gesamte pädagogische Versorgung in der Schule innerhalb und außerhalb des Unterrichts von dem ihnen vertrauten Stammpersonal der Schule wahrgenommen wird. Es vertieft die Beziehungen und damit die Grundlagen schulischer Erziehung, wenn Lehrerinnen, Lehrer und Kinder die Chance haben, in noch anderen als unterrichtlichen Zusammenhängen miteinander umzugehen.

Additive Konzepte wie die «Betreuungsschule» oder «Hort in der Schule» ersetzen die Ganze Halbtagsschule nicht, da sie die benötigte Zeit für die Gestaltung individuumsgerechten, gründlichen und vielfältigen Lernens und guten Miteinanders der *Gesamt*schülerschaft der Schule *nicht* bringen. Es darf nicht darum gehen, jeweils isoliert hier Unterricht, da «Freies Gestalten» und dort «Betreuung» zu konkretisieren. Förderlich ist es vielmehr, die unterschiedlichen Formen pädagogischer Arbeit situationsgerecht und zeitlich flexibel in einem

Beziehungssystem sich wechselseitig stützender Wirkungen zu *ver-binden* – was nicht ausschließt, daß einige einzelne Aktivitäten – Wahlpflichtkurse zum Beispiel – auch gesondert organisiert werden.

Aufgrund der förderlichen Bedingungen für das Leben und Lernen von Kindern sollte der Ausbau der Grundschule zur Ganzen Halbtagsschule im Sinne einer «verläßlichen Grundschule» bildungspolitische Priorität erhalten.

4.5 Ganztagsgrundschule

Die Ganztagsgrundschule bietet aufgrund ihrer für das Leben und Lernen der Kinder günstigeren zeitlichen Bedingungen in besonderem Maße schul- und sozialpädagogische sowie sozialpolitische Vorzüge.

Die Qualitätsentwicklung der Schule erhält bessere Möglichkeiten: Die Rhythmisierung des Schultags, die Öffnung der Schule zu ihrem Umfeld und das Kooperieren mit außerschulischen Einrichtungen sind der Einbindung des schulischen Lernens in die Lebensbezüge der Kinder förderlich. Für pädagogisch sinnvolle Formen wie altersübergreifende Neigungskurse, Begegnungszeiten, Schulversammlung, Kinder- und Klassenrat, Spiel, Tanz, Musik und Bewegung ist mehr Zeit.

Wenn Lehrerinnen und Lehrer die Schülerinnen und Schüler nicht lediglich in unterrichtlichen Situationen anleiten, sondern auch in vielfältigen außerunterrichtlichen Bezügen gemeinsam mit ihnen tätig sind, verbessert sich das Sozialklima der Schule.

Für die durch den gesellschaftlichen Wandel bewirkte Verarmung außerschulischer Erfahrungen der Kinder kann die Ganztagsschule vielfältigen Ausgleich bieten. Kinder werden in Zeiten des Tages, in denen sie bei Besuch einer Halbtagsschule aufgrund ihrer häuslichen Situation sich selbst überlassen und ohne Spiel- und Gesprächspartner wären, pädagogisch versorgt und behütet. Manche Kinder können die Ziele der Grundschule nur bei ganztägiger Förderung durch die Schule erreichen.

Durch die Entlastung berufstätiger Eltern, insbesondere alleinstehender Mütter oder Väter, sind positive Wirkungen auch auf die häusliche Situation der Kinder zu erwarten.

Für die Grundschule kommen sowohl «offene» Ganztagsschulmodelle, bei denen der Schulvormittag wie in einer Ganzen Halbtagsschule verläuft und für interessierte Schülerinnen und Schüler ein Mittagessen und nachmittägliche Aktivitäten angeboten werden, als auch «geschlossene» Modelle, bei denen alle Schülerinnen und Schüler die Schule ganztags besuchen, in Betracht.

Wenn Grundschulkollegien im Zusammenwirken mit den Eltern die Umwandlung ihrer Schule zur Ganztagsgrundschule beschließen und schuleigene situationsorientierte Reformkonzepte entwickeln, sollten die zuständigen Stellen durch entsprechende Ressourcenzuweisungen und Expertenberatung einen sich jahrgangsweise vollziehenden Ausbau zur Ganztagsschule unterstützen.

5 Räume

5.1 Grundsätze

Der pädagogische Geist einer Zeit drückt sich auch in den räumlichen Strukturen der Schule aus. Vorgegebene Raumstrukturen können den pädagogischen Absichten förderlich sein oder sie beeinträchtigen. Die heute üblichen Raumstrukturen sind im allgemeinen die der Lektionenschule. Sie sind für das Unterrichten größerer Schülergruppen konzipiert. Nebenräume für Kleingruppen fehlen meist, Freiflächen und Schulumgebung sind oft nicht für die Nutzung durch Kinder gedacht und geben zuwenig Anreize zum Lernen. Das Raumprogramm der Schule ist häufig auf Pädagoginnen und Pädagogen zugeschnitten, die mit vorbereiteten Stunden in die Schule kommen und sich dort nur stundenweise aufhalten.

Den Eltern signalisieren die Räume, daß mit ihrer Mitarbeit eigentlich nicht gerechnet wird: Besprechungszimmer und Konferenzräume fehlen oder sind nicht in ausreichender Zahl vorhanden. Falls doch, sind sie spartanisch möbliert. Wird ersatzweise das Klassen- oder Lehrerzimmer für Elterngespräche benutzt, ist der Raum ungemütlich und lädt nicht zu einem ausführlichen Gespräch ein. Konferenzen, auf Kinderstühlen verbracht, werden zur Strapaze.

Vor allem sind die Schulen bisher nicht darauf eingerichtet, daß Kinder heute schon – und in absehbarer Zeit in weitaus größerem Maß – mindestens den ganzen Halbtag in der Schule sind, teilweise sogar den ganzen Tag. Sie müssen sich deshalb dort auch ausruhen und verköstigen können.

Aus der in unseren Empfehlungen entfalteten Konzeption einer Grundschule als Lebens- und Lernstätte lassen sich Prinzipien für die räumliche Gestaltung ableiten. Insgesamt müssen mehr und besser ausgestattete Flächen vorgesehen werden

- für soziale Funktionen: eine von der ganzen Schule zu nutzende Versammlungs- und Bewegungsfläche, Beratungszimmer und Konferenzräume unterschiedlicher Größe;
- für differenzierte pädagogische Arbeit: große Klassenzimmer und Nebenräume;
- für Versorgungsfunktionen: Küche und Eßräume, Aufenthaltsräume für die Pädagoginnen und Pädagogen
- und für Spezialfunktionen: Schüler- und Lehrerbibliothek, Therapieräume, Spielflächen und anderes.

Da die architektonische Form der Funktion zu folgen hat, sollten Neubau- und Umnutzungspläne von Architekten und Pädagogen *gemeinsam* entwickelt werden. Im optimalen Fall schafft sich ein Kollegium zusammen mit der Elternschaft auf der Basis eines pädagogischen Konzepts einen entsprechenden baulichen Rahmen. Dabei ist besonders darauf zu achten, wie vorhandene räumliche Ressourcen für die hier entfaltete Konzeption von Grundschule in Dienst genommen werden können. Überdies ist die multifunktionale Nutzung von Räumen mitzubedenken, da dadurch der Aufwand in Grenzen, die Wege kurz und die Räume für die Kinder überschaubar gehalten werden.

Unabhängig von einer adäquaten baulichen Umsetzung differenzierter pädagogischer Funktionen bestimmen ästhetische Gestaltungsmerkmale die Qualität eines Schulbaus. Hier sind mehr Vielfältigkeit an Materialien (besonders auch natürliche Baumaterialien), mehr Originalität und mehr Offenheit für sich verändernde Nutzungswünsche gefragt. Unsere Ausführungen sind als Anregungen für pädagogisch angemessene kreative Lösungen zu verstehen.

5.2 Andere Schulräume für Kinder

Die in Kapitel 2.3 für das Klassenzimmer vorgeschlagenen und begründeten Prinzipien der Raumgestaltung gelten für alle von den Kindern in der Schule benutzten Räume, Freiflächen und die Umgebung des Schulhauses: Die Kinder sollen Geborgenheit finden und sich darin wohl fühlen; schulische Räume sind Orte der Aneignung von Welt, die vielfältige Erfahrungen ermöglichen; ästhetisch durchdachte Gestaltungen regen die Wahrnehmungsfähigkeit der Kinder an. Als Orte gemeinsamen Handelns sollen die Schulräume dieses Ziel unterstützen und von den Beteiligten immer wieder neu gestaltet werden können.

Klassenzimmer sind fast immer zu klein. Die Standard-Raumprogramme schreiben in der Regel Klassenraumgrößen von 2 bis 2,5 m^2 pro Kind vor. Diese Vorgaben sind nur haltbar, weil unterstellt wird, daß die Kinder die meiste Zeit an ihren Tischen sitzen. Aus Medizin, Physiotherapie und Pädagogik ist jedoch bekannt, daß Kinder im Grundschulalter Bewegung brauchen, daß sie immer wieder aufstehen und sich bewegen sollten, nicht nur um Haltungsschäden vorzubeugen und die häufig bewegungsarme Lebensweise außerhalb der Schule auszugleichen, sondern auch, um sich besser konzentrieren zu können. Häufig sind die Räume außerdem für geringere Schülerzahlen berechnet, als sie benutzt werden.

Kinder empfinden, wenn die Räume sie einengen. Den Beziehungen der Kinder untereinander kommt es zugute, wenn sie sich frei bewegen können. Ausreichender Platz im Klassenzimmer ist deshalb elementare Vorbedingung dafür, daß die Grundschule die Kinder zu einem offenen und verständnisvollen Umgang anleiten kann. In Verbindung mit der Helligkeit der Räume und deren Farben wirkt sich die Raumgröße unmittelbar auf das emotionale Wohlbefinden aus. Deshalb empfehlen wir eine Mindestgröße von 75 m^2 für Grundschulklassenzimmer, die für Klassengrößen von bis zu 25 Kindern als ausreichend zu betrachten ist.

Differenzierung und Individualisierung des Lernens werden wesentlich erleichtert, wenn mit den Klassenzimmern verbundene Gruppenräume zur Verfügung stehen, in denen Materialien ausgelegt werden und Kinder allein oder in kleinen Gruppen arbeiten können. Diese Nebenräume fehlen bisher in den Raumprogrammen der meisten Bundesländer. Kleingruppenräume können von zwei Klassen gemeinsam benutzt und von den beteiligten Pädagoginnen und Pädagogen in Teamarbeit immer wieder neu mit den jeweils benötigten Lernmaterialien bestückt werden. Wenn die Wände zwischen den Klassen «durchlässiger werden» und sich Kinder und Lehrerinnen und Lehrer begegnen können, schafft dies günstige Voraussetzungen, daß auch die pädagogische Arbeit in Bewegung kommen kann.

Von zentraler Bedeutung ist eine Versammlungsstätte für die ganze Schule. Dies kann die Pausenhalle sein oder ein Mehrzweckraum oder eine Aula. Nach dem Vorbild englischer Schulen könnte hier auch mittags das Essen eingenommen werden.

Zusätzlich zu Fachräumen wie Werkstatt und Musikzimmer, die längst nicht überall vorhanden sind, sollten alle Grundschulen über eine Bibliothek und eine Küche verfügen.

Großzügige Verkehrsflächen sorgen für Aufenthalts- und Bewegungsmöglichkeiten im Haus. Flure müssen nicht monoton sein. Geschwungene Flure zum Beispiel animieren zu disziplinierter Bewegung. Pausenhalle und Flure bieten zusätzliche Rückzugs- und Arbeitsmöglichkeiten an, wenn sie den Kindern als Bewegungs- und Aufenthaltsflächen erschlossen werden. Architekten weisen darauf hin, daß die Erfahrung von Raum an Höhe gebunden ist, an die Möglichkeit, hinaufzuschauen, emporzusteigen und hinunterzusehen. Podeste gewähren den körperlich noch kleinen Grundschulkindern neue Raumeindrücke; Treppen und Aufgänge verdienen ebenfalls eine besondere Gestaltung.

Versammlungsraum, Fachräume, Verkehrsflächen und gegebenenfalls Konferenzräume (vgl. Kap. 5.3) könnten am Nachmittag und Abend Interessenten aus der Gemeinde für Bildungsarbeit, Versammlungen oder Geselligkeit offenstehen und auf diese Weise zusätzlich außerschulisch genutzt werden.

Es ist anzustreben, die unmittelbare Umgebung der Schule weitgehend als Lern-, Aufenthalts- und Bewegungsmöglichkeiten zu nutzen. Asphaltierte Schulhöfe sollten renaturiert werden. Wiese, Teich und Schulgarten sowie das Zusammenspiel von Licht und Schatten regen zum Beobachten und Tätigwerden an. In geeigneten Anlagen können Tiere gehalten werden. Sitzgelegenheiten, Spielgeräte, ein Wasseranschluß, vielleicht auch ein Gartenhaus und eine Versammlungsstätte im Freien fordern Kinder und Erwachsene zu vielfältiger

Nutzung auf. Fenster und Türen können vom Klassenraum aus den Blick in die Natur freigeben. Zusammen mit klasseneigenen Terrassen, die bei schönem Wetter für den Unterricht genutzt werden, dienen sie als «Brücken» zwischen drinnen und draußen.

Verkehrsflächen, Schulhöfe und Pausengelände sind vielfach nach dem Prinzip gestaltet, die Kinder ständig unter Aufsicht und Kontrolle zu halten. Allzu übersichtlich gestaltete Umgebungen scheinen jedoch Kinder dazu herauszufordern, sich der Kontrolle zu entziehen: in die Toiletten, in dunkle Ecken, hinter Pfeiler und in die Büsche des Schulgeländes, durch die hindurch heimliche Wege gelegt werden. Im Interesse des Wohlbefindens sollten offene Räume durch Nischen ergänzt werden, die den Kindern Rückzugsmöglichkeiten bieten.

Moderne Pädagogik verzichtet auf direkte Kontrolle und Kontrollierbarkeit. Statt dessen setzt sie darauf, daß Räume zu diszipliniertem Verhalten anregen und daß die Kinder lernen müssen und können, von sich aus die Regeln des kultivierten Gebrauchs und Umgangs einzuhalten. Vandalismus ist meist eher eine vorhersehbare Reaktion der Schülerinnen und Schüler auf eine architektonisch oder ästhetisch minderwertige Umgebung als Ausdruck sinnloser Zerstörungswut. Gelungene Architektur erzieht zu kultiviertem Benehmen.

5.3 Andere Schulräume für die Erwachsenen

Die neuen Personalstrukturen (vgl. Kap. 7.3), die längere Präsenzzeit der Beschäftigten (vgl. Kap. 7.4) und die Umstellung der Schulorganisation auf gemeinsame Verantwortung und Teamstrukturen (vgl. Kap. 4.1 und 4.3) erfordern Arbeitsplätze in der Schule sowie weitere Besprechungsräume. Räume und Mobiliar müssen so gestaltet werden, daß die Schule zu einem Ort wird, in dem man sich gerne aufhält. Für die meisten Schulen gilt das derzeit nicht.

Die Pädagoginnen und Pädagogen benötigen in der Schule einen gut ausgestatteten Arbeitsplatz. Die Lehrerpulte in den Klassenzimmern ersetzen ihn nicht. Die vorgesehenen Verwaltungs- und Hilfs-kräfte (vgl. Kap. 7.3) benötigen ebenfalls Arbeitsplätze.

Als Treffpunkt sowie Pausen- und Entspannungsraum des Perso-nals erfüllt das herkömmliche Lehrerzimmer nach wie vor wichtige Funktionen. Es sollte daher sowohl ansprechend als auch funktional ausgestattet sein (zum Beispiel eine Teeküche mit Spülmaschine ha-ben).

Obwohl die Lernmaterialien in den Klassen aufgestellt werden, wo die Kinder sie ja auch laufend benutzen, sollten die Lehr- und Lern-mittelräume durch zusätzliche Lagerräume für verschiedene Mate-rialsammlungen, die Ablage und das Archiv ergänzt werden können. Die Lehrerbibliothek kann in die Schulbibliothek integriert werden.

Um die notwendigen Arbeits- und Versammlungsräume zu schaf-fen, empfehlen wir, für zwei- und mehrzügige Grundschulen ein gro-ßes und ein kleines Konferenzzimmer vorzusehen und entsprechend zu möblieren. Zusammen mit den bisher schon üblichen Elternbe-sprechungs- und Arztzimmern verfügt damit jede Schule dieser Größe über drei unterschiedlich große Konferenzräume, so daß Schul- und Gesamtlehrerkonferenz sowie die verschiedenen Teams und Gruppen geeignete Besprechungsräume vorfinden. Diese Räume sollten im Interesse der Vertraulichkeit schalldämmend ausgerüstet sein. Um Kosten zu sparen, lassen sich die Therapieräume, in Aus-nahmefällen auch Lehrer- oder Klassenzimmer, auch als Bespre-chungsorte nutzen.

Die Pädagogenarbeitsplätze können, je nach Wunsch des Perso-nals, in der Bibliothek, dem Elternbesprechungs- und Arztzimmer, dem großen oder kleinen Konferenzraum, gegebenenfalls auch im Lehrerzimmer eingerichtet werden.

Jede Grundschule benötigt eine moderne Geräteausstattung, unter anderem leistungsfähige Vervielfältigungs- und Telekommunika-tionsgeräte wie Telefon und Telefax sowie Personalcomputer.

5.4 Schulbau und Schulbauten

Räume, Verkehrsflächen und Schulumgebungen lassen sich je nach pädagogischer Konzeption unterschiedlich nutzen. Vorgegebene Raumstrukturen können in Grenzen auch durch Umbauten verändert oder umfunktioniert werden. Im Kern jedoch ist die Architektur einer Schule eine Vorgabe, die die pädagogische Arbeit auf Jahrzehnte hin beeinflußt. Architekten, die eine Schule bauen, müssen sich daher in den Dialog mit Pädagoginnen und Pädagogen begeben.

Es ist eine interessante Beobachtung, daß die Benutzer die architektonische Gestaltung eines Gebäudes im Zusammenhang mit seiner Funktion und überlagert durch die Material- und Nutzungsangebote beurteilen. Ein Gebäude, dessen Form «stimmt», ist zugleich funktional.

Für Schulbauten verbieten sich Billiglösungen. Haltbare und ästhetisch ansprechende Lösungen müssen nicht unbezahlbar sein. Hier sind neue Ideen und kreative Gestaltungen gefragt. Es gibt bereits viele ausgezeichnete Beispiele.

Alle Schulen müssen behindertengerecht gebaut werden. Dies leitet sich aus den Grundsätzen integrativer Pädagogik ab und ist ein ethisches Gebot in der Demokratie, das bei jeder Gebäudeplanung zu berücksichtigen ist. Jeder Mensch mit einer Behinderung hat das Recht, jeden öffentlichen Raum selbständig und ohne besondere Hilfe durch andere aufsuchen und nutzen zu können.

Wenn die späteren Benutzer bei der Planung von Anfang an mitarbeiten und ihre Kenntnis der Abläufe sowie ihre Vorstellungen einbringen, bereichert dies ästhetisch und funktional das Konzept und trägt zu individuellen, auf die besonderen Bedingungen abgestimmten Lösungen bei. Pädagoginnen und Pädagogen, Eltern und Kinder werden sich dadurch nach dem Bau in besonderer Weise mit ihrer Schule identifizieren. Auch aus heutiger Sicht «perfekte» Schulbauten sollten den späteren Kinder- und Erwachsenengenerationen noch Möglichkeiten zur Gestaltung lassen, um ihnen diese Form der handelnden Inbesitznahme ihres Gebäudes und seiner Umgebung zu ermöglichen.

Architektenwettbewerbe sollten das pädagogische Planungskonzept der Schule zur Grundlage haben. Bei den Wettbewerbsentscheidungen sollte zukünftig der Schule die maßgebliche Stimme zukommen. Wenn Schulbauten durch Schulneugründungen erforderlich werden, sollte die Schulverwaltung zunächst darum bemüht sein, daß sich ein Kern des neuen Kollegiums und der Elternschaft zusammenfindet und entsprechende Planungsverantwortung übernehmen kann.

In einem der reichsten Länder der Welt haben die Kinder, die Pädagoginnen und Pädagogen und die Eltern das Recht auf ausreichende und ausreichend große Räume und eine ästhetisch anregende Arbeitsumwelt, die die Freude an der gemeinsamen Arbeit und damit die Produktivität erhöht.

6 Elternverantwortung und Elternmitwirkung

6.1 Unteilbarkeit erzieherischer Verantwortung

Elternhaus und Schule sind die zentralen Sozialisationsinstanzen für Kinder und Jugendliche. Sie tragen gemeinsam – wenn auch mit getrennten Funktionen – die Verantwortung für das Bildungsschicksal der Kinder. Nur wenn beide Seiten sich einem gemeinsamen Zielhorizont der ganzheitlichen, umfassenden Entwicklung der kindlichen Persönlichkeit verpflichtet wissen und einvernehmlich zusammenwirken, sind optimale Voraussetzungen für eine fördernde pädagogische Arbeit gegeben. Ein langfristiger gemeinsamer Dialog und die kontinuierliche Zusammenarbeit an gemeinsamen Unterrichts- und Schulprojekten bereiten den Boden für ein besseres gegenseitiges Verständnis, für die kritische Wahrnehmung der jeweils eigenen Rolle und Position und für die wechselseitige Bereitschaft, sich in schwierigen Situationen zu unterstützen.

Eltern und Pädagogen sind Fachleute mit je eigener Kompetenz im Hinblick auf die Entwicklungsprozesse der Kinder und deren gegenwärtige Lebenssituation. Sie bedürfen der gegenseitigen Beratung und des Erfahrungsaustausches: Zu der Elternberatung durch Lehrer tritt die Lehrerberatung durch die Eltern hinzu.

Das Zusammenwirken der beiden Erziehungsinstanzen setzt die Überwindung von historisch gewachsenen, institutionell verankerten Schwellen voraus, die sich in Mißtrauen und gegenseitiger Abschottung äußern können: Lehrer fühlen sich von Eltern oft kritisiert; Eltern fühlen sich von Lehrern oft unverstanden und in ihrem Interesse nicht ernst genommen. So muß sich jede Seite vor der anderen schützen und in Verteidigungsbereitschaft halten.

Die offene oder unterschwellige Sorge von Eltern, ob ihr Kind in der Schule erfolgreich sein wird, genug Förderung erhält oder gerecht beurteilt wird, ist vielfältig begründet. Nicht zuletzt hängt sie mit den eigenen Schulerfahrungen und Erfahrungen in der Gesellschaft zusammen. Da diese Erfahrungen die emotionale Basis des Kontaktes zur Schule bestimmen, kommt es besonders in der Anfangsphase darauf an, daß die Eltern – unabhängig von ihrem sozialen Status, ihrer kulturellen Herkunft und den Leistungsvoraussetzungen ihres Kindes – die Schule als eine ihrem Kind wohlgesonnene Einrichtung erfahren können. Eine Grundschule, die primär als Bewertungs- und Selektionsinstanz wahrgenommen wird, erzeugt notwendigerweise Versagensängste und Überlegenheitsbedürfnisse bei Kindern und Eltern. Sie zerstört die unbefangene, an der Sache orientierte Leistungsfreude der Kinder und wirkt der sozialen Integration aller an der Erziehungsarbeit Beteiligten entgegen. Elternarbeit in der Grundschule wird ihrem pädagogischen und gesellschaftlichen Auftrag nur gerecht werden können, wenn sie von dem Respekt vor jedem einzelnen Menschen ausgeht und auf die individuelle Förderung von Kindern im sozialen Kontext ihrer Lerngruppe hinzielt.

Die Aufgaben der Zusammenarbeit von Eltern und Pädagogen sind vielfältig und können hier nur in Auswahl genannt werden:
- Informationen über alle mit der Schule zusammenhängenden Vorhaben;
- Erfahrungsaustausch über den Entwicklungsstand, häusliche und schulische Beobachtungen des einzelnen Kindes beziehungsweise der Kindergruppe;
- Abstimmung über Planungen und Entscheidungen im unterrichtlichen und erzieherischen Bereich;
- Aufklärung und Beratung über Schullaufbahnfragen, Zusatzangebote und dergleichen;
- gegenseitige Unterstützung und Hilfe bei Problemen mit einzelnen Kindern oder der ganzen Klasse;
- gemeinsame Gestaltung von Unterrichtsvorhaben, Projekten, Schulfesten, Klassenfahrten und dergleichen.

Zur Realisierung der Aufgaben bieten sich unterschiedliche Formen an, die vom Breitenkontakt über die Mitarbeit an schulischen und unterrichtlichen Aufgaben und die Zusammenarbeit mit außerschulischen Instanzen (Schulpsychologischer Dienst, Erziehungsberatung, Jugendamt und dergleichen) bis hin zu der gesetzlich verankerten Elternvertretung reichen. Dabei ist stets im Auge zu behalten, daß erweiterte Formen der Zusammenarbeit sowohl unter dem Gesichtspunkt einer Intensivierung der pädagogischen Arbeit als auch der Entlastung der Lehrer von zusätzlichen Anforderungen gesehen werden müssen. Nur wenn Kooperationsformen gleichzeitig Entlastung versprechen, werden sie sich auf Dauer durchsetzen. Rechtliche Regelungen bezüglich der Elternvertretung (auf der Ebene der Klasse, der Schule und darüber hinaus) können einen wichtigen Rahmen darstellen, sind jedoch kein Ersatz für vielfältige, spontane und flexible Kontakte. Der Breitenkontakt mit den einzelnen Eltern muß die Basis darstellen, auf der die Arbeit in den Vertretungsgremien aufbauen kann. Er muß auch die Eltern einschließen, die kulturell oder sozial wenig integriert sind oder durch schwierige Lebenssituationen in der Wahrnehmung ihrer elterlichen Pflichten eingeschränkt sind.

Die Klassenelternschaft sollte einen Zusammenschluß bilden, dessen Sorge *allen* Kindern der Klasse gilt und diejenigen Eltern mitträgt und zu aktivieren versucht, die in der Zusammenarbeit mit der Schule aus unterschiedlichen Gründen unsicher sind oder sich passiv verhalten. Wie weit sich die Grundschule als «Schule der Demokratie» bewährt, erweist sich auch daran, wie weit es ihr gelingt, benachteiligte Bevölkerungsgruppen aktiv in ihre Arbeit einzubeziehen.

6.2 Formen und Ziele des Breitenkontaktes

Der Breitenkontakt findet vor allem auf der Ebene der Schulklasse statt. Er spielt sich einerseits in institutionalisierten Formen ab (Elternabende, Elternsprechtage, Tage der offenen Tür), andererseits in flexibel gestalteten weiteren Formen, die der Situation der Klasse und der Elternschaft entsprechen (zum Beispiel Elternrundbriefe, Elternbesuche, Informationsabende außerhalb der Schule, regelmäßige Stammtischrunden, Hospitationsmöglichkeiten und dergleichen). Die Ernsthaftigkeit des Interesses der Schule an einer Zusammenarbeit mit den Eltern spiegelt sich darin wider, wieweit diese an substantiellen Aufgaben beratend, mitentscheidend und gestaltend beteiligt werden (zum Beispiel an der langfristigen Festlegung von Unterrichtsthemen, an der rhythmischen Gestaltung des Schulvormittages, der Woche, des Halbjahres, an wichtigen schulorganisatorischen Veränderungen bis hin zur Auswahl des Personals und der Schulleitung). Je kontinuierlicher Austausch und Zusammenarbeit gepflegt werden, je mehr sich Eltern als gleichgeachtete Partner der Pädagogen erleben, desto mehr werden sie Kompetenzen entwickeln, die es ermöglichen, die schulische Arbeit mitzutragen und ihr Augenmerk (über die Biographie ihres eigenen Kindes hinaus) auf die Entwicklung der gesamten Klassensituation auszudehnen.

Wegen der gestiegenen Zahl von Schülern mit spezifischen Problemen ist der einzelne Lehrer beziehungsweise die einzelne Lehrerin meistens überfordert, hier nachhaltig und wirkungsvoll eingreifen zu können. Die Klassenelternschaft kann jedoch – angeregt durch die jeweilige Klassenlehrerin – ein Verständnis von sozialer Verantwortung entwicklen, das mit dazu beiträgt, für Eltern beziehungsweise Kinder in schwierigen Situationen angemessene Lösungen zu finden. Dafür kann unter Umständen auch der nachbarschaftliche Kontakt aktiviert werden (zum Beispiel bei der Einrichtung eines «offenen Wohnzimmers» für die Hausaufgabenbetreuung einzelner Kinder, Einladung zum Mittagessen, die Mitnahme von Kindern zu Arztbesuchen, die Einrichtung einer Spielstunde und vieles andere mehr).

6.3 Mitarbeit von Eltern im Unterricht

Eltern können in zweierlei Funktion im Unterricht mitarbeiten: einerseits als Experten mit ihrer spezifischen, unter Umständen beruflichen Kompetenz (als Töpfer, Fotografen, Tierzüchter, Förster,

Musiker, Computerspezialisten und andere) und andererseits im «normalen» Unterricht des Pädagogen unter seiner Anleitung (zum Beispiel Betreuung einer Schülergruppe im differenzierten Unterricht, Förderarbeit mit einzelnen Kindern, Tätigkeiten eines «Lehrerassistenten»). Beide Formen können erheblich zur Bereicherung des Unterrichts, zur Entlastung der Pädagoginnen und Pädagogen sowie zur Förderung von Kindern mit besonderem Bedarf beitragen. Sie unterstützen die pädagogische Arbeit der Pädagogen und bereichern auch die Eltern selbst.

Für die Mitarbeit von Eltern im Grundschulunterricht sind rechtliche Regelungen so zu gestalten, daß Fehlformen (wie eigenmächtiges Eingreifen und Bevorzugen bestimmter Kinder) möglichst vermieden werden, die pädagogische Gesamtverantwortung bei dem hauptamtlichen Pädagogen verbleibt, aber das fachliche und kreative Potential der Eltern und ihre Bereitschaft zur Zusammenarbeit genutzt werden können. Eltern haben allerdings keine Ersatzfunktion für bezahltes Personal.

6.4 Vertretungsformen

Der Breitenkontakt zwischen den Eltern und der Schule wird begleitet, koordiniert und abgesichert durch eine organisierte Vertretung der Eltern auf Klassen-, Schul-, Stadt- und Landesebene. Als Schule in der Demokratie muß die Grundschule die in den letzten Jahrzehnten erfolgte halbherzige Ausweitung der Elternrechte überwinden und zu einer vollen paritätischen Mitverantwortung und Mitentscheidung ausbauen. Die Möglichkeiten der Artikulation, Beratung und Entscheidung sollen dem Bedürfnis nach Teilhabe und Betätigung in gesellschaftlichen Institutionen gerecht werden und die Aktivierung und das Engagement der Bürger fördern, auf die die Demokratie angewiesen ist. Mitgestaltungmöglichkeiten haben vor allem da Aussicht auf Annahme, wo sie Eltern besonders wichtig sind: wenn es um ihre Kinder geht.

Die Eltern einer Klasse wählen *Klassenelternvertreterinnen* und

-*vertreter*, die zusammen mit den Pädagoginnen und Pädagogen die Angelegenheiten der Klasse beraten und gestalten.

Analog zur Konferenz der Pädagoginnen und Pädagogen bilden die Klassenelternvertreter an der einzelnen Schule eine *Elternkonferenz.* Wesentliche Aufgaben der Elternvertretung liegen in der Information aller Eltern über die anstehenden Schulangelegenheiten, im Informationsaustausch und in der Meinungsbildung innerhalb der Elternschaft. Für ihre Arbeit benötigen die Elternvertreter unabhängige Informationsquellen, technische Hilfen und einen Arbeitsplatz in der Schule, zum Beispiel einen eigenen Platz im Lehrerzimmer oder ein Elternzimmer, Raum für Materialien und ein Elterninformationsbrett.

Die *Schulkonferenz* ist das oberste Beschlußorgan der einzelnen Schule. Sie ist paritätisch besetzt, da Bildung und Erziehung der Kinder grundsätzlich Sache der Pädagoginnen und Pädagogen *und* der Eltern sind. Der Schulkonferenz obliegt die Beratung und Entscheidung aller Angelegenheiten, die den Rahmen der einzelnen Klassen überschreiten, zum Beispiel Schulprofil und Schulprogramm, die Art der erteilten Zeugnisse, die Stellenausschreibung und Bewerberauswahl.

In den Angelegenheiten, in denen sich Eltern und Pädagogen hinsichtlich Problemkenntnis und Sachnähe gleichstehen, hat die Schulkonferenz auch in Streitfragen das Entscheidungsrecht und kann die Pädagogenkonferenz überstimmen. In der Demokratie muß dem Votum der obersten paritätisch besetzten Entscheidungsinstanz Vorrang vor dem Votum der Bediensteten zukommen. Bei der Gestaltung des Lehrens und Lernens in der einzelnen Klasse benötigen die Pädagoginnen und Pädagogen jedoch für ihre Arbeit mit den Kindern Entscheidungsfreiheit. Daher verbleibt in diesen Fragen, zu denen die Pädagogen über eine berufliche Vorbildung und professionelle Kompetenz verfügen, die Letztentscheidung bei den Pädagogen. Meinungsverschiedenheiten sollten Anlaß zum Gespräch sein.

Die in den letzten Jahren vermehrt entstandenen Elterninitiativen, die überörtlichen Zusammenschlüsse von Elternvertreterinnen und -vertretern und die Elternvereine auf Schul-, Stadt- und Landesebene fördern die wechselseitige Information, die Aktivierung und Willensbildung der Eltern. Die häufig zu beobachtende Überrepräsentanz bildungsnaher Schichten, die dazu führen kann, daß vor allem Interessen bestimmter Elternkreise artikuliert werden, ist kein Grund, diesen Gremien die Unterstützung zu verweigern. Allerdings muß von den verschiedenen Zusammenschlüssen immer wieder eingefordert werden, die Interessen *aller* Eltern und Kinder zu vertreten.

Bei den verschiedenen Formen des Breitenkontakts und allen formellen Mitgestaltungsmöglichkeiten sollte die Schule zum Beispiel durch eine entsprechende Zeitgestaltung auf die berufliche Beanspruchung der Eltern Rücksicht nehmen.

6.5 Besondere Veranstaltungen im Verbund mit Stadtteilarbeit

Über die bisher genannten Formen der Zusammenarbeit mit Eltern hinaus sollten je nach Schulkonzept und Schuleinzugsgebiet auf Schulebene Elternseminare und Beratungsangebote eingerichtet werden, die den besonderen Problemen und Bedürfnissen der jeweiligen Elternschaft entsprechen beziehungsweise aktuelle Themen und Probleme aufgreifen. In Großbritannien bilden Schulen vielfach den Kern eines Stadtteil- oder Gemeindezentrums, das vielfältige Bildungsangebote für die Bevölkerung bereithält (zum Beispiel Beratungsangebote für Ausländer, Sprachkurse, Buchführung, handwerkliche und haushaltstechnische Angebote, Yoga und anderes mehr).

Wir empfehlen, solche Initiativen auch in Deutschland zu ergreifen und staatlicherseits zu fördern. Eine Grundschule, die sich im umfassenden Sinn der Persönlichkeitsentwicklung der Kinder verpflichtet weiß, muß um der Kinder willen daran interessiert sein, die Eltern in ihren erzieherischen Funktionen zu stärken. Alleinerziehende Elternteile, Eltern aus benachteiligten Bevölkerungsgruppen und Eltern aus fremden Kulturen leben vielfach in sozialer Isolation und sind dadurch mit ihren erzieherischen Aufgaben oft überfordert.

Um dieser Eltern willen muß die Elternarbeit neue Wege gehen und sich in ihren sozialen Formen öffnen. Eine «Teestube» zum gemeinsamen Gespräch für Mütter und Väter (bei gleichzeitigem Betreuungsangebot für jüngere, eventuell noch nicht schulpflichtige Kinder) wäre eine Möglichkeit; ein wöchentliches Beratungsangebot (unter Mitwirkung von Schulpsychologen, Sonderschullehrern, Sozialpädagogen und sozialem Dienst) eine andere. Ergänzend dazu ließen sich in Zusammenarbeit mit anderen städtischen und staatlichen Stellen (Gesundheitsamt, Sozialamt und dergleichen) Informationsabende denken, die in größeren Abständen Hilfen bei der Inanspruchnahme institutioneller Unterstützung zu geben versuchen.

Ein umfassendes Verständnis von Eltern mit Verantwortung in einer Grundschule, die sich ihrem sozialen Umfeld öffnet, ist Teil langfristig zu planender Stadtteilarbeit und kann nur in Zusammenarbeit mit den relevanten staatlichen Institutionen unter Einbeziehung eventuell existierender Selbsthilfegruppen gedeihen. Durch das Zusammenwirken der verschiedenen Instanzen kann gewährleistet werden, daß Elternarbeit über die engen schulischen Grenzen hinausreicht, den Nachmittagsbereich (Freizeiteinrichtungen, Spielplätze, Betreuungsangebote) umfaßt und auch die Situation unterprivilegierter Familien ausreichend berücksichtigt.

7 Das Personal der Grundschule

7.1 Arbeitsplatz Grundschule

Der Arbeitsplatz Grundschule ist durch Veränderungen auf mindestens drei Ebenen gekennzeichnet, aus deren spannungsreichem Zusammenspiel sich besondere Anforderungen an die professionelle Kompetenz und psychische Belastbarkeit der Lehrerinnen und Lehrer ergeben. Wir haben Näheres dazu zu Beginn dieses Buches ausgeführt.

- Funktionserweiterung der Grundschule:
  Im Laufe der letzten Jahre sind die Erwartungen an die Grundschule ständig gestiegen und ihr Erziehungs- und Unterrichtsauftrag mit neuen Aufgaben angereichert worden. Die Grundschule soll immer häufiger Defizite, die aus dem familiären und gesellschaftlichen Umfeld resultieren, ausgleichen. Beispiele dafür sind Gesundheitserziehung, Sozialerziehung, Medienerziehung und anderes mehr. Schule soll darüber hinaus ein Ort für Kinder sein, an dem diese sich wohl fühlen, in ihrer ganzen Persönlichkeit gefördert werden und zielgerichtet lernen.
- Die Grundschulkinder haben sich verändert: Der gesellschaftliche Modernisierungsprozeß hat zu einer Individualisierung der Lebenswelten geführt, so daß Kinder mit ganz unterschiedlichen sozialen, kognitiven und kulturellen Voraussetzungen nebeneinander in einer Klasse sitzen. Diese Tatsache, verbunden mit dem Konzept einer Grundschule, die auf Aussonderung (über Zurückstellung und Sitzenbleiben) und Spezialbeschulung (für Behinderte und Kinder mit Lernschwächen) verzichtet, stellt erhöhte Ansprüche an einen differenzierten Unterricht und die Integrationsfähigkeit der Pädagoginnen und Pädagogen, die in der Lage sein müssen, die Individualität der Kinder subtil wahrzunehmen

und ihre pädagogischen Handlungen spezifisch darauf abzustimmen.

- Die in den vergangenen Jahren systematisch betriebene Verknappung von Ressourcen (Lehrerarbeitszeit, Schülerstunden, Sachmittel, Räume und anderes) steht im diametralen Gegensatz zur Erweiterung schulischer Funktionen und der schwieriger werdenden Unterrichts- und Erziehungsaufgabe mit individualistischen Schülern. Die institutionellen Strukturen und Ressourcen der Schule sind daher in bezug auf die Aufgaben der Schule grundsätzlich zu überprüfen und neu zu ordnen. Die Organisation und Gestaltung von Lernprozessen, die zum Beispiel Projekte mit Kindern in den Mittelpunkt stellen will, braucht andere Zeitstrukturen und eine langfristige inhaltliche Planung. Sie braucht auch andere Räume, andere Stundenpläne, andere Fachzuordnungen und eine größere Freiheit in den pädagogischen Entscheidungen der einzelnen Lehrerinnen und Lehrer.

Die Funktionserweiterung der Schule hat die Lehrerrolle verändert und ihren Niederschlag auch im Selbstverständnis der Lehrenden gefunden. Lehrer sein bedeutet deshalb heute, sich immer wieder für die vielen Welten der Kinder und Erwachsenen zu öffnen, als Person in Beziehungen sich und den Kindern neue Inhalte zu erschließen und die unterschiedlichsten Menschen miteinander ins Gespräch zu bringen. Inhaltliche und personale Auseinandersetzungen sind untrennbar miteinander verwoben. Daher gehört es zu den genuinen Berufsaufgaben der Lehrerinnen und Lehrer, Schwierigkeiten, die aus dem Verhalten der Kinder resultieren, aufzufangen und positiv zu verändern.

Die besonderen *Belastungsmomente* der Lehrerrolle heute und die möglichen *Entlastungsstrategien* betreffen verschiedene Aspekte der Lehrertätigkeit:

Mitunter übernehmen Pädagoginnen und Pädagogen Aufgaben, die sie überfordern, zum Beispiel, wenn sie in der Schule die Lieblosigkeit und Gewalt ausgleichen und kompensieren wollen, die manche Kinder in ihren Familien erfahren. Der Absolutheitsanspruch, ein möglichst «perfekter» Pädagoge sein zu wollen, kann es sogar verhindern, sich mit den eigenen Schwächen auseinanderzusetzen. Das trügerische Bild der nach den Ausbildungsjahren «fertigen», kompetenten und belastungsfähigen Lehrerinnen und Lehrer muß von der Zielvorstellung «ausreichend guter», lernbereiter und ständig lernender Pädagoginnen und Pädagogen abgelöst werden. Angesichts häufig grenzenloser Berufsaufgaben geht es darum, sich und anderen Grenzen zu setzen.

Um ständig weiterzulernen und um offen für die unverzichtbaren inhaltlichen und persönlichen Impulse zu bleiben, sollten Pädagoginnen und Pädagogen in regelmäßigen Abständen ein Sabbatical in Anspruch nehmen können: Nach einer Anzahl von Schuljahren werden sie für ein Jahr beurlaubt und nutzen diese Zeit für berufliche und persönliche Weiterbildung und Regeneration. Modelle von durch die Lehrerinnen und Lehrer teilweise oder ganz vorfinanzierten «Sabbaticals», die vom Dienstherrn durch das Fortbestehen des sozialen Schutzes unterstützt werden, gibt es bereits. Sie sind für den Staat kostenneutral.[10]

Versteht man die Lehrperson als Mittler in Bildungsprozessen und das Lehrerkollegium als Modell einer produktiv kooperierenden Gruppe, die die notwendige ständige Weiterentwicklung der einzelnen Schule vorantreibt und trägt, so sind damit Ansprüche gesetzt, die die einzelne Pädagogin beziehungsweise der einzelne Pädagoge nicht in Isolierung, sondern nur im Dialog mit einer kooperationsbereiten und in gleichem Maße verantwortlichen Gruppe bewältigen kann. Die Qualität der pädagogischen Arbeit ist so nicht allein von der Kompetenz einer einzelnen Person, sondern von den fördernden oder hemmenden sozialen Kontexten abhängig. Zu den «stützenden Strukturen» gehört die dichte, kontinuierliche und verläßliche Zusammenarbeit mit den Eltern. Wenn die Schule *gemeinsam statt einsam* verantwortet wird, kann die Arbeit intensiver und qualifi-

---

10 So können Lehrerinnen und Lehrer zum Beispiel vier Jahre voll arbeiten und dann ein Jahr lang aus dem Beruf treten und erhalten dafür fünf Jahre lang 80 Prozent des Gehalts. Es gibt zahlreiche andere Modelle.

zierter gestaltet und so – trotz des Zeitaufwands – ökonomischer werden.

In diesem Zusammenhang ist die berufsbiographische Situation der derzeit an den Schulen tätigen Pädagoginnen und Pädagogen von Interesse. In den gegenwärtigen Diskussionen um die Krise der Schule spielt diese Frage eine zu geringe Rolle, obwohl die Überalterung der Kollegien in den meisten westdeutschen Schulen der Öffentlichkeit bekannt ist und von ihr seit Jahren geduldet wird. In berufsbiographischer Hinsicht lassen sich Bedürfnisse nach einer Normalisierung der Anforderungen, mehr Ruhe und Gelassenheit bei der Arbeit und einer begrenzten Zeitperspektive als Haltungen einordnen, die für ein bestimmtes Dienst- und Lebensalter nicht nur typisch und verständlich, sondern auch angemessen sind.

Darüber hinaus kann sich ein Kollegium, das an der Entwicklung eines Schulprofils arbeitet und nicht lediglich Direktiven der Schulverwaltung ausführt, nur dann zu einem sich selbst erneuernden System entwickeln, wenn auch der *Dialog zwischen den Generationen* immer wieder neue Impulse und Herausforderungen aktiviert. Dazu bedarf es regelmäßig des Zugangs neuer und vor allem jüngerer Lehrerinnen und Lehrer. Lehrereinstellungsstopps, wie sie angesichts eines nach bisherigen Maßstäben rechnerisch vorhandenen «Überangebotes» an Lehrkräften derzeit vor allem in Ostdeutschland drohen, müssen daher auch bei sinkenden Schülerzahlen unbedingt vermieden werden. Die Einführung von «Sabbaticals» erweitert die Zugangsmöglichkeiten für neue Pädagoginnen und Pädagogen auch bei gleichbleibender Stellenzahl.

Besondere Belastungen sind damit verbunden, daß die überkommenen Strukturen der Lehrerarbeit den neuen Anforderungen nicht mehr entsprechen, ja deren Wahrnehmung und Umsetzung behindern. Dies gilt insbesondere für die Personalstruktur und die Regelung der Arbeitszeit. Die bisherige Arbeitszeitregelung entspricht noch der alten Stundenschule und geht an der Funktionserweiterung der Schule vorbei. In der Öffentlichkeit und in der Lehrerschaft selbst werden damit Fehlinterpretationen der Lehrerrolle nahegelegt. Um Reformimpulse freizusetzen, aber auch im Interesse gerechterer Regelungen sind in diesen Bereichen *funktionalere Strukturen* überfällig.

Die Funktionserweiterung der Schule und die veränderte Schülerschaft stellen höhere Anforderungen an die personale und soziale Kompetenz der Lehrerschaft. Paradoxerweise spielen diese Kompetenzen in deren Aus-, Fort- und Weiterbildung, die einseitig auf eine vornehmlich fachwissenschaftlich ausgerichtete Sachkompetenz festgelegt ist, nur eine untergeordnete Rolle – wenn sie überhaupt berücksichtigt werden. Die Weiterentwicklung der Schule und die mögliche bessere Bewältigung dieser Aufgaben durch die Pädagoginnen und Pädagogen sind deshalb auch auf eine gründliche *Umgestaltung der Lehrerbildung* verwiesen.

Zum «Arbeitsplatz Grundschule» empfehlen wir deshalb,
- das *Kollegium* als Reformgemeinschaft und Kern einer sich ständig kooperativ weiterentwickelnden Schule auszugestalten und die dafür notwendigen Bedingungen zu schaffen,
- das *Personal* anders zusammenzusetzen und
- neue *Zeitstrukturen* für die Schule einzuführen sowie
- die *Lehrerbildung*, ausgehend von der Trias Sach-, Sozial- und Selbstkompetenz, deren Integration zugleich die Basis der Innovationskompetenz bildet, neu zu strukturieren.

Was dies im einzelnen bedeutet, wird in den folgenden Abschnitten ausgeführt.

7.2 Das Kollegium als Lern- und Reformgemeinschaft

Es ist heute unstrittig, daß die Weiterentwicklung der Schule neben spürbaren Ressourcenverbesserungen und neben neuen strukturellen Bedingungen für das Schulsystem eine kontinuierliche Organisationsentwicklung der einzelnen Schule erfordert.

Verändertes Selbstverständnis

Grundschullehrerinnen und -lehrer können ihrer Aufgabe nicht mehr als jeweils einzelne gerecht werden (vgl. Kap. 4.3.3). Eine Chance, den tiefgreifend gewandelten Ansprüchen entsprechen zu können, liegt darin, daß Pädagoginnen und Pädagogen über die Arbeit mit den eigenen Schülerinnen und Schülern hinaus die Entwicklung der Schule als *Ganzen* zu ihrer Sache machen und die Bildungs- und Erziehungsaufgabe weitaus stärker als bisher als gemeinsam zu bewältigende Aufgabe begreifen.

Im Interesse der Lebens- und Lernchancen der Kinder und ihrer eigenen aufgabengerechten Arbeitsbedingungen müssen sich die Pädagoginnen und Pädagogen einer Schule zusammenfinden, miteinander austauschen, wechselseitig Sicherheit geben, Probleme und Perspektiven des eigenen Tuns und des Schulganzen erörtern und sich fähig machen, ihre Schule als Ort sinnvollen Arbeitens und qualitätsvollen Lebens und Lernens zu gestalten. Es gilt, sich in Wahrnehmung der gemeinsamen Verantwortung für die Kinder und die Schule der Situation als eine selbstverantwortlich arbeitende *Lern- und Reformgemeinschaft* zu stellen.

Vorgehensweise

Wir empfehlen eine langfristig angelegte projektartige Vorgehensweise des Kollegiums mit in nicht zu großen Abständen stattfindenden pädagogischen Konferenzen. Beginnend mit der Bewußtmachung der schuleigenen Stärken, Schwächen und Probleme, geht man *gemeinsam* auf die Suche nach Lösungsmöglichkeiten und sucht sich auf zieldienliche Änderungen schulischer Regelungen und Strukturen zu verständigen. In kleinen Schritten entwickelt das Kollegium im Rahmen der staatlichen Richtlinien unter Einbeziehung der Schüler- und Elterninteressen, der Situation der Schule und des Stadtteils sowie der eigenen Interessen und Fähigkeiten ein offenes Schulkonzept. Diese Konzeptentwicklung kann zu einer Kontinuität gewährleistenden Leitlinie der schuleigenen Bemühungen werden.

Vor Beginn jedes Schuljahres werden von allen Beteiligten die vorrangig zu klärenden Fragen und Themen in einer *Jahresplanung* mit Terminierung zusammengestellt, von Kleingruppen verantwortlich zur Bearbeitung übernommen und dem Kollegium zwecks Entscheidung und Umsetzung vorgestellt. Nach Schuljahresschluß ist eine gemeinsame Bilanzierung vonnöten. Wir empfehlen, einen Ausschuß als Schulentwicklungsgruppe und Selbstkontrollinstanz zu wählen oder einen gemischten Pädagogen-Eltern-Ausschuß zu gründen, der die Konkretisierung von Entscheidungen beobachtet, Ergebnisse festhält und sich mit Fragen und Vorschlägen zu Wort meldet, wenn die Gestaltungs- und Entwicklungsbereitschaft im Kollegium nachzulassen droht. Von Belang ist die Bindung des Handelns an das beschlossene Schulkonzept sowie dessen Fortschreibung zu einem Schulprogramm, das zur Entwicklung eines Schulprofils führen sollte, mit dem sich alle Beteiligten der Schule identifizieren können.

Von zentraler Bedeutung: Die institutionalisierte, systematische Arbeit an klassen- und fächerübergreifenden Fragen der Schule bewirkt die Blickweitung der Kollegiumsmitglieder und läßt sie Optionen integrierenden und differenzierteren Handelns gewinnen. Die herkömmliche Besonderheit einer im wesentlichen sich von anderen Erwachsenen absondernden Berufsarbeit der Lehrerinnen und Lehrer erfährt eine produktive Gegenkraft.

Zur Rolle der Schulleitung

Wenn sich die Schulleitungstätigkeit zur Moderationstätigkeit entwickelt, begünstigt dies die Entwicklung des Kollegiums zu einer Arbeits-, Lern- und Reformgemeinschaft und in der Folge die Schulgestaltung. Stetes Informieren aller Beteiligten über die Schulbelange, das Aufgreifen und Anregen von Ideen aus dem Kollegium, das Fördern von Austausch, die Bemühung um Konsens und ein kultiviertes Umgehen mit Kontroversen sowie das Delegieren von Aufgaben wirken tiefgreifender auf den Prozeß der Selbsterneuerung des Kollegiums und der Schule ein als die Vorgabe von Aufgaben und Regelungen.

Die Schulleitungen müssen das Zustandekommen kooperativer Entscheidungen als ihre Aufgabe sehen. Daß eine Konfliktbewältigungskultur entwickelt wird, wird insbesondere durch sie zu gewährleisten sein. Im Chor der Beteiligten bleibt die Schulleitung führend. Das Recht der zeitweiligen Zurückweisung von Forderungen aus den schulischen Gremien sollte ihr vorbehalten bleiben. Es erfährt ein Gegengewicht durch die Möglichkeit der Abwahl unfähiger Schulleiter (vgl. Kap. 7.3.5).

7.3 Personalstrukturen

Die Funktionserweiterung der Grundschule, die Neubestimmung ihres Bildungsauftrages und die damit erforderliche Neugestaltung der Lernprozesse der Kinder machen andere Personalstrukturen in der Grundschule erforderlich als bisher üblich. Neue Kompetenzen verlangen teilweise auch andere Qualifikationen, als sie bisher verfügbar sind. Darüber hinaus muß sich die Aufgabenverteilung innerhalb der einzelnen Schulen sowie zwischen Schule, Schulträger und den Dienstaufsichtsbehörden ebenfalls ändern. Schließlich ist nicht zuletzt unter dem Druck knapper öffentlicher Ressourcen die Arbeitsverteilung in der Schule hinsichtlich ihrer pädagogischen und ökonomischen Effizienz zu überdenken und neu zu strukturieren. Dies gilt insbesondere für das Verhältnis von genuin pädagogischen Tätigkeiten, Verwaltungsarbeit und Schulentwicklungsarbeit.

7.3.1 Grundsätze der Personalausstattung

Allgemein gehen wir in diesen Empfehlungen vom Prinzip der «multiprofessionellen Versorgung» der Kinder aus: In der Grundschule arbeiten Schulleitung, Lehrerinnen und Lehrer, Erzieherinnen, Sonderpädagogen sowie technisches und administratives Assistenzpersonal gemeinsam für das für alle verbindliche Organisationsziel. Das bedeutet, daß nicht mehr eine Lehrerin allein den Unterricht gestaltet und für eine ganze Klasse allein die Verantwortung trägt und auch die

Schulleitung nicht mehr allein die Schule nach außen vertreten und für das Bild der Schule verantwortlich sein kann.

Um die Arbeit unter den sich verschlechternden Lebensbedingungen von Kindern in unserer Gesellschaft erfolgreich ausüben zu können, müssen zukünftig sozial- und sonderpädagogische Basisqualifikationen in jeder Grundschule vorhanden sein (vgl. auch Kap. 7.5).

Wir empfehlen in Anlehnung an das in Hamburg seit vielen Jahren sehr erfolgreich praktizierte Modell der «Integrativen Regelklasse», daß zukünftig in allen Primarschulen Grundschullehrerinnen und -lehrer mit Erzieherinnen und Erziehern die pädagogische Arbeit gemeinsam gestalten, und zwar je nach den örtlichen Gegebenheiten in unterschiedlichem Umfang, überall aber wenigstens einige Stunden am Tag auch im kooperativen Unterricht (vgl. Kap. 4.3.3). Sie werden dabei – insbesondere in sozialen Brennpunkten – von Sonderpädagoginnen und -pädagogen unterstützt.

Mit Rücksicht auf die besondere Profilbildung, die jede Grundschule zukünftig auszeichnen soll, wäre es kontraproduktiv, Lehrerinnen und Lehrer weiterhin durch die Schulbehörden den Schulen zuzuweisen. Vielmehr müssen umgekehrt die Schulen das Recht erhalten, neue Mitarbeiter selber auszuwählen. Sowohl die einstellende Schule als auch die Bewerber um einen Arbeitsplatz in einem pädagogischen Betrieb müssen in ausführlichen Gesprächen und gegebenenfalls auch wechselseitigen Hospitationen prüfen können, ob sie in wesentlichen pädagogischen Grundeinstellungen ähnlicher Auffassung sind und jeweils gut «zueinander passen». Die Besetzung freier Stellen sollte in der Regel durch die Schulkonferenz erfolgen und von den Schulbehörden dann nur noch verwaltungsmäßig vollzogen werden.

Zu diesem Zweck sind verschiedene Verfahren denkbar. Zum Beispiel könnten die Schulämter Listen mit Selbstdarstellungen der Bewerberinnen und Bewerber führen, die den Schulen als Basis für die Kontaktaufnahme und Auswahl von «Wunschkandidaten» dienen. Aber auch ein völlig freier Stellenmarkt für Pädagoginnen und Pädagogen nach dem Muster der freien Wirtschaft, wo sich Arbeitssuchende um öffentlich ausgeschriebene Stellen persönlich bemühen müssen und sich auch selber mit ihrem persönlichen Profil anbieten können, verspricht einige Vorteile. Ein solcher freier Personalmarkt würde insbesondere die Schulträger, aber auch die Schulen selber zwingen, für attraktive Arbeitsplätze Sorge zu tragen. Mangelnde Bewerbernachfrage, zum Beispiel in sozialen Brennpunkten, wäre dann durch besonders gute Arbeitsbedingungen auszugleichen. Der Markt würde mithin Ressourcenverbesserungen erzwingen, der Staat genötigt, seine ureigenste Aufgabe, für ausgleichende Gerechtigkeit zu sorgen, im Bildungsbereich ernst zu nehmen.

Welches Modell man auch bevorzugt, die Schulverwaltung wird das letzte Recht behalten müssen, regelnd in das Personalzuweisungsverfahren einzugreifen. Denn es gibt Orte und Dienststellen, die so unattraktiv sind, daß sich kein Kandidat freiwillig dorthin bewerben würde.

7.3.2 Lehrerinnen und Lehrer

Grundschullehrerinnen und -lehrer üben eine verantwortungsvolle Gestaltungsaufgabe und Leitungstätigkeit aus: Sie entwerfen den Gesamtrahmen der pädagogischen Arbeit mit den Schülerinnen und Schülern und konkretisieren die Umsetzung des Erziehungs- und Bildungsauftrags für die einzelne Klasse und die verschiedenen Kinder. Dazu benötigen sie pädagogische, fachliche und didaktische Kompetenz. Sie beobachten umfassend die Entwicklungs- und Lernprozesse der Kinder und koordinieren die entsprechenden Fördermaßnahmen. Dazu benötigen sie psychologische, diagnostische, sozial- und sonderpädagogische Kompetenz. Und sie entwickeln die eigene Schule permanent fort. Dazu benötigen sie Innovationskompetenz.

Der Umfang der Aufgaben und die Fülle der geforderten Kompetenzen muß eine einzelne Person überfordern. Zur Unterstützung ihrer anspruchsvollen Arbeit sollten daher Grundschullehrerinnen und -lehrer als die eigentlichen Fachleute für die Pädagogik der Primarstufe zukünftig an allen Schulen auf die Hilfe von weiteren Experten zurückgreifen können, insbesondere auf Erzieherinnen im Schuldienst, in besonderen Situationen (zum Beispiel Integrationsklassen) auch auf sonderpädagogisches Fachpersonal.

Eine solche Unterstützung durch weitere pädagogische Mitarbeiter reicht jedoch noch nicht aus. Zugunsten einer qualitativ hochwertigeren Grundschulpädagogik ist es dringlich, die bei weitem zu hohe Unterrichtsverpflichtung der Grundschullehrerinnen und -lehrer auf das in der Sekundarstufe übliche Deputat abzusenken. Wir empfehlen daher, im Sinne einer größeren Arbeitszeitgerechtigkeit die Unterrichtsverpflichtung der Grundschullehrer auf 20 Wochenstunden zu je 60 Minuten abzusenken (Reformziel «Arbeitszeitgerechtigkeit», vgl. Kap. 7.3.8).

7.3.3 Erzieherinnen im Schuldienst

In mehreren Bundesländern üben Erzieherinnen in Integrationsklassen die Funktion einer zweiten pädagogischen Fachkraft im Klassenzimmer aus. Sie haben sich bewährt, weil sie die unterrichtliche Perspektive der Lehrer um eine eher individuums- und entwicklungszentrierte Sichtweise auf die Kinder und die Prozesse in der jeweiligen Lerngruppe ergänzen.

Wir empfehlen, an jeder Grundschule «Erzieherinnen im Schuldienst» (beziehungsweise «Erzieher im Schuldienst») einzustellen, die als Teampartner die Arbeit mit den Kindern durch ihre sozialpädagogische Kompetenz unterstützen und bereichern.[11]

Erzieherinnen oder Erzieher im Schuldienst sollten keinesfalls primär oder gar ausschließlich für sogenannte «Betreuungsfunktionen» jenseits des Unterrichts eingesetzt werden. Sie wirken vielmehr als zweite pädagogische Fachkraft im Unterricht und bei allen sonstigen Schulveranstaltungen mit. Sie arbeiten dabei unter anderem mit ein-

---

11 Unser Vorschlag, daß an Schulen in Zukunft auch Erzieherinnen arbeiten, begründet sich neben pädagogischen Erfordernissen auch aus gesellschafts- und arbeitsmarktpolitischen Erwägungen: Die notwendigen Arbeitskräfte stehen gesellschaftlich zur Verfügung, können aber nicht im produktiven Sektor eingesetzt werden. Wir plädieren dafür, diese Arbeitskräfte dort einzusetzen, wo sie dringend gebraucht werden: für die Arbeit mit Menschen, die der Hilfe und Unterstützung anderer bedürfen. Neben den Alten sind dies vor allem die Kinder.

zelnen Schülerinnen und Schülern oder Schülergruppen selbständig und eigenverantwortlich und wirken bei der Gestaltung des außerunterrichtlichen Schullebens sowie bei Verwaltungsarbeiten und bei der Schulentwicklung mit. Darüber hinaus helfen sie den Lehrerinnen und Lehrern bei der Vor- und Nachbereitung der Lernprozesse der Kinder, zum Beispiel bei der Beschaffung von Lehr- und Unterrichtsmaterialien oder der Vorbereitung von Unterrichtsgängen, Ausflügen oder Klassenfahrten.

Hinsichtlich der Verantwortungsabgrenzung zwischen beiden Professionen ist zu beachten, daß sich die verschiedenen Berufsgruppen zwar hinsichtlich ihrer Kompetenzen unterscheiden, daß aber die pädagogische Verantwortung für die optimale Entwicklung jedes einzelnen Kindes zwischen allen am Erziehungsprozeß beteiligten Personen grundsätzlich unteilbar ist, und zwar nicht nur abstraktallgemein, sondern auch in der konkreten pädagogischen Situation. Daraus resultiert ein dialektisches Verhältnis geteilter Funktionen bei grundsätzlich unteilbarer Verantwortung: Die Lehrerinnen und Lehrer müssen in der Kooperation mit den Erzieherinnen so handeln, daß diese nicht an der selbständigen Übernahme von Verantwortung im pädagogischen Prozeß gehindert werden; und die Erzieherinnen müssen in der Kooperation mit den Lehrern ihre Arbeit so erbringen, daß sie die Lehrer nicht in Konflikt mit deren Verantwortung für den Unterrichtserfolg bringen.

In der Regel wird dieser Balanceakt dort erfolgreich bewältigt, wo sich Klassenteams auf der Basis gemeinsam geteilter pädagogischer Grundüberzeugungen und eines Minimums an persönlicher Sympathie finden können. Die Balance ist gefährdet, wo Menschen mit ganz unterschiedlichen pädagogischen Grundauffassungen gegen ihren Willen gezwungen werden, miteinander zu arbeiten. Dies gilt natürlich auch für die Zusammenarbeit von Grundschullehrern und Sonderpädagogen beziehungsweise von Klassenteams aus mehreren Grundschullehrern.

Die Erzieherinnen im Schuldienst sollten an speziellen Ausbildungsinstituten auf Fachschulniveau – vergleichbar der Erzieherausbildung für den Elementarbereich, aber mit schultypischen Schwerpunkten – ausgebildet und wie Erzieherinnen im Elementarbereich besoldet werden, das heißt derzeit nach BAT VIb beziehungsweise BAT V c. Die Ausbildungsschwerpunkte und -modalitäten könnten sich am Modell des «Förderlehrers» in Bayern orientieren.

Zugangsvoraussetzung für die Ausbildung zur Erzieherin oder zum Erzieher im Schuldienst ist das Zeugnis der Fachschulreife (Realschulabschluß) oder ein vergleichbarer Abschluß oder eine abgeschlossene Berufsausbildung, gleichgültig in welcher Branche.

Für bereits ausgebildete Erzieherinnen aus dem Elementarbereich sollten Kurzkurse das Überwechseln in die Laufbahn der «Erzieherin im Schuldienst» erleichtern.

Für Erzieherinnen im Schuldienst gilt die gleiche Arbeitszeitberechnung und Arbeitszeitverteilung wie für die Grundschullehrer (vgl. Kap. 7.4). Wie bei den Lehrerinnen und Lehrern sollen auch die Erzieherstunden der Schule pauschal zugewiesen und von der Schule selber auf die einzelnen Klassen oder Lerngruppen verteilt werden. So ist es beispielsweise denkbar, daß man den Anfangsklassen mehr Erzieherstunden gibt und dafür in den höheren Klassen mehr Lehrerstunden für den kooperativen Unterricht zur Verfügung hat.

7.3.4 Sonderpädagogen in der Grundschule

Wir haben in früheren Kapiteln die Grundschule der Zukunft als eine integrative Schule beschrieben, die den Anspruch hat, alle Kinder im Wohneinzugsgebiet der Schule gemeinsam zu fördern und zu unterrichten (vgl. insbesondere Kap. 1.4 und 2.6). Das bedeutet, daß eine Aussonderung einzelner Kinder, insbesondere auch solcher mit speziellen Entwicklungs- oder Lebensproblemen, so lang wie möglich verhindert und die Entstehung von Sonderschulkarrieren soweit wie möglich vermieden werden sollte.

Schon heute nehmen sehr viele Grundschulen Kinder auf oder behalten sie bei sich, die vor wenigen Jahren noch in Sonderschulen ausgesondert worden wären. Eine solche Einbettung der Sonderpädagogik in die allgemeine Schule entspricht durchaus dem Trend der Pädagogik seit dem Beginn der Integrationsprojekte vor etwa zwei

Jahrzehnten. Während Sonderpädagogen früher dazu neigten, am einzelnen Kind zu arbeiten und behinderte oder von Behinderung bedrohte Kinder an einem beschützenden Ort in Gruppen von Gleichbehinderten zusammenzufassen, bewegen sich Sonderpädagogik und allgemeine Pädagogik in den letzten Jahren in der gemeinsamen Orientierung an den individuellen Bedürfnissen des einzelnen Kindes mehr und mehr aufeinander zu: Die Spezialisierung der Sonderpädagogik ist an ihre Grenzen gestoßen; umgekehrt muß die allgemeine Pädagogik mehr und mehr Rücksicht auf die besonderen Belange einzelner Kinder nehmen, insbesondere solcher mit Lern- und Entwicklungsproblemen. *Alle* Kinder brauchen heute vermehrt eine Stärkung der basalen Fähigkeiten, die in den kleineren Lerngruppen der Sonderschulen vielleicht besonders gut trainiert werden könnten, aber dem Grunde nach allgemeinpädagogische Aufgaben sind und in jeder Schulklasse geübt werden müssen: neue Aufgaben selbstbewußt angehen, sich auf eine Sache konzentrieren können, Ordnung in die eigene Gedankenwelt bringen, angefangene Prozesse durchhalten und zu Ende führen und dergleichen mehr.

Im Gegensatz zu den genannten Integrationsmodellen empfehlen wir allerdings im Regelfall eine etwas andere Personalzusammensetzung: weniger Sonderpädagogen und mehr Erzieherinnen als zusätzliches pädagogisches Fachpersonal in der Grundschule.

7.3.5 Schulleitung

In dem Maße, in dem die Autonomie der Einzelschulen wächst und Aufgaben der Schulgestaltung und Schulverwaltung von den höheren Ebenen des Schulsystems an die Basis verlagert werden, verändern sich die Aufgabenstruktur und das Rollenprofil der Schulleiterinnen und Schulleiter. Die Schulleitung ist nicht mehr vorrangig für den reibungslosen Dienstablauf, die Befolgung der Vorschriften durch das Kollegium und die Wahrnehmung von Vorgesetztenfunktionen im Rahmen einer bürokratischen Verwaltung zuständig; sie soll darüber hinaus zukünftig die Profilbildung der Schule vorantreiben, Personal einstellen und beaufsichtigen, einen erheblichen Teil der Finanzmittel verwalten und in Zusammenarbeit mit anderen sozialen und kulturellen Institutionen an der Weiterentwicklung des Gemeinwesens mitwirken.

Wir haben im Kapitel 4.1.4 empfohlen, daß sich im Zuge der Weiterentwicklung des Schulwesens die Schulaufsicht zukünftig im wesentlichen auf die Wahrnehmung der Rechtsaufsicht beschränkt. Daraus folgt zugleich, daß die Schulleitung zusätzlich noch Dienstaufsichtsaufgaben übernehmen muß.

Die Schulleitung bekommt also neue Aufgaben, mehr Befugnisse, mehr Bedeutung. Sie ist zugleich in weit höherem Maße als bisher auf die Unterstützung des Kollegiums und das Vertrauen starker und kontinuierlich arbeitender Mitwirkungs- und Kontrollgremien, insbesondere der Schulkonferenz, angewiesen. Das bedeutet: Schulleiterinnen und Schulleiter müssen ihre Leitungsfunktion im Sinne moderner Personalführung als «Primus inter pares» wahrnehmen und dabei das Prinzip der «Herrschaft» durch die Prinzipien der Information, der Motivierung, der Anregung, der Beratung und der Koordinierung von Kooperation unter den Mitarbeitern ersetzen.

Für die unterrichtliche Arbeit mit den Kindern bleibt dabei kaum noch Zeit. Sie sollte konsequenterweise auf wenige Stunden in der Woche begrenzt bleiben.

Schulleiter können ihr Amt heute ohne eine Zusatzqualifizierung nicht mehr kompetent ausüben. Ihre Professionalisierung als Verwaltungsfachleute, insbesondere aber als Fachleute für Innovation und Personalführung setzt neue Ausbildungskonzepte und -strukturen voraus. Schnellkurse in Verwaltungsrecht reichen nicht.

Auch wenn eine professionelle Personalführung und spezielle Managementkurse zusätzliches Geld kosten, sollten Schulleitungen wie alle Funktionsstellen im öffentlichen Dienst (einschließlich der Schulaufsichtstätigkeit) grundsätzlich nur auf Zeit besetzt werden, um der Ermüdung im Amt vorzubeugen und den permanenten Wechsel in allen Ämtern als konstitutives Merkmal einer flexiblen Institution zu fördern. Wir empfehlen eine Amtsdauer von sechs bis acht Jahren mit der Chance der mehrfachen Wiederwahl im Bewährungsfall.

Weil sich die Schule der Zukunft mehr und mehr als Schule der Demokratie verstehen und weiterentwickeln soll, setzen die gesteigerten Einflußmöglichkeiten der Schulleitung die Legitimation der Amtsausübung durch freie Wahl der Amtsinhaber seitens der Schulkonferenz und eine permanente Rückbindung der Amtsführung an die demokratisch verfaßten Mitwirkungsgremien voraus. Einem denkbaren Macht- oder gar Amtsmißbrauch kann durch das Recht des konstruktiven Mißtrauensvotums seitens der Schulkonferenz vorgebeugt werden.

Wir geben zu bedenken, ob sich nicht auch bewährte Führungskräfte aus anderen pädagogischen Arbeitsfeldern um Schulleitungs-, Schulverwaltungs- und Schulaufsichtsämter bewerben können sollten.

7.3.6 Administratives, technisches und sonstiges Assistenzpersonal

Viele Arbeiten, für die heute teure Lehrerstunden eingesetzt werden, könnten von anders oder geringer qualifizierten Personen genauso gut oder gar besser geleistet werden.

Die Pädagoginnen und Pädagogen benötigen Unterstützung bei allen nichtpädagogischen Arbeiten, zum Beispiel bei der Beschaffung und Inventarisierung von Materialien, bei Kopierarbeiten, technischen Arbeiten, Schreibarbeiten und anderen mehr. Pädagoginnen und Pädagogen sowie die Schulleitung brauchen die Unterstützung durch kompetente Bürofachkräfte.

Zwei- und mehrzügige Grundschulen benötigen daher mindestens eine Vollzeitstelle für eine Bürofachkraft, einzügige Systeme mindestens eine Halbtagskraft. Eine solche Grundausstattung mit Assistenzpersonal entspricht nicht nur dem erweiterten Funktionsumfang der autonomen Schulen, sondern ist auch unter dem Gesichtspunkt der ausgleichenden Gerechtigkeit dringend geboten. Die Grundschulen, die jahrzehntelang hinter den weiterführenden Schulen zurückstehen mußten, haben wie jedes andere Unternehmen auch ein Recht auf eine aufgabengemäße Ausstattung.

Darüber hinaus sollten die Hausmeister erweiterte Funktionen jenseits der Hausunterhaltung übernehmen, zum Beispiel technische Assistenz bei der Beschaffung oder Anfertigung von Lehr- und Unterrichtsmaterialien erbringen.

Verkehrssicherungsdienste, Pausenaufsichten und kleinere Assistenzdienste in der Schule könnten – wie man im benachbarten Ausland sehen kann – gegen Bezahlung auch von Eltern übernommen werden: Vom Empfang der Kinder am Schulbus über die Verteilung der Pausenmilch an die Kinder oder die Zubereitung des Pausenkaffees für die Pädagoginnen bis zum Angebot von Spielgruppen und Arbeitsgemeinschaften kann auf Honorarbasis vieles in die Hand von Eltern gegeben werden, was heute vergleichsweise «teure» Lehrer leisten.

Alle in der Schule tätigen Personen, auch das haustechnische und das Reinigungspersonal, sollten der Weisungsbefugnis des Schulleiters unterstehen. Die weithin übliche Zuordnung des Haus- und Reinigungspersonals zum Schulträger und Unterordnung des Assistenzpersonals unter schulexterne Vorgesetzte führt – wie die Praxis zeigt – immer wieder zu unnötigen Reibungsverlusten und Konflikten und ist im Hinblick auf die Organisationsziele der Schule ebenso dysfunktional wie unökonomisch.

7.3.7 Status- und Besoldungsfragen

Die äußerst individuelle, abwechslungsreiche und besondere Kreativität erfordernde pädagogische Arbeit in der Grundschule ist das genaue Gegenteil einer bürokratischen Tätigkeit. Sie konzentriert sich nicht mehr – wie zur Zeit der Einführung der allgemeinen Schulpflicht – auf den «Vollzug» staatlicher Hoheitsakte am Bürger, sondern will die Selbstentfaltung der jungen Individuen in der Dialektik von Selbstbestimmung und Verantwortung für das Gemeinwesen ermutigen und unterstützen.

Moderne Schulen brauchen daher – wie jedes andere Unternehmen – immer wieder Wechsel und Erneuerung. Menschen, die schon in anderen Berufen gearbeitet und Erfahrungen außerhalb der Schule

gesammelt haben, sollten leichter in eine pädagogische Karriere überwechseln können; Lehrerinnen und Lehrer, die ihrer Arbeit über-
drüssig geworden sind, sollten leichter und ohne Verlust von Ansehen oder sozialem Status in andere Branchen überwechseln können.

Pädagoginnen und Pädagogen, die selber erkannt haben, daß ihnen
die Arbeit mit kleinen Kindern nicht oder nicht mehr liegt, werden
derzeit durch die Privilegien des Beamtenstatus bisweilen dazu verleitet, länger im Beruf zu bleiben, als es ihnen selbst und ihren Schülern guttut. Umgekehrt werden viele junge Leute, die eigentlich
gerne und vielleicht erfolgreich mit Kindern arbeiten würden, durch
das negative Image der verbeamteten Pädagogik und die konservati-
ven Strukturen unseres Schulsystems davon abgeschreckt, eine pädagogische Laufbahn anzustreben. Insbesondere Menschen mit einer
ausgeprägten Gestaltungsfreude, die in den Schulen dringend gebraucht würden, können es sich in der Regel nicht vorstellen, sich
«lebenslänglich» an einen Arbeitgeber zu binden, und gehen so den
Schulen verloren oder ziehen eine Schullaufbahn gar nicht erst in
Erwägung.

Aus all diesen Gründen ist der Beamtenstatus für Pädagogen einer
modernen Schule nicht mehr angemessen.

Wir empfehlen, Lehrerinnen und Lehrer sowie alles übrige Schul-
personal einschließlich der Schulaufsicht zukünftig auch in Westdeutschland nur noch im Angestelltenverhältnis zu beschäftigen; in
den meisten neuen Bundesländern ist dies zum Zeitpunkt der Abfassung dieser Empfehlungen schon gängige Praxis. Kinder müssen erleben, daß ihre Erzieher «auf eigenen Beinen» stehen können. Lehrer
dürfen nicht mit dem Gefühl in den Beruf treten, ihre Arbeit nicht
einmal probeweise jemals wechseln zu können. Schließlich ist es
dringend erforderlich, daß auch die Lehrer das den Beamten versagte
Streikrecht erhalten, damit sich Eltern und Lehrer solidarisieren und
gemeinsam öffentlichkeitswirksam für bessere Lebensbedingungen
der Kinder und eine lebenswertere Gesellschaft eintreten können.

Die Freisetzung der Pädagoginnen und Pädagogen vom Beamtenstatus und, damit einhergehend, die Chance, in freien Tarifvereinba-
rungen eine leistungsgemäße Bezahlung der pädagogischen Arbeit

und faire Arbeitsbedingungen durchsetzen zu können, wiegen unseres Erachtens den Verlust der Beamtenprivilegien auf. Sich unter öffentlichen Leistungsansprüchen des Tarifrechtes bewähren zu müssen könnte das beschädigte Ansehen der Schule überwinden helfen.

Komplexere Gestaltungstätigkeiten werden üblicherweise dem höheren Dienst zugeordnet. Das Grundschullehramt ist, bedingt durch die gewachsene Heterogenität der Kinder und im Hinblick auf die Komplexität der Aufgaben, eine extrem anspruchsvolle Tätigkeit, die höchste Qualifikationen und daher auch eine längere Ausbildung erfordert als bisher üblich. Die diskriminierenden Besoldungsunterschiede zwischen den Lehrämtern müssen dringend aufgehoben werden. Grundschullehrerinnen und -lehrer sollten daher zukünftig als «Studienräte für die Grund- und Mittelstufe» wie die übrigen Studienräte und wie alle anderen Akademiker im öffentlichen Dienst in der Eingangsbesoldung nach BAT IIa besoldet werden – sofern an solchen Besoldungsgruppen überhaupt festgehalten werden soll.

Für besonders tüchtige und engagierte Pädagoginnen und Pädagogen sollten Funktionszulagen und Aufstiegsämter ebenso selbstverständlich zur Verfügung stehen, wie das in produktiven Branchen üblich ist.

7.3.8 Ausstattungsparameter

Vor dem Hintergrund der oben ausgeführten Grundsätze empfehlen wir die im folgenden dargestellten Ausstattungsparameter. Dabei schlagen wir vor, Personalstunden zukünftig generell in 60-Minuten-Einheiten zu rechnen, und tun dies im folgenden selber auch.

Globalzuweisung: Prinzipiell gehen wir im folgenden davon aus, daß Personalstunden als Globalzuweisung an die Schulen gegeben werden. Die Schulen sollten unseres Erachtens das Recht erhalten, innerhalb eines für alle verbindlichen Rahmens die ihnen zustehenden Stunden in eigener Verantwortung auf die einzelnen Klassen zu verteilen. Dabei können auch pädagogisch begründete Ungleichverteilungen vorgenommen werden. Zum Beispiel brauchen «schwierige»

Klassen manchmal mehr Personal als andere; Klassen mit einem höheren Anteil von Kindern mit einer fremden Muttersprache werden vielleicht mehr Erzieherstunden von einer bilingualen Erzieherin und dafür weniger Lehrerstunden erhalten; sofern verfügbar, werden Sprachheilpädagogen eher in den Anfangsklassen gebraucht, Lernbehindertenpädagogen möglicherweise eher in den höheren Klassen, und so weiter.

Ganze Halbtagsschule: Alle Grundschulen werden als «Ganze Halbtagsschule» von 8 bis 13 Uhr geführt. Dies macht pro Klasse ein Zeitvolumen von 25 Wochenstunden zu je 60 Minuten aus, das mit pädagogischem Personal versorgt werden muß. Zwischen Unterricht, außerunterrichtlicher «Betreuung» und Pausenbeaufsichtigung der Kinder wird hinsichtlich der Lehrerarbeitszeit nicht mehr unterschieden.

Pflichtdeputat: Derzeit verbringen Grundschullehrerinnen und -lehrer in den meisten Bundesländern 27 bis 28 «Stunden» Unterricht im 45-Minuten-Takt mit den Kindern. In 60-Minuten-Einheiten umgerechnet, entspricht das einem Pflichtdeputat von 20 Stunden und 15 Minuten bis 21 Wochenstunden.

Zu diesem Pflichtdeputat rechnen wir weitere 2 Stunden pro Woche hinzu, die vor und nach dem Unterricht für die Betreuung der Kinder sowie in den Pausen für Pausenaufsicht benötigt werden. Wir nennen diese beiden Anteile an der Lehrerarbeitszeit zusammen «Kinder-Zeit» oder «K-Zeit». Das ist die Zeit, die die Pädagoginnen und Pädagogen mit den Kindern verbringen (vgl. im einzelnen Kap. 7.4). Insgesamt stehen derzeit also im Durchschnitt 22,5 Stunden «K-Zeit» je Lehrer- oder Erzieherstelle pro Woche zur Verfügung («Status quo»).

Klassenfrequenzen: Im Hinblick auf die momentane Ressourcenverteilung in der Gesellschaft gehen wir bei der Ressourcenbemessung für die Grundschulen zunächst von einer *Durchschnittsfrequenz* pro Schulklasse von 24 Kindern aus. Dieser Wert zeichnet sich derzeit als

Durchschnittsfrequenz der kommenden Jahre ab. Die hier genannte Durchschnittsfrequenz ist allerdings nur eine Meßgröße für die Personalzuweisung und nicht identisch mit der tatsächlichen durchschnittlichen Klassenfrequenz in den Schulen. Geringere Klassenstärken in der Praxis führen regelmäßig zu einer Unterversorgung mit Personal und bedürfen dann eines besonderen Ausgleichs («Unterfrequenzausgleich»).

Mit Rücksicht auf die in den vorangehenden Kapiteln dargestellte Weiterentwicklung der Grundschule empfehlen wir dringend, in der Primarstufe *Durchschnittsfrequenzen* von 20 Kindern pro Klasse anzustreben. Dies ist unser *Reformziel «kleine Klasse»* (siehe unten «Modell C»).

Die *maximal zulässige Klassengröße* sollte 27 Kinder in keinem Fall überschreiten (Klassenteiler 28). Die Klassenmindestfrequenz beträgt daher 14 Kinder.

Grundausstattung: Bezogen auf die oben genannten Durchschnittsfrequenzen, soll als Grundausstattung bei einer Kinderzeit («K-Zeit») von 22,5 Lehrerwochenstunden zu 60 Minuten eine volle Lehrerstelle pro Grundschulklasse zur Verfügung stehen. Die zur Abdeckung von 25 Wochenstunden in der Ganzen Halbtagsschule dann noch fehlenden 2,5 Wochenstunden sollen von Erzieherinnen beziehungsweise Erziehern geleistet werden.

Wir schlagen allerdings im Hinblick auf eine dringend gebotene fairere Arbeitszeitberechnung entsprechend der realen Belastung der Grundschulpädagoginnen und -pädagogen vor, die Unterrichtsdeputate in der Primarstufe an die für die höheren Schulstufen üblichen Werte anzugleichen und dazu die «K-Zeit» auf 20 Wochenstunden abzusenken. Dies ist unser *Reformziel «Arbeitszeitgerechtigkeit»* (siehe unten «Modell B»). Will man dieses Ziel realisieren, steigt der Lehrerbedarf, wenn hier ebenfalls 2,5 Stunden von Erziehern abgedeckt werden, rechnerisch auf insgesamt 1,125 Lehrerstellen pro Grundschulklasse an.

Erzieherstunden: Zusätzlich erhält jede Grundschulklasse Erzieherstunden im Umfang von 25 Prozent der ihr nach der Grundausstattung zustehenden Lehrerstunden. Bei einer K-Zeit von 22,5 Stunden pro Vollzeitstelle sind dies 5,626 Wochenstunden oder 0,25 Stellen, bei einer K-Zeit von 20 Stunden je Vollzeitstelle dagegen 0,28 Stellen je Klasse.

Kooperativer Unterricht: Für den kooperativen Unterricht sollte pro Klasse und Tag eine Personalstunde in Doppelbesetzung zur Verfügung gestellt werden. Rechnerisch ergibt das bei einer K-Zeit von 22,5 Stunden pro Schulklasse einen Bedarf von 5 Lehrerwochenstunden oder 0,22 Lehrerstellen; bei einer K-Zeit von 20 Stunden beläuft sich der Bedarf auf 0,25 Lehrerstellen. In sozialen Brennpunkten oder in Klassen mit einer höheren Zahl von Kindern mit Behinderungen sollten zwei doppeltbesetzte Stunden am Tag bereitgestellt werden. Diese zweite Doppelbesetzungsstunde muß nicht in vollem Umfang vom Staat neu finanziert werden, sondern wird in der Regel aus dem Stellenvolumen gedeckt werden können, das im Sonderschulbereich frei wird, wenn, wie im Kapitel 2.6.3 empfohlen, die Sonderschulen für Lernbehinderte, Verhaltensauffällige und Sprachbehinderte aufgelöst werden. Soweit Sonderpädagogen nicht in ausreichender Zahl verfügbar sind, sollten diese Stundenkontingente durch Grundschullehrer wahrgenommen werden.

Poolstunden: Jede Grundschule benötigt zusätzliche «Poolstunden» als Vertretungsreserve und für Kontakte mit außerschulischen Institutionen, für Schulleitungs- und Verwaltungsaufgaben, soweit sie nicht auf den Schulleiter oder die Schulleiterin selbst entfallen, für die Anleitung von Praktikanten und Referendaren, für Fortbildung und besondere Maßnahmen der schulinternen Innovation sowie für die Durchführung von Klassenfahrten und dergleichen mehr. Für eine zweizügige vierjährige Grundschule empfehlen wir hierfür das Äquivalent einer vollen Lehrerstelle, für einzügige Systeme die Hälfte, für sechsjährige Grundschulen entsprechend mehr, rechnerisch mithin 1/8 oder 0,125 Stellen je Klasse.

Kleinschulen auf dem Lande, die aus strukturellen Erwägungen oder mit Rücksicht auf die Schulwege der Kinder erhalten werden sollen, und Schulstellen, die die Mindestgröße einer einzügigen Grundschule nicht erreichen, haben über den genannten «Pool» hinaus zusätzlichen Personalbedarf für Kooperation, Fortbildung, didaktische Differenzierung, Schulleitungs- und Schulverwaltungsaufgaben. Dieser Mehrbedarf ist in Ostdeutschland erheblich, weil dort infolge des drastischen Geburtenrückgangs der vergangenen Jahre zukünftig ein großer Anteil der Schulen nur als «Kleinschule» geführt werden wird.

Schulleitung: Jede selbständige Grundschule benötigt eine ganze Schulleiterstelle. Die Unterrichtsverpflichtung der Schulleiter (K-Zeit) sollte bei einzügigen Grundschulen höchstens 11 Wochenstunden betragen (entsprechend einem halben Vollzeitstellendeputat), bei zwei- und dreizügigen Grundschulen höchstens 5 Wochenstunden. Schulleiter an vierzügigen Grundschulen haben keine Zeiten für eigene Unterrichtstätigkeit mehr verfügbar. Bei einer zweizügigen Grundschule bedeutet dies, daß für Aufgaben der Schulleitung ca. ¾ einer Vollzeitstelle eingesetzt werden müssen, während ¼ oder 0,25 Stellen dem Unterrichtskontingent der Schule zugute kommen.

Faßt man die bislang genannten Parameter zusammen, so lassen sich vier Modelle unterscheiden, die dann für ein- oder mehrzügige Schulen zu ganz verschiedenen Personalausstattungen führen (vgl. die nachfolgenden Tabellen 1 und 2 sowie Kap. 7.4 und Kap. 8):

Modell A: *«Anknüpfungsmodell»*

Dieses Modell knüpft an die zum Zeitpunkt der Abfassung dieser Empfehlungen gegebene Ressourcenzuweisung für die Grundschulen an und entwickelt sie nur geringfügig weiter. Es rechnet mit einer durchschnittlichen Klassenfrequenz von 24 Kindern je Klasse und einem Unterrichtsdeputat («K-Zeit») von 22,5 Wochenstunden zu 60 Minuten je Vollzeitlehrer- beziehungsweise -erzieherstelle. Die Parameter dieses Modells lauten also: Klassenfrequenz 24, K-Zeit 22,5.

Modell B: Reformziel «Arbeitszeitgerechtigkeit»

Dieses Modell unterscheidet sich von Modell A dadurch, daß es den Grundschulpädagoginnen und -pädagogen mehr Gerechtigkeit hinsichtlich der Arbeitsbelastung widerfahren läßt und zugleich die Arbeitsqualität auf das erforderliche Maß hebt (vgl. Kap. 7.3.2). Dies erfolgt durch eine Absenkung des Unterrichtsdeputates («K-Zeit») auf 20 Wochenstunden, was einen entsprechenden Personalmehrbedarf in der Grundausstattung und hinsichtlich der zusätzlichen Stundenkontingente zur Folge hat. Die Parameter lauten: Klassenfrequenz 24, K-Zeit 20. Der Lehrerstundenbedarf für den kooperativen Unterricht steigt bei diesem Modell auf 5 / 20 Wochenstunden, das sind 0,25 Lehrerstellen je Klasse an, der Stellenbedarf für Erzieherinnen (1 / 4 der Lehrergrundausstattung) auf 1,125 : 4 = 0,28 Stellen je Klasse.

Modell C: Reformziel «kleine Klasse»

Dieses Modell verfolgt ein anderes Reformziel: Es will mit Rücksicht auf die schwieriger werdenden Lebensumstände der heutigen Grundschulkinder und den besonderen Förderbedarf auf der Grundstufe des Bildungswesens kleine Klassen ermöglichen. Es unterscheidet sich von Modell A durch die Absenkung der Klassendurchschnittsfrequenzen von 24 auf 20 Kinder je Klasse. Auch eine solche Reformmaßnahme löst Personalmehrbedarf aus, da die Gesamtzahl der Kinder auf mehr Klassen verteilt wird, zu deren Versorgung konsequenterweise mehr Personal benötigt wird. Die Parameter lauten: Klassenfrequenz 20, K-Zeit 22,5.

Modell D: Reformziel «optimale Ausstattung»

In diesem Modell werden die Reformziele von Modell B («Arbeitszeitgerechtigkeit») und Modell C («kleine Klasse») zu einem Modell mit «optimaler Ausstattung» gebündelt. Die Unterrichtsverpflichtung («K-Zeit») beträgt 20 Wochenstunden zu 60 Minuten, und die

Klassenfrequenz wird auf durchschnittlich 20 Kinder abgesenkt. Erst eine solche Bündelung macht eine qualitätsvolle Grundschulpädagogik zu fairen Bedingungen für das pädagogische Personal möglich. Allerdings kumuliert bei diesem Modell auch der Personalmehrbedarf für beide Reformziele. Die Parameter dieses Modells lauten: Klassenfrequenz 20, K-Zeit 20. Wie bei Modell B ist der Lehrerstundenbedarf für den Kooperativen Unterricht mit 5/20 Wochenstunden, das sind 0,25 Lehrerstellen, und der Erzieherbedarf (analog 1/4 Lehrerstelle) mit 1,125 : 4 = 0,28 Stellen je Klasse anzusetzen.

In zwei Übersichten zusammengefaßt, unterscheiden sich die vier Modelle also hinsichtlich ihrer Ausstattungsparameter wie folgt:

Tabelle 1:
Grundparameter für 4 verschiedene Modelle

	Modell A	Modell B	Modell C	Modell D
K-Zeit (Wochenstd.)	22,5	20,0	22,5	20,0
Klassenfrequenz	24	24	20	20

Tabelle 2:
Personalstellen je Klasse für 4 verschiedene Modelle

	Modell A	Modell B	Modell C	Modell D
Grundausstattung	1	1,125	1	1,125
Kooperativer Unterricht	0,22	0,25	0,22	0,25
Poolstellen	0,125	0,125	0,125	0,125
Erzieher	0,25	0,28	0,25	0,28

Beispiele

Nimmt man alle zuvor genannten Werte zusammen, ergeben sich idealtypisch unterschiedliche Ausstattungsbeispiele für die «Ganze Halbtagsschule» mit gesicherten Betreuungszeiten von 8 bis 13 Uhr. Wir führen die Konsequenzen im folgenden für alle vier Modelle am Beispiel einer zweizügigen vierjährigen Grundschule aus, die uns auch in späteren Kapiteln als Berechnungsmuster dient.

Modell A mit 192 Kindern in acht Klassen:
Lehrerstellen (ohne Schulleitung):

Grundausstattung	8
Kooperativer Unterricht	1,76
Poolstunden	1
minus Pflichtdeputat aus der Schulleitungsstelle	− 0,25
Lehrerstellen total:	10,5
Schulleitungsstelle:	1
Erzieherstellen:	2

Modell B mit 192 Kindern in acht Klassen:
Lehrerstellen (ohne Schulleitung):

Grundausstattung	9
Kooperativer Unterricht	2
Poolstunden	1
minus Pflichtdeputat aus der Schulleitungsstelle	− 0,25
Lehrerstellen total:	11,75
Schulleitungsstelle:	1
Erzieherstellen:	2,24

Modell C mit 160 Kindern in acht Klassen:
Lehrerstellen (ohne Schulleitung):

Grundausstattung	8
Kooperativer Unterricht	1,76
Poolstunden	1
minus Pflichtdeputat aus der Schulleitungsstelle	− 0,25

Lehrerstellen total:	10,5
Schulleitungsstelle	1
Erzieherstellen:	2

Modell D mit 160 Kindern in acht Klassen:

Lehrerstellen (ohne Schulleitung):	
Grundausstattung	9
Kooperativer Unterricht	2
Poolstunden	1
minus Pflichtdeputat aus der Schulleitungsstelle	− 0,25
Lehrerstellen total:	11,75
Schulleitungsstelle:	1
Erzieherstellen:	2,24

Wie man den Übersichten entnehmen kann, unterscheiden sich die Modelle A und B sowie C und D jeweils nicht dramatisch voneinander. Der Mehrbedarf pro Schule macht bei den Lehrerstellen und den Erzieherstellen je etwa 12 Prozent aus. Eine große Differenz liegt jedoch darin, daß mit der jeweils genannten Personalausstattung in den beiden ersten Modellen 192 Kinder, in den beiden letzten Modellen aber nur 160 Kinder mit pädagogischem Personal versorgt werden.

Mit allen vier Modellen sind weiterreichende bildungsökonomische Konsequenzen verbunden, die in Kap. 8 ausführlich dargelegt werden.

7.4 Arbeitszeit

7.4.1 Grundsätze

Die schulischen Zeitregelungen sind ein wichtiger Bestandteil des fördernden oder hemmenden sozialen Kontextes, der über die Wirksamkeit der Arbeit entscheidet, die an der Schule geleistet wird. Im Mittelpunkt dürfen daher nicht nur quantitative Fragen stehen. Es geht vielmehr um eine Qualitätssteigerung durch klarere und funktionalere Strukturen. Nicht nur der Zeitumfang, sondern auch dessen Strukturierung ist ein wirksames Steuerungsmittel der Schulqualität.

Die gegenwärtigen Zeitstrukturen der Schule entsprechen der Lektionenschule. Die Schule als Lebens- und Lernort für Kinder, als zum Gemeinwesen hin offene Dienstleistungseinrichtung und als sich selbst gestaltende Einrichtung in der Demokratie erfordert andere Zeitstrukturen.

Die den *Schülerinnen und Schülern* gemäße Zeiteinteilung ist der verläßliche, rhythmisierte und nicht zerstückelte ganze Schulvormittag oder Schultag. Die Arbeitszeitregelung der *Pädagoginnen und Pädagogen* begründet sich aus deren Aufgaben: der Arbeit mit den Kindern, den dafür notwendigen Vor- und Nachbereitungen und allen weiteren Arbeiten, die im Zusammenhang mit der Organisation und Weiterentwicklung der Schule stehen. Um die Überschaubarkeit dieser Anforderungen und Pflichten zu verdeutlichen, gliedern wir die Pädagogenarbeitszeit für Lehrerinnen und Lehrer sowie Erzieherinnen und Erzieher identisch in drei Zeitkomponenten: K-Zeit (Zeit mit den Kindern), VN-Zeit (Zeit für Vor- und Nachbereitung) und S-Zeit (Schulorganisationszeit).

7.4.2 Begründungen

Für den umgehenden Einstieg in neue Arbeitszeitregelungen sprechen vor allem folgende drei Gründe:

Pädagogische Zeitstrukturen

Mit der Abschaffung der Berechnung der Lehrerarbeitszeit nach 45-Minuten-Einheiten wird einer Strukturkomponente der Schule der Boden entzogen, die seit Generationen das Lernen beeinträchtigt. Unter der Zerstückelung der Schulzeit durch «Fetzenstundenpläne» leiden Schülerinnen und Schüler *und* Lehrerinnen und Lehrer. Wenn der ganze Vormittag die zeitliche Grundeinheit darstellt, kann die Schule diese Zeit in pädagogisch begründete Einheiten untergliedern und im rhythmischen Wechsel von Lern- und Entspannungszeiten für Schüler und Lehrer *sinnvolle Lehr- und Lernzeiten* schaffen.

Mit der Abschaffung der 45-Minuten-Stunden entfällt der Wochenstundenplan. Die für bestimmte Fächer, Inhalte oder Ziele notwendigen Zeiten werden nun nicht mehr in Minuten pro Woche, sondern in flexibler zu verwendenden und zu sinnvollen Einheiten gruppierbaren Jahreskontingenten festgelegt. Epochen- und Projektunterricht, die heute noch quer zu den Zeitstrukturen der Schule liegen, erhalten dadurch eine schulorganisatorische Basis. Um unfruchtbaren Streit zu vermeiden, könnten die Jahreszeitkontingente zunächst von der derzeit gültigen Stundentafel ausgehen.

Von diesen Möglichkeiten eines pädagogischeren Einsatzes des Schülerkontingents an Lern- wie des Lehrerdeputats an Lehrzeit können nicht nur Primarschulen, sondern auch die Schulen des Sekundarbereichs profitieren. Die Arbeitszeitneuregelungen sind schon aus diesem Grund für alle Schulstufen von Interesse.

Ein Teil der «Kinderzeit» soll unseren Vorschlägen zufolge von zwei Pädagoginnen und Pädagogen gemeinsam getragen werden (vgl. Kap. 4.3.3 und 7.3.1). Ebenso sind Teile der VN- und ein großer Teil der S-Zeit dafür gedacht, daß die Pädagoginnen und Pädagogen einer Schule zusammenarbeiten und gemeinsam ihre Aufgaben bewältigen. Mit den neuen Arbeitszeitmodellen soll die «Schule des Einzelkämpfertums» abgelöst und der Einstieg in die gemeinsam verantwortete und geleitete Schule vorangebracht werden.

Transparenz

Die Unterscheidung von K-, VN- und S-Zeit und die Angabe der Zeiten, die täglich, wöchentlich oder jährlich für diese Aufgaben zu veranschlagen sind, verdeutlichen nicht nur die Vielfalt und Breite der Aufgaben der Pädagoginnen und Pädagogen, sondern auch den tatsächlichen Arbeitsumfang. Damit trägt der Berechnungsmodus zur präziseren, den Tätigkeiten und Belastungen gerechter werdenden Einschätzung der Lehrerarbeit bei.

Es bleibt zu hoffen, daß damit auf lange Sicht auch unangemessenen Vorstellungen in der Öffentlichkeit der Boden entzogen wird, zum Beispiel der Annahme, die Lehrerarbeitszeit entspräche in etwa der Pflichtstundenzahl. Die Unterscheidung von Lehrerurlaubsanspruch und Schülerferienzeit mit der Folge der berechenbaren Lehrermehrarbeit während der Schulwochen ist geeignet, das berufs- und rufschädigende Vorurteil zu entkräften, die Berufsgruppe der Lehrer verfüge über mehr Urlaub und Freizeit als andere Arbeitnehmer und arbeite (trotz der Belastungen) während der Unterrichtszeiten weniger als andere.

Gerechte Ressourcenverteilung

Ressourcenforderungen zugunsten besserer Lernbedingungen für Kinder und Jugendliche verhallen derzeit wirkungslos, weil die Öffentlichkeit und die Haushaltsverantwortlichen mutmaßen, Pädagoginnen und Pädagogen hätten noch Reserven, ja sie seien sogar in der Lage, noch länger mit Kindern zu arbeiten. Mit der Gesamtaufstellung der Arbeitsverpflichtungen wird deutlich: Jede Ausweitung der Unterrichtszeit vergrößert K- *und* VN-Zeit auf Kosten der für Schulorganisation und -entwicklung verbleibenden Arbeitszeit. Dies kann in Zeiten, in denen nur noch die größere Selbständigkeit der einzelnen Schule die Qualität des öffentlichen Schulwesens zu sichern verspricht, nicht erwünscht sein und wäre allen Versuchen zur Weiterentwicklung der Schule entgegengerichtet. Die Neuberechnung der Arbeitszeit macht transparent, daß die öffentlichen Arbeitgeber für alle von der Schule eingeforderten Leistungen Ressourcen zur Verfügung stellen müssen. Die notwendige Modernisierung des Bildungswesens und der Schule ist nicht ohne angemessene und gerechte Arbeitszeitregelungen für die Lehrkräfte zu erlangen.

7.4.3 Konkretion

Pädagoginnen und Pädagogen an öffentlichen Schulen stehen im Staatsdienst. Deshalb sollten ihre reale Gesamtarbeitszeit und ihr Urlaubsanspruch durch die Tarifverträge des öffentlichen Dienstes festgelegt werden. Die entscheidene Richtgröße für die Lehrerarbeitszeit ist daher die *Jahresarbeitszeit des öffentlichen Dienstes.* Weil die Schulferienzeit für die Kinder die gesetzlich vorgesehenen Urlaubstage für erwachsene Arbeitnehmer überschreitet, sind Überlegungen zu Umrechnungen der Jahresarbeitszeit auf *Lehrerwochenarbeitszeiten* und ein Richtmaß zur Verteilung der Gesamtzeit auf die Schul- und die Ferienwochen notwendig.

Wir empfehlen,
– die zur Verfügung stehende Jahresarbeitszeit schwerpunktmäßig auf die ca. 38 Schulwochen im Jahr zu verteilen, weil die Lehrerarbeitszeit dann am dringendsten gebraucht wird;
– während der Ferienzeiten der Kinder die restliche Jahresarbeitszeit vornehmlich für Schulorganisationsaufgaben, Evaluations- und Planungsarbeiten, Fortbildung sowie kooperative Unterrichtsvor- und -nachbereitungen zu nutzen.

Diese Aufteilung hat zur Folge, daß die Arbeitszeit der Pädagoginnen und Pädagogen während der Schulwochen um einige Stunden über der Wochenarbeitszeit des öffentlichen Dienstes liegt, in den verbleibenden, frei einsetzbaren Arbeitswochen und -tagen jedoch unter der allgemeinen Norm. Eine solche flexible Verteilung der Arbeitszeiten über das Jahr wird in Wirtschaft und Industrie schon lange praktiziert.

Wir schlagen vor,
– bei den in Wochenstunden festzulegenden Arbeitszeiten von einer pädagogisch zwar gerechtfertigten, politisch aber derzeit kaum durchsetzbaren Vorab-Reduzierung des gültigen Pflichtstundendeputats abzusehen, da diese Auseinandersetzung derzeit wenig erfolgversprechend erscheint; dies bedeutet, daß die K-Zeit als die Zeit, in der die Pädagoginnen und Pädagogen mit den Kindern arbeiten, festliegt («Anknüpfungsmodell», vgl. Kap. 7.3.8);
– gleichwohl in den Berechnungsmodellen bereits heute eine perspektivische Aufteilung zu berücksichtigen, die die K-Zeit nicht auf Dauer festschreibt, sondern von den pädagogischen Notwendigkeiten und den Belastungen ausgeht, die den Pädagoginnen und

Pädagogen eigentlich nur zugemutet werden sollten (Reformziel «Arbeitszeitgerechtigkeit»).

Auf eine minutiöse Arbeitszeitbuchführung durch die einzelne Lehrkraft nach dänischem Vorbild sollte verzichtet werden. Sie könnte das Problem nicht lösen, da sie der Pädagogentätigkeit nicht angemessen ist, ja sogar eine Buchhaltermentalität nach sich ziehen könnte. Außerdem würde dadurch kostbare Zeit verlorengehen, ohne daß verläßliche beziehungsweise verwertbare Informationen zur Zeitverwendung zusammengetragen würden. Sofern notwendig, könnten Pilotuntersuchungen zum Arbeitsaufwand und zur Arbeitsbelastung unter den Bedingungen einer veränderten Schulorganisation an repräsentativen Schulen oder Klassen erhoben und zu Modellberechnungen verdichtet werden.

Zahlen zur Berechnung der Jahresarbeitszeit sowie Berechnungsbeispiele für die Wochenarbeitszeit von Grundschulpädagoginnen und -pädagogen finden sich im Abschnitt 7.4.7. Als «Übergangslösung» sehen wir bei 9 Tagen Schulorganisationszeit pro Schuljahr eine Wochenarbeitszeit von 42 Stunden während der Schulwochen vor. Diese wird von uns je zur Hälfte auf die Arbeit mit den Kindern und auf die VN- und S-Zeit aufgeteilt. Als Kinderzeit sehen wir 21 Vollzeitstunden vor, die 28 «alten» 45-Minuten-Stunden entsprechen. Wöchentlich kommen – ebenfalls entsprechend den bisherigen Regelungen – 1,5 Zeitstunden Schülerberatung, -behütung und Pausenaufsichten hinzu. Insgesamt ergibt dies eine Kinderzeit von 4,5 Vollzeitstunden pro Tag.

Für Vor- und Nachbereitung setzen wir 12,5 Vollzeitstunden pro Woche an, das heißt ca. 2,5 Stunden pro Tag.

Für die Schulorganisationszeit verbleiben wöchentlich 7 Vollzeitstunden. Ein Teil davon soll zur Vor- und Nachbereitung im Klassenbeziehungsweise Stufenteam verwendet werden. Kooperative Vor- und Nachbereitungen versprechen neben einem effektiven Arbeitszeiteinsatz mehr Planungs- beziehungsweise Auswertungsqualität (vgl. Kap. 4.3.3). Die Teamarbeit soll dazu beitragen, daß die veranschlagte VN-Zeit ausreicht.

Aus dem Berechnungsbeispiel geht hervor, daß dieser «zeitliche» Anzug zwar knapp sitzt, aber dennoch ausreichend Zeit zur Verfügung stellt, um den Einstieg in die neuen Arbeitszeitmodelle zu ermöglichen.

7.4.4 Erläuterungen zu K-, VN- und S-Zeit

Unter der *Kinderzeit* (K-Zeit) verstehen wir die gesamte, von den Pädagoginnen und Pädagogen mit den Kindern in der Schule verbrachte Zeit. Jede Trennung zwischen «Unterricht» und «Betreuung» ist zutiefst unpädagogisch. Wem an Erziehung in und durch die Schule gelegen ist, muß den Pädagoginnen und Pädagogen die für ihre Arbeit mit den Kindern notwendige Zeit zur Verfügung stellen und darf sie nicht auf «reine» Unterrichtsfunktionen beschränken. Denn weder kann die erzieherische Einflußnahme mit dem Ende der Unterrichtsstunde abgeschlossen sein, noch kann einer bloßen «Aufbewahrung» und Beaufsichtigung der Kinder ein pädagogischer Sinn gegeben werden.

Der rhythmisierte Schulvormittag, die Schulwoche, die selbständige Arbeit der Kinder, Schulleben und Öffnung der Schule zum Umfeld bedürfen – nicht anders als der bisher übliche Unterricht – der *Vor- und Nachbereitung* (VN-Zeit). Statt der weithin üblichen Vorbereitung, bei der viel Zeit in die Ausgestaltung einzelner Lektionen investiert wird, empfehlen wir aus Gründen der Arbeitsökonomie, in großen Einheiten und Sinnzusammenhängen zu planen und, sofern sinnvoll, mit vorhandenen Lernmaterialien zu arbeiten. Wird ein erheblicher Anteil der verfügbaren Lernzeit der Kinder für deren selbständige Arbeit vorgesehen, kann sich die Unterrichtsvorbereitung dem gezielten Aufbau geeigneter Lernumgebungen zuwenden. Zu beachten ist, daß dann allerdings erheblich höhere Anteile an *Nachbereitungs-* und Auswertungszeit anfallen, da die Aufarbeitung der Arbeitsergebnisse jedes einzelnen Kindes viel Zeit erfordert. Die selbständige Arbeit der Kinder ist kein Arbeitszeitsparmodell.

Zur VN-Zeit zählen auch schülerbezogene Verwaltungsaufgaben, soweit diese nicht von Verwaltungskräften übernommen werden, und die Arbeiten, die im Rahmen von Leistungsfeststellungen und -beurteilungen anfallen.

In der Zeitorganisation der herkömmlichen Stundenschule werden die Aufgaben der pädagogischen Abstimmung und Planung chronisch vernachlässigt. Die knappen Zeitbudgets der Konferenzen reichen häufig nur für organisatorische Regelungen und die anliegenden Verwaltungsprobleme aus. Absprachen zwischen verschiedenen Personen, die der komplizierten Abläufe einer Schule wegen täglich notwendig sind, werden gegenwärtig oft «zwischen Tür und Angel» erledigt, oder sie belasten die Schulpausen, die eigentlich der Regeneration der Pädagoginnen und Pädagogen dienen sollten. Wir empfehlen daher, die für die Schulorganisation erforderliche Arbeitszeit explizit auszuweisen und in der Wochen- und Jahrgangsplanung der Schule zu verankern.

Die *Schulorganisationszeit* (S-Zeit) steht für folgende Aufgaben zur Verfügung:
– Vor- und Nachbereitungen im Klassen- oder Stufenteam;
– Mitarbeiterkonferenzen der ganzen Schule, auch Kurzabsprachen organisatorischer Art;
– Sitzungen der Schulkonferenz;
– gemeinsame Planungsvorhaben;
– gemeinsame schulinterne Lehrerfortbildung und andere Weiterqualifizierungsmaßnahmen;
– Zusammenarbeit mit Eltern;
– Kooperationsvorhaben mit anderen Schulen beziehungsweise Institutionen
– und dergleichen mehr.

Die Reflexion des Unterrichtsvormittags, die Auswertung der Lernprozesse der Kinder, die Nachbereitung der Unterrichtsstunden und die Vorbereitung der neuen Lernprozesse, zum Beispiel Sichtung oder Herstellung von Materialien oder Aufbau einer von mehreren Schülergruppen zu nützenden Lernumgebung, sind vorzügliche Gelegenheiten, bei denen die Pädagogin beziehungsweise der Pädagoge in der Zusammenarbeit mit den Kolleginnen und Kollegen sachliche und persönliche Bereicherung und Unterstützung finden kann. Prozesse dieser Art sind zugleich subtile und wirksame Gelegenheiten der Lehrerfortbildung. Kooperative Vor- und Nachbereitungen sind ein weiteres Beispiel dafür, wie die veränderte Arbeitszeitorganisation zwar Zeit «kostet», die Arbeit jedoch qualifizierter macht und damit letztlich auch in einem ökonomischen Sinn einen Effizienzgewinn verspricht.

Für aufwendige Planungsvorhaben, die Weiterentwicklung des Schulprogramms, Arbeiten im Zusammenhang mit der Autonomie der Schule, Evaluation und Fortbildung für sich und andere stehen die Arbeitstage während der Ferienzeiten der Schüler zur Verfügung. Mit mehr Abstand zum täglichen Schulgeschäft lassen sich diese Arbeiten vermutlich besser erledigen. Planungen zum Beispiel können am Stück erfolgen, Evaluationsaufgaben setzen den Abstand von den Alltagsaufgaben geradezu voraus. Diese Arbeiten sollten auch deshalb in die Ferienzeiten verlegt werden, um die zusätzliche Belastung der Pädagoginnen und Pädagogen während der Schulwochen so niedrig wie möglich zu halten.

Über die Verwendung und Festlegung der S-Zeit entscheidet jede einzelne Schule selbst.

7.4.5 Präsenzzeit während der Schulwoche

Bereits jetzt verbringen die Pädagoginnen und Pädagogen Unterrichts- und Konferenzzeiten sowie Besprechungszeiten mit Eltern oder anderen Kooperationspartnern am Arbeitsplatz Schule. Wir empfehlen, zusätzlich zu den 22,5 Stunden Kinderzeit 4,5 Stunden pro Woche als Präsenzzeit in der Schule verbindlich festzulegen und im Wochenplan der Schule auszuweisen. Von der Wochenarbeitszeit in Höhe von 42 Stunden würden demnach 27 Stunden zu festen Zeiten am Arbeitsplatz Schule verbracht. Über Ort und Zeit der verbleibenden 15 Stunden entscheidet jede Lehrkraft selbst. Für vollzeitbeschäftigte Lehrkräfte bedeutet dies, daß sie zum Beispiel an zwei Nachmittagen in der Woche bis etwa 15.30 Uhr in der Schule arbeiten. Die Präsenzzeit wird von der Schulkonferenz festgelegt.

Die Präsenzzeit dient zur Vor- und Nachbereitung, vorzugsweise der gemeinsamen Auswertung und Planung, und für Arbeiten im Zusammenhang mit der Schulorganisation und -entwicklung. Die vorgesehenen 4,5 Zeitstunden pro Woche entstammen also den Zeitkomponenten der VN- und S-Zeit.

Tabelle 3:
Übersicht zur Präsenzzeit

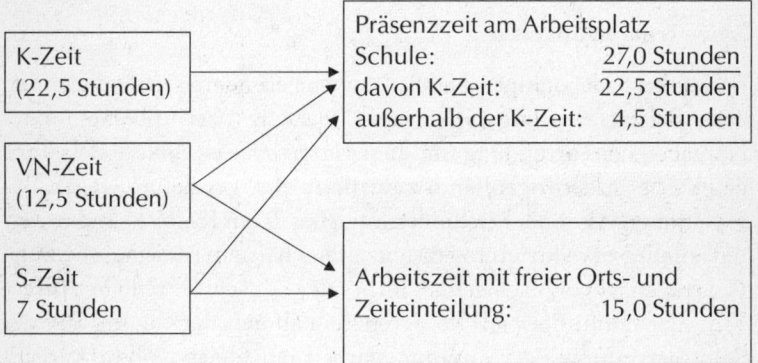

K-Zeit (22,5 Stunden)		
VN-Zeit (12,5 Stunden)		
S-Zeit 7 Stunden		

Präsenzzeit am Arbeitsplatz
Schule: 27,0 Stunden
davon K-Zeit: 22,5 Stunden
außerhalb der K-Zeit: 4,5 Stunden

Arbeitszeit mit freier Orts- und
Zeiteinteilung: 15,0 Stunden

Wir verkennen nicht, daß die Schulen gegenwärtig noch nicht auf Präsenzzeiten eingerichtet sind. Zum Beispiel fehlen die notwendigen Arbeits- und Pausenräume (vgl. Kap. 5.3). Viele Pädagoginnen und Pädagogen haben sich in der Organisation ihrer privaten Verpflichtungen auf die begrenzte Präsenz am Arbeitsplatz eingestellt, dies auch deshalb, weil die Gesellschaft die Erwerbstätigkeit von Müttern als deren Privatsache behandelt und ihnen die notwendigen Kinderbetreuungseinrichtungen vorenthält.

Ungeachtet dieser Bedenken halten wir eine zeitlich begrenzte Präsenz der Pädagogen am Arbeitsplatz Schule außerhalb der Kinderzeit für dringend erforderlich. Die vorsichtige Ausweitung der Präsenzzeiten ist von strategischer Bedeutung, wenn es um die Veränderung der Schule durch mehr Teamarbeit und Kooperation geht, deren entlastende und qualitätssteigernde Auswirkungen wir mehrfach beschrieben haben. Ohne engere Zusammenarbeit wird die «Schule des Einzelkämpfertums» nicht überwunden werden.

Die Festlegung einer gemeinsamen Dienstzeit in der Schule gewährleistet, daß die für Absprachen und Besprechungen notwendigen Kooperationspartner in der Schule anzutreffen sind. Dies verspricht nicht nur eine Entzerrung und Entspannung vieler Arbeitsabläufe. Vor allem wird damit die Voraussetzung dafür geschaffen, daß Kooperation zur Selbstverständlichkeit werden kann.

7.4.6 Ermäßigungen

Soweit bei Pädagoginnen und Pädagogen besondere Zuständigkeiten, zum Beispiel Leitungsfunktionen, spezielle Dienstpflichten oder Aufgaben der Fortbildung und Innovation oder besondere Belastungen zu berücksichtigen sind, zum Beispiel Ermäßigung wegen Berufsanfang, Alter oder Behinderung, sind deren K-, VN- und S-Zeiten anteilig zu reduzieren. Für teilzeitbeschäftigte Pädagoginnen und Pädagogen ist vorzusehen, daß nicht oder nur schwer teilbare Aufgaben, wie zum Beispiel Konferenzteilnahme, Beteiligung an der Selbstverwaltung oder Zusammenarbeit mit Eltern, voll in Anrechnung gebracht werden.

7.4.7 Zur Berechnung und Aufteilung der Arbeitszeiten

Berechnung der Gesamtarbeitszeit im Jahr

Die jährliche Arbeitszeit der Pädagoginnen und Pädagogen beträgt 1647,8 Stunden. Diese Zahl errechnet sich aus der Anzahl der Arbeitstage des öffentlichen Dienstes (214), geteilt durch 5, multipliziert mit der derzeit gültigen Wochenarbeitszeit des öffentlichen Dienstes (= 38,5 Stunden).

Zur Erläuterung: 214 Arbeitstage errechnen sich aus der Anzahl der Tage des Jahres (365, hier am Beispiel von 1995), abzüglich Sonntagen und Samstagen (105), des Jahresurlaubs (30), des Bildungsurlaubs (5), 2 freier Tage als tarifvertraglich vereinbarter Arbeitszeitverkürzungsmaßnahme und der Feiertage (9).

Aufteilung der Gesamtarbeitszeit auf Schul- und Ferienwochen

Vom 1.1. bis 31.12.1995 waren im Bundesland Hamburg, das hier als Beispiel gewählt wird, 188 Schultage zu leisten (entsprechend 37 Schulwochen und 3 Tage). Berechnungen für andere Jahre oder Länder führen zu vergleichbaren Zahlen. Bei einer wöchentlichen Arbeitszeit von 42 Stunden entfallen 1579,2 Arbeitsstunden auf die Schulwochen. 68,6 Stunden (ca. 9 Tage) bleiben als Arbeitszeit während der Ferienwochen verfügbar.

Zur Erläuterung: Bei anderer Verteilung ergeben sich höhere oder niedrigere Wochenarbeitszeiten und entsprechend weniger oder mehr Arbeitstage während der Ferien. Für die Wochenarbeitszeit von 42 Stunden spricht, daß zwar einerseits die Lehrerarbeit während der Schulwochen am dringendsten gebraucht wird, andererseits jedoch die Wochenbelastung nicht unvertretbar hoch sein darf und im Interesse der Schulorganisation und -entwicklung einige Arbeitstage während der Ferienzeiten der Kinder benötigt werden.

Verteilung der Wochenarbeitszeit auf die drei Zeitkomponenten

Die folgende Tabelle 4 zeigt drei verschiedene Varianten, wie die Wochenarbeitszeit von 42 Stunden auf die drei Zeitkomponenten K, VN und S verteilt werden kann.

Variante 1, «Status quo»: Dies ist die schlechte Lösung der Lektionenschule. Die Wochenarbeitszeit wird fast vollständig für die Unterrichtsstunden und die vornehmlich von der einzelnen Lehrkraft in Isolation geleistete Vor- und Nachbereitung aufgebraucht. Für Teamarbeit, Kontakte nach außen, Schulorganisation und -entwicklung steht keine Zeit zur Verfügung. Solche Arbeiten werden bislang durch unbezahlte Mehrarbeit der Pädagogen erbracht – oder gar nicht geleistet. Diese Art der Arbeitszeitverteilung wird zum Hemmschuh, wenn die Schule sich weiterentwickeln soll.

Tabelle 4:
Varianten der Arbeitszeitverteilung
Basis: 42 Wochenstunden zu je 60 Minuten

	Variante 1 «Status quo»	Variante 2 «Umvertei- lung»	Variante 3 «Arbeitszeit- gerechtigkeit»
K-Zeit: Unterrichts- pflichtstunden Schülerberatung und -behütung Pausenaufsichten	21,0 1,5	22,5	20,0
VN-Zeit: Vor- und Nach- bereitung des Unterrichts	21,0	12,5	15,0
S-Zeit: Schulverwaltung Schulorganisation Schulentwicklung und anderes mehr	− 1,5*	7,0	7,0
Summe:	42,0	42,0	42,0

* Die negative Zahl macht deutlich, daß diese Aufgaben im bisherigen Zeitbudget nicht genügend berücksichtigt sind, beziehungsweise daß die Pädagoginnen und Pädagogen dafür gegenwärtig Mehrarbeit über eine 42-Stunden-Woche hinaus leisten.

Variante 2, «Umverteilung»: Dies ist ein Vorschlag zu einer sinnvolleren Zeitverteilung auf der Basis der jetzigen Unterrichtspflichtstunden, das heißt einer gleichbleibenden Kinderzeit.

Diese Variante geht von Effizienzgewinnen aus, die bei einer Zunahme von Teamarbeit erzielt werden und es erlauben, von der üblichen 1:1-Relation zwischen Unterrichtszeit und Vor- und Nachbereitungzeit abzugehen. Ob diese Unterstellung zu Recht erfolgt, müßten Arbeitszeituntersuchungen auf der Basis neuer Arbeitszeitmodelle belegen. Die bekannten Untersuchungen zur Lehrerarbeitszeit sagen zu dieser Frage nichts aus, da sie auf die Arbeitsbelastung der Lektionenschule bezogen sind.

Variante 3, Reformziel «Arbeitszeitgerechtigkeit»: Diese Variante zielt auf eine höhere Gerechtigkeit bei der Aufteilung und Verteilung der in der Schule anfallenden Arbeiten. Sie erscheint uns als einzige geeignet, die notwendige Qualität der Arbeit der Pädagoginnen und Pädagogen zu sichern und ihre tatsächliche Arbeitsbelastung angemessen zu berücksichtigen. Eine Realisierung setzt voraus, daß die Zeit für die Arbeit mit den Kindern reduziert wird.

7.5 Lehrerbildung für die Grundschule

Verbindendes Element der Grundschullehrerbildung muß eine gemeinsame Orientierung sein, die sich an den dargestellten pädagogischen Aufgaben der Grundschule und der in den Empfehlungen entfalteten Schulkonzeption ausrichtet. Dies gilt unabhängig von den institutionalisierten Strukturen, die sich in Begriffen wie Einphasigkeit und Zweiphasigkeit sowie der Unterscheidung von Lehreraus-, -fort- und -weiterbildung widerspiegeln.

Die institutionellen Trennungen sind als historisches Relikt oft kritisiert und dennoch bis heute nicht überwunden worden. Sie werden hier nicht grundsätzlich in Frage gestellt, sondern im Hinblick auf *gemeinsame Prinzipien* diskutiert, die von der Notwendigkeit des Erfahrungsaustausches und der Kooperation über die Grenzen der einzelnen Institutionen hinweg ausgehen.

Grundschullehrerbildung führt Lehrerinnen und Lehrer mit unterschiedlichem Erfahrungshintergrund aus verschiedenen Regionen und Generationen auf der Suche nach handlungsleitenden Konzepten in einem fruchtbaren Austausch zusammen. So verstandene Lehrerbildung kann nicht mit der 1. oder 2. Phase als abgeschlossen gelten. Sie ist Teil eines lebenslangen Lernens, das mit der Erweiterung der beruflichen Kompetenz zugleich die Persönlichkeit als ganze fördert.

7.5.1 Lehrämter

Eine lebendige Lehrerbildung überwindet die Abschottung zwischen den einzelnen Lehrämtern beziehungsweise Schularten und sprengt die Grenzen herkömmlicher Institutionen. Die separate Ausbildung für unterschiedliche Lehrämter ist von der Sache her überholt und steht der gemeinsamen pädagogischen Aufgabe im Wege. Sie erzeugt mentale Hindernisse bei der Kooperation der Lehrergruppen und Schularten untereinander. Neben notwendigen Schwerpunktsetzungen in bezug auf Altersstufen und Fächer sollte in Zukunft das Gemeinsame in der Lehrerausbildung stärker als bisher betont werden.

Wir empfehlen
- die Beschränkung auf zwei *inhaltlich unterschiedliche*, aber *gleichwertige* und *gleich besoldete* Lehrämter, eines für die Grund- und Mittelstufe, das andere für die Mittel- und Oberstufe;
- die Einführung eines alle Fachrichtungen und Stufen verbindenden gemeinsamen erziehungs- und gesellschaftswissenschaftlichen Grundstudiums, dessen Struktur für die Lehrämter identisch ist, auf der Veranstaltungsebene jedoch Differenzierungen mit Stufenbezug und inhaltlichen Schwerpunktsetzungen zuläßt;
- eine gleichwertige Ausbildung für beide Lehrämter von insgesamt sechs Jahren im Verhältnis von acht Semestern Studium und vier Semestern Praxisausbildung, wobei verschiedene Kooperationsformen denkbar sind. Dies schließt die Möglichkeit einer einphasigen Ausbildung ein.

Mit der Überschneidung der Lehrämter in der Mittelstufe wird zugleich *pädagogischen wie administrativen Erfordernissen* entsprochen:
- Sekundarstufenlehrer ohne die Möglichkeit eines vertiefenden Bezuges zur Grundschule haben kein professionelles Verständnis für die pädagogischen Belange der Grundschularbeit. Daher sollten sie schon in der Ausbildung Einblicke in die Probleme und Arbeitsweisen der Grundschule nehmen können.
- Lehrerinnen und Lehrer, die für beide Schulstufen qualifiziert

sind, sind bei Schwankungen der Schülerzahl variabler einzusetzen. Entlassungen aufgrund von Schülerrückgang in einer Schulstufe werden leichter vermieden, Einstellungskorridore für Nachwuchskräfte sind leichter offenzuhalten, wenn die Schülerzahlen in der einen oder anderen Schulstufe zurückgehen. Insbesondere im ländlichen Raum sind kombinierte Primar- und Sekundarstufen günstiger mit Personal zu versorgen.

- Grund- und Mittelstufenlehrer, die im Einzelfall mit steigendem Lebensalter für die Arbeit mit kleinen Kindern vielleicht weniger Interesse aufbringen, behalten eine Chance, nach einem Wechsel in die Sekundarstufe mit älteren Kindern zu arbeiten und neue Interessen für die Bedürfnisse und Möglichkeiten einer neuen Altersgruppe zu entwickeln.

- Die Einführung der sechsjährigen Grundschule wird generell erleichtert, wenn es von Anfang an stufenübergreifend qualifiziertes Lehrpersonal gibt.

Das gemeinsame erziehungs- und gesellschaftswissenschaftliche Grundstudium, das parallel zu mindestens zwei Unterrichtsfächern beziehungsweise Lernbereichen zu studieren ist, bildet den interdisziplinären Kern der Ausbildung und orientiert sich an zentralen Berufsaufgaben von Lehrerinnen und Lehrern. Es umfaßt Themenfelder wie Schule und Gesellschaft, Curriculum und Unterricht, Lehren und Erziehen. An dem Studienangebot wirken die Disziplinen Pädagogik (einschließlich Sozialpädagogik und Sonderpädagogik), Psychologie, Soziologie, Politikwissenschaft sowie Philosophie und Geschichte mit.

7.5.2 Orte der Ausbildung

Lehrerbildende Fachbereiche an Universitäten, Studienseminare und Ausbildungsschulen sind die wichtigsten Orte der Ausbildung.

Angesichts der zunehmenden Komplexität pädagogischer Aufgaben in der Grundschule und des schnellen Wandels gesellschaftlicher Verhältnisse ist ein wissenschaftliches Studium, das vielfältige Möglichkeiten zu forschendem Lernen bietet, unabdingbar. Dies kann im umfassenden Sinn nur an Universitäten geleistet werden. Inhalte, Ziele und Methoden von Erziehung und Unterricht sind in Studium und Beruf vor dem Hintergrund sich verändernder Bedingungen ständig neu zu reflektieren. Dazu bedarf es wissenschaftlicher Basisqualifikationen, die die Eigenständigkeit des Urteils und die Kritikfähigkeit grundlegend schulen.

Universitäten bieten allerdings nicht von vornherein und in jedem Fall günstige Voraussetzungen für eine reformorientierte, wissenschaftliche und der Praxis dienliche Grundschullehrerbildung. Sie müssen vielmehr institutionelle Strukturen schaffen, die der disziplinären Zersplitterung entgegenwirken, die Verbindung zur Schulpraxis stärken und alle an Lehramtsstudiengängen Beteiligten in einen interdisziplinären Dialog einbinden. «Zentren für Lehrerbildung» könnten diese Funktion übernehmen.

7.5.3 Zugänge zum Studium und Übergänge

Die pädagogische Arbeit in der Grundschule setzt eine entwickelte Persönlichkeit, Sympathie für Kinder, soziales Engagement, Verständnis für andere Lebensumstände und die abweichende Weltsicht anderer Menschen, Bereitschaft zur Selbstreflexion sowie ein hohes Maß an Kreativität und Belastbarkeit voraus.

Die Entscheidung für die Aufnahme eines Lehrerstudiums basiert in den seltensten Fällen auf einem Bewußtsein der außerordentlich vielfältigen und komplexen Anforderungen des Berufs. Wir empfehlen daher, daß

– mit der Einschreibung jeder Ausbildungskandidatin beziehungsweise jedes Ausbildungskandidaten die Möglichkeit zu einem Beratungsgespräch angeboten wird, in dem die berufsspezifischen Anforderungen und Voraussetzungen thematisiert werden;

– für die Studienanfänger eine gemeinsam von Hochschullehrern und älteren Studierenden gestaltete Einführungswoche stattfindet;

– von Studienbeginn an praktische Erprobungsmöglichkeiten in pädagogischen Tätigkeitsfeldern (wie Hausaufgabenhilfe, Schul-

sozialarbeit, Hortbetreuung, Lehrerassistententätigkeit, Jugend-
freizeitarbeit) angeboten werden;
- die Schulpraktika verstärkt für die Überprüfung der Berufswahlentscheidung genutzt werden.

Bei einem Mangel an Studienplätzen sollten diejenigen Bewerber
einen Bonus erhalten, die mindestens ein halbes Jahr in einer pädagogischen Einrichtung oder in einem anderen Beruf gearbeitet haben.
Auf diese Weise ließe sich ganz nebenbei der gesellschaftliche Erfahrungshintergrund zukünftiger Lehrer erweitern.

Neben einer Neugestaltung der Zugänge sollte auch der Übergang
von der Hochschule in die Praxis beziehungsweise zweite Ausbil-
dungsphase neu gestaltet werden. Die konkurrenzlastige und isolie-
rende Prüfungssituation, aus der heraus die Absolventinnen und Absolventen als einzelne entlassen werden, darf nicht der letzte Akt der
Ausbildung sein. Er dokumentiert eine Haltung der Beziehungslosig-
keit der Ausbildungsinstitution gegenüber ihren Absolventen, die
dann allein gelassen werden. Wünschenswert wäre eine «nachsor-
gende» Verantwortungsbereitschaft der Ausbildungsinstitutionen
für ihre Ausbildungskandidaten, die zum Beispiel in einem gemeinsam gestalteten Abschluß ihren Ausdruck finden könnte (etwa in
einem planmäßig stattfindenden offenen Erfahrungsaustausch, um
den anstehenden Übergang einschließlich aller damit einhergehen-
den Unsicherheiten gemeinsam zu reflektieren).

7.5.4 Prinzipien der Lehrerbildung

Lehrerbildung muß sich auf drei Ebenen vollziehen, die miteinander
in Korrespondenz stehen, und die Basis für die von uns geforderte
Innovationskompetenz bilden:
- die Ebene der Sachbildung,
- die Ebene der Sozialbildung und
- die Ebene der Selbstbildung.

Das Studium der Grundschullehrer wird seit der Integration in die
Universitäten verstärkt vom Fach her (von der «Sache» her) konzipiert und zur Didaktik beziehungsweise Methodik hingeführt. Wün-

schenswert wäre dagegen eine Bewegung in umgekehrter Richtung: vom Verständnis der Schüler, ihrer Lebenswelt, ihrer Erfahrungen und Lernformen aus zur Wissenschaft und Methodik. Schüler lernen außerhalb der Schule nicht in Fächern, sondern in situativen Zusammenhängen. Sie brauchen Lehrer, die sich um ein Verständnis ihrer alltagsweltlichen Erfahrungen bemühen und von diesem Verständnis her Didaktik und Fachwissenschaft zu einem zentralen Aspekt ihrer Ausbildung machen. *Sachbildung* in diesem Sinne darf sich nicht auf den Kenntnisstand der jeweiligen Bezugswissenschaft beschränken, noch darf Didaktik als Anhängsel der Wissenschaften verstanden werden. Die Didaktik ist vielmehr von bildungstheoretischen Begründungszusammenhängen her zu entwickeln und bedarf einer eigenen Aufmerksamkeit in der Forschung und Lehre der Hochschulen.

Da Lehrerinnen und Lehrer es immer mit einzelnen Schülern oder Schülergruppen zu tun haben, ist die *Sozialbildung* der zweite Aspekt ihrer professionellen Kompetenz. Sie brauchen soziale Sensibilität (zum Beispiel im Umgang mit vernachlässigten, gefährdeten, schwierigen Schülern), Glaubwürdigkeit im Vertreten inhaltlicher Positionen, Ernsthaftigkeit im Begleiten, Herausfordern und Unterstützen von Schülern, Verläßlichkeit und Einschätzbarkeit in sozialen Interaktionen, die Bereitschaft, Konflikten standzuhalten, die Fähigkeit, zu kooperieren und im Team zu arbeiten, kurz: ein hohes Maß an entwickelter sozialer Kompetenz. Eine reformierte Lehrerausbildung muß in Lernformen erfolgen, in denen entsprechende Haltungen und Verhaltensweisen aufgebaut werden können.

Da die Person des Lehrers beziehungsweise der Lehrerin selber Medium des Lernens und der Erfahrung ist, ist ihre *Selbstbildung* von ausschlaggebender Bedeutung. Dieser dritte Bereich einer kritisch reflektierten Praxiskompetenz ist in der traditionellen Lehrerausbildung sträflich vernachlässigt worden und gehört doch ins Zentrum. Eine erwachsene Erzieherperson muß die eigene Schul- und Erziehungsbiographie so weit verarbeitet haben, daß sie nicht blind ihre eigenen Affekte im Umgang mit Schülern ins Spiel bringt. Wahrnehmen zu können, welche ungewollten Nebenwirkungen das eigene Verhalten in sozialen Interaktionen auslöst und wie eventuell entstandene Blockierungen wieder aufgebrochen werden können, gehört zum unverzichtbaren Teil der Selbstkompetenz. Ausbildungsprozesse dieser Art wirken in sensible Bereiche der Persönlichkeitsentwicklung hinein. Sie brauchen einen geschützten Raum und kleine Lerngruppen. Daher gehören sie zum besonders personalintensiven Bereich aller Phasen der Lehrerausbildung.

Lehrerinnen und Lehrer werden später in der Schule so lehren, wie sie es in der Ausbildung gelernt haben. Mehr noch als den Studienseminaren kommt den Hochschulen die Verantwortung zu, experimentelle Freiräume zu eröffnen, in denen stereotype Lernformen zugunsten einer größeren Vielfalt überwunden werden. Deshalb muß die Ausbildung Gelegenheit bieten, unterschiedliche Lehr- und Lernformen durch eigenes Tun und Erleben auszuprobieren, und die zukünftigen Lehrerinnen und Lehrer darauf vorbereiten, für unterschiedliche Arbeitszusammenhänge begründete Entscheidungen über günstige Lernarrangements zu treffen. Formen, die für die Gestaltung von Schulleben und Lernarrangements unverzichtbar sind – wie Freiarbeit, Projektunterricht, Gruppenarbeit, Exkursionen –, müssen in der Ausbildung erprobt und selbständig umgesetzt werden können, weil sie nur dann als bereicherndes Repertoire, das die Enge und Einseitigkeit vorgefundener Praxis sprengt, eingesetzt werden und durch weitere Erfahrung und kritisches Nachdenken sinnvoll korrigiert und fundiert werden können.

7.5.5 Verzahnung von theoretischer und praktischer Ausbildung

Entscheidend für die Qualität der Lehrerbildung ist die gegenseitige Durchdringung theoretischer und praktischer Ausbildungselemente. Dazu bedarf es geeigneter Organisationsmodelle, eines gemeinsamen Dialogs zwischen den an der Ausbildung beteiligten Institutionen und Personen und phasenweise gemeinsamer Verantwortung.

Qualifizierte Praxiserfahrung zu einem frühen Zeitpunkt erlaubt einerseits eine nochmalige Überprüfung der Berufswahlentscheidung und schärft andererseits den Blick auf die Inhalte des weiteren

Studiums. Wie auch immer im einzelnen die organisatorische Einbindung von Praxisphasen gelöst wird, ihr Ausbildungsertrag wird von den begleitenden Veranstaltungen abhängen, in denen es unter Anleitung von Theoretikern *und* Praktikern darum geht, Praxis in ihren Entstehungs- und Wirkungszusammenhängen modellartig zu begreifen. Dazu folgende Anregungen:

Ausbildungsprojekte, die von Studenten oder Hochschullehrern organisiert werden (im Freizeitbereich, in der Schulsozialarbeit, in der Hausaufgabenhilfe, bei der kontinuierlichen Förderung bedürftiger oder schwieriger Schüler), helfen, die einzelwissenschaftliche Orientierung zu überwinden und an konkreten Aufgaben mit relativ genau umschriebener Eigenverantwortung Handlungskompetenzen zu erwerben und Praxiszusammenhänge genauer kennenzulernen.

Ein «*klinisches Semester*» (wie zum Beispiel ein integriertes Eingangssemester mit geregeltem begleitenden Praxiskontakt oder eine Lehrerassistentenzeit an ausgewählten Schulen), das von Anbeginn an dem Studium eine deutliche handlungsbezogene und reformorientierte Ausrichtung geben würde, verspricht eine bessere Fundierung des Studiums.

Spätestens nach vier Jahren ihrer Ausbildung müssen die angehenden Lehrerinnen und Lehrer in einem größeren Umfang eigenverantwortlich mit Unterrichtsaufgaben betraut, entsprechend in den Ausbildungsschulen eingesetzt und in die Kollegiumsarbeit gleichberechtigt einbezogen werden. Den Studienseminaren kommt hierbei die besondere Aufgabe zu, die Ausbildungskandidaten bei der Reflexion ihrer Praxis und der Selbstreflexion kontinuierlich – auch mit Angeboten zur Supervision – zu begleiten.

In allen Phasen der Ausbildung muß das Augenmerk stärker auf langfristige Prozesse der Veränderung und Erneuerung der Unterrichtsformen und auf damit in Zusammenhang stehende Lernentwicklungen von Schülern gerichtet werden als auf isolierte Einzelstunden, die traditionell zur Grundlage von Bewertungsprozessen gemacht werden und in einem kontraproduktiven Verhältnis zu den Reformbemühungen dieser Empfehlungen stehen. Voraussetzung dafür ist eine *strikte Trennung von Beratung und Bewertung,* weil nur dann die Gewähr für offene, angstfreie Inanspruchnahme von Beratungen gegeben ist. Beratung meint hier nicht nur die methodisch-didaktische Qualifizierung der angehenden Lehrerinnen und Lehrer. Sie schließt alle Aufgaben der schulischen Tätigkeit ein (einschließlich kooperativer Unterrichtsplanung, Durchführung und Auswertung).

7.5.6 Erweiterungsqualifikationen

Angesichts der umfassenden Ansprüche des Lehrerberufs und der Notwendigkeit, die eigene Kompetenz ständig zu erweitern, kann der verpflichtende Teil der Lehrerausbildung nicht mehr als eine Grundqualifikation darstellen, die den Berufseinstieg sichert und parallel zur Lehrertätigkeit Erweiterungsmöglichkeiten vorsieht. Solche Erweiterungsmöglichkeiten können sich sowohl auf stufenspezifische Erfordernisse (zum Beispiel Schulanfang und Anfangsunterricht) und auf inhaltliche Schwerpunktsetzungen (zum Beispiel musisch-ästhetische Erziehung; darstellendes Spiel in der Schule und anderes) als auch auf besondere Probleme (Integrationspädagogik, interkulturelle Pädagogik, Beratungsaufgaben und sozialpädagogische Aufgaben) beziehen.

Anreize für Erweiterungsqualifikationen sind zu schaffen, zum Beispiel dadurch, daß mit ihrem Erwerb eine Anhebung auf die nächsthöhere Dienstaltersstufe oder eine entsprechende Zulage verbunden ist.

7.5.7 Unterstützende Fort- und Weiterbildungsmaßnahmen

Primärer Träger schulischer Entwicklungsprozesse sind die Kollegiumsmitglieder der einzelnen Grundschule, nicht vorrangig der einzelne Lehrer oder die einzelne Lehrerin. Die am System einer Schule beteiligten Personen gewährleisten gemeinsam den Erfolg des Gesamtkonzeptes.

Für die Lehrerfortbildung ergibt sich daraus die Aufgabe, den Blick vom einzelnen Pädagogen vermehrt auf die Prozesse im System zu richten. Lehrerfortbildung muß die Schulen vor Ort in ihren Entwicklungsfragen und -problemen gezielt und verläßlich unterstützen. Dies geschieht zum Beispiel durch Begleitung und Beratung ihrer erzieherischen, unterrichtlichen und planerischen Aufgaben sowie bei Fragen des Schulmanagements.

Grundschulkollegien erkennen zunehmend, daß herkömmliche Fortbildungsformen ergänzungsbedürftig sind und daß schulinterne Fortbildung, die vom Kollegium gewollt und auf die spezifischen Erfordernisse der eigenen Schule hin geplant wird, hilfreich ist. *Das Kollegium als Subjekt des Fortbildungsprozesses* bestimmt selbst die Ziele, Inhalte und Formen seiner Entwicklung. Es ist verantwortlich für seine Weiterqualifizierung und dafür, daß das Kompetenzspektrum, das das Kollegium repräsentiert und nach Bedarf angereichert wird, den Aufgaben und dem Programm der Schule entspricht.

Unabhängig davon empfehlen wir, daß jede Lehrerin, jeder Lehrer in einem regelmäßigen Turnus mindestens alle zwei Jahre nach Beratung im Kollegium an einem Fortbildungsangebot teilnimmt und das dort Gelernte in einer pädagogischen Konferenz dem «aussendenden» Kollegium zugänglich macht.

Zur Überwindung von Schwierigkeiten in der *Berufseinstiegsphase*, aber auch bei Ermüdungserscheinungen (Nachlassen der Kreativität, Unlust, Häufung von Schwierigkeiten oder ähnlichem) muß berufsbegleitende Supervision für die Pädagogen zur Verfügung gestellt werden und auf freiwilliger Basis jederzeit in Anspruch genommen werden können. Sie ist eine der wirkungsvollsten Formen berufsbegleitender Fortbildung.

Lehrerarbeitskreise zu Schulentwicklungsprojekten, die den Austausch über die einzelne Schule hinweg aktivieren, sind ergänzende Formen, die auf interessegeleiteter, freiwilliger Mitarbeit beruhen, gleichwohl aber staatlicher Förderung (durch Bereitstellung von Experten ebenso wie von geeigneten Räumen und sächlichen Ressourcen) bedürfen.

Einer ähnlichen Unterstützung bedürfen die *Lernwerkstätten* als Anregungsorte und Zentren innerer Schulreform, die, wenn sie kontinuierlich und langfristig ihre Funktion erfüllen sollen, einer Vernetzung und lockeren Anbindung an bestehende Institutionen der Lehreraus-, -fort- und -weiterbildung bedürfen.

Die anregendste und zugleich nachhaltigste Form der Kenntniserweiterung sind gut vorbereitete und begleitete *pädagogische Reisen* in Nachbarländer zum Kennenlernen anderer Schulsysteme. Sie sollten in Zusammenhang mit konkreten schulischen Reformvorhaben geplant und an unterrichtsfreien Tagen durchgeführt werden.

7.5.8 Weitere Perspektiven

Eine Lehreraus- und -fortbildung, die sich auf Kinder, Schule und Unterricht beschränkt und Lehrertätigkeit nicht auch als politische Tätigkeit in einer bestimmten Gesellschaft mit erkennbaren Chancen und Gefährdungen begreift, verkürzt ihren Auftrag im Ansatz. Lehrerhandeln, das nicht gleichzeitig als soziales beziehungsweise politisches Handeln verstanden wird, verkommt zu einer Technik, die ihres Bildungssinns beraubt ist. Von daher müssen alle Formen der Aus- und -fortbildung nicht nur die eingangs genannten Prinzipien berücksichtigen und integrieren, sondern sich ihrer historisch gesellschaftlichen Bedingtheit bewußt sein und gleichzeitig dazu beitragen, sich in den aktuellen schulpolitischen Diskurs einzuschalten und an konkreten innovativen Entscheidungen mitzuwirken. Das wird dort eher gelingen, wo Lehrer und Lehrerinnen verschiedener Alters- und Erfahrungsstufen zusammenwirken können, ihre Perspektiven gegenseitig überprüfen und sich um die Lösung konkreter Probleme bemühen. Darum ist ein mehrjähriger Einstellungsstopp, der zu altershomogenen und in vielen Fällen überalterten Kollegien führt und gegenwärtig besonders für die neuen Bundesländer zu befürchten ist, eines der gravierendsten Reformhindernisse.

8 Bildungsökonomische Konsequenzen: der Personalbedarf der neuen Grundschule

Die Konzeption der «neuen Grundschule», wie sie in den vorangehenden Kapiteln entwickelt wurde, läßt sich weder mit den in den Schulen tradierten Mustern der Arbeitsteilung und -organisation noch mit dem bisher unzureichenden Stellenvolumen verwirklichen. Um der erforderlichen Diskussion über die ökonomischen Voraussetzungen der Realisierung dieser Konzeption eine verläßliche Basis zu geben, wird daher im folgenden der Versuch unternommen, die zentralen Bedarfsfaktoren der hier vorgelegten Empfehlungen zu benennen, zu quantifizieren und in eine Berechnung der Personalbedarfsentwicklung umzusetzen. Die dabei entstehende Bedarfsberechnung soll sodann in eine Darstellung der Lehrerbedarfsentwicklung insgesamt und in eine knappe Skizzierung der Perspektiven der Bildungsfinanzierung in Deutschland eingebettet werden. Die in den alten Bundesländern (ohne Berlin) und in den neuen Bundesländern (mit Berlin) so deutlich unterschiedlichen Entwicklungstrends machen es dabei notwendig, beide Bereiche jeweils gesondert zu betrachten.

8.1 Die Bedarfsfaktoren und der Personalbedarf

Die Berechnung der Bedarfsfaktoren orientiert sich an den Ausstattungsparametern und Modellen, die wir in Kapitel 7.3.8 beschrieben und quantifiziert haben. Für alle vier Modelle gilt dabei gemeinsam: Je Klasse wird als Grundausstattung ein Zeitbedarf von 25 Zeitstunden (fünf Vormittage von 8 bis 13 Uhr) angesetzt. Der über die Notwendigkeiten der Grundausstattung mit Lehrern und Erziehern hinausgehende Bedarf ergibt sich aus den Faktoren «kooperativer Unterricht», «Poolstunden» und «Schulleitung». Die Bedarfsfaktoren und die anschließende Bedarfsberechnung unterscheiden den Lehrer- sowie den Erzieherbedarf. Sie orientieren sich grundsätzlich an vollen Stellen – unbeschadet der Tatsache, daß im Rahmen von Teilzeitbeschäftigung eine volle Stelle von mehreren Personen «ausgefüllt» werden kann. Der Berechnung liegt die Formel

$$\text{Schüler je Lehrer} = \frac{\text{Schüler je Klasse}}{\text{Lehrerstelle je Klasse}} \text{ zugrunde.}$$

Die vier Modelle, für die der Personalbedarf gerechnet wurde, unterscheiden sich hinsichtlich der angenommenen Durchschnittsklassenfrequenzen (Schüler je Klasse oder S/K: 24 beziehungsweise 20) und hinsichtlich der zugrunde gelegten K-Zeiten des pädagogischen Personals (22,5 beziehungsweise 20,0 Wochenstunden). Die unterschiedlichen Kombinationen der je zwei Alternativen bei den Parametern K-Zeit und Frequenz sind bereits in Kapitel 7.3.8 in den Tabellen 1 und 2 aufgeführt worden.

Die ausführlichere Darstellung der Bedarfsfaktoren für die einzelnen Modelle erfolgt so, daß zunächst die Grundausstattung mit Lehrerstellen, sodann der Bedarf durch Unterrichtskooperation, der Poolstundenbedarf und schließlich der Bedarf für die Schulleitung dargestellt werden. Für die eigentliche Stellenbedarfsberechnung für Lehrerinnen und Lehrer werden diese einzelnen Elemente abschließend in einer einzigen Schüler-Lehrer-Relation «gebündelt». Ergänzt wird diese Berechnung dann noch um die Ermittlung des Stellenbedarfs für Erzieherinnen und Erzieher.

Grundausstattung Lehrer: Für jede Klasse und deren Zeitbedarf von wöchentlich 25 Zeitstunden sollen zur Deckung dieses Grundbedarfes 22,5 Stunden durch Lehrerinnen und Lehrer und weitere 2,5 Stunden durch Erzieherinnen und Erzieher zur Verfügung gestellt werden. Bei einer Kinderzeit von 22,5 bedeutet dies, daß je Klasse eine Lehrerstelle erforderlich ist; bei einer Kinderzeit von 20,0 Wo-

Tabelle 5:
Zusammenstellung der Betreuungsrelationen
(Lehrer und Erzieher für die Grundschule)

Bedarfsfaktoren		Modell A Anknüp-fungs-modell K-Zeit: 22,5 S/K: 24	Modell B Reformziel: Arbeitszeit-gerechtigkeit K-Zeit: 20 S/K: 24	Modell C Reformziel: kleine Klasse K-Zeit: 22,5 S/K: 20	Modell D Reformziel: optimale Ausstattung K-Zeit: 20 S/K: 20
Grundaus-stattung Lehrer	S/L	24,0	21,3	20,0	17,8
koopera-tiver Unter-richt	S/L	109,0	96,0	91,0	80,0
Stunden-pool	S/L	192,0	192,0	160,0	160,0
Schulleitung	S/L	256,0	256,0	213,0	213,0
gebündelt	S/L	16,7	15,1	13,9	12,5
Grundaus-stattung Erzieher	S/E	96,0	85,2	80,0	71,2

chenstunden erfordert dies 1,125 Lehrerstellen je Klasse. Je nach an-genommenen Klassenfrequenz- und K-Zeitwerten ergeben sich in den vier Modellen vier unterschiedliche Schüler-Lehrer-Relationen (vgl. dazu die Zusammenstellung in Tabelle 5).

Kooperativer Unterricht: Es wird unterstellt, daß für kooperativen Unterricht täglich je Klasse eine Stunde Kinderzeit zur Verfügung gestellt wird. Die so erforderlichen 5 Wochenstunden erfordern je nach K-Zeit-Alternative 0,22 beziehungsweise 0,25 Lehrerstellen. Die sich je nach Alternative daraus ergebenden Schüler-Lehrer-Rela-tionen finden sich ebenfalls in Tabelle 5.

Poolstellen: Für jeweils einen Zug einer Grundschule wird ein Stun-denpool im Umfang von einer halben Lehrerstelle veranschlagt. Je nach angenommener Klassenfrequenz ergeben sich daraus zwei unterschiedliche Schüler-Lehrer-Relationen (siehe Tabelle 5).

Schulleitung: Die Berechnung des Lehrerstellenbedarfs für die Schulleitung orientiert sich an dem Bedarf einer zweizügigen Grundschule. Sie geht davon aus, daß der Leiter oder die Leiterin einer solchen Schule mit drei Vierteln des Deputats von Unterrichtsverpflichtungen freigestellt ist; damit bleiben aus dem Deputat der Schulleitung etwa fünf Wochenstunden K-Zeit. Daraus ergeben sich je nach Klassenfrequenz zwei unterschiedliche Schüler-Lehrer-Relationen (vgl. Tabelle 5).

Grundausstattung Erzieher: Ergänzt wird der Bedarf an Lehrerinnen- und Lehrerstellen noch durch den Bedarf an Stellen für Erzieherinnen und Erzieher. Der Ermittlung der Bedarfsrelation liegt die Annahme zugrunde, daß je Klasse ein Viertel der ihr in der Grundausstattung zustehenden Lehrerstunden (22,5) als K-Zeit von Erziehern zur Verfügung steht (etwa 5,5 Stunden). 2,5 Stunden dieser Zeit werden zur Abdeckung der erforderlichen 25 Zeitstunden je Klasse benötigt (vgl. die Ausführungen zur Grundausstattung), die verbleibenden Stunden werden anderwärtig eingesetzt. Die sich so je nach Klassenfrequenz und K-Zeit, die bei Lehrern und Erziehern gleichermaßen mit 22,5 beziehungsweise 20,0 angesetzt wird, ergebenden Schüler-Erzieher-Relationen finden sich ebenfalls in Tabelle 5.

Gesamtrelation: Die Zusammenfassung der hier angeführten Bedarfsfaktoren führt für die vier Modelle zu vier Schüler-Lehrer-Relationen (S/L) und ebenfalls vier Schüler-Erzieher-Relationen (S/E) (vgl. Tabelle 5):

- Modell A, Anknüpfungsmodell: S/L = 16,7; S/E = 96,0
- Modell B, Reformziel «Arbeitszeitgerechtigkeit»: S/L = 15,1; S/E = 85,2
- Modell C, Reformziel «kleine Klasse»: S/L = 13,9; S/E = 80,0
- Modell D, Reformziel «optimale Ausstattung»: S/L = 12,5; S/E = 71,2

Diese verschiedenen Relationen stellen neben der Entwicklung der Schülerzahlen die zentralen Rechengrößen zur Bestimmung des Lehrerbedarfs dar. Zur Einordnung der Größenordnungen der ermittelten Schüler-Lehrer-Relationen ist ein Blick auf aktuell erreichte Relationen hilfreich. Die Schüler-Lehrer-Relation der Grundschule lag im Schuljahr 1994/95 im Durchschnitt aller Bundesländer bei 20,7. Die entsprechende Relation lag im gleichen Schuljahr bei den gymnasialen Oberstufen bei 11,3. Der Verweis auf diese beiden Relationen zeigt, daß die Lehrerausstattung der vier von uns vorgestellten Modelle zwischen der Ist-Ausstattung der gegenwärtigen Grundschulen und der Ist-Ausstattung der gymnasialen Oberstufen liegt.

Um nun den Lehrerbedarf für die Jahre bis 2010 in etwa abschätzen zu können, wurde für die alten Bundesländer (ohne Berlin) auf die Schülerzahlenprognose der Bund-Länder-Kommission für Bildungsplanung und Forschungsförderung zurückgegriffen. Für die neuen Bundesländer (einschließlich Berlin) wurde eine die aktuelle demographische Entwicklung besser aufgreifende eigene Schülerzahlenvorausschätzung herangezogen. Die getrennte Berechnung nach alten und neuen Bundesländern ist erforderlich, weil in den alten Bundesländern die Zahlen der Grundschüler in den kommenden Jahren deutlich ansteigen werden (von etwa 2,6 Millionen Anfang der neunziger Jahre auf etwa 3,0 Millionen um 2000), während in den neuen Bundesländern infolge des massiven Rückgangs der Geburtenzahlen die Grundschülerzahlen von Anfang der neunziger Jahre gut 0,9 auf knapp 0,5 Millionen nach der Jahrtausendwende zurückgehen werden.

Die Stellenbedarfsentwicklung auf der Grundlage der hier herangezogenen Schülerzahlenprognosen und der Schüler-Lehrer-(beziehungsweise Erzieher-)Relationen ergibt sich, wie in Tabelle 6 dargestellt, je nach Modell sehr unterschiedlich. Würden die Anfang der neunziger Jahre realisierten Schüler-Lehrer-Relationen konstant gehalten (alte Bundesländer: 20,1; neue Bundesländer: 19,1), so ergäbe sich im Westen ein Bedarfsanstieg von etwa 130000 auf knapp 150000 Vollzeitstellen im Jahr 2000 und ein anschließendes Absinken auf nur noch gut 113000 Stellen im Jahre 2010. Im Osten sinken

Tabelle 6: Stellenbedarfsentwicklung in Alternativen

alte Länder ohne Berlin

Alternativen		Betreuungs-relation (Schüler pro Stelle)	1992 Stellen (Ist)	2000 Schüler	2000 Stellen	2005 Schüler	2005 Stellen	2010 Schüler	2010 Stellen
Ist 92/93	Lehrer	20,1	130300	2997000	149104	2700000	134328	2281000	113483
Modell A	Lehrer	16,7			179461		161677		136587
Modell B	Lehrer	15,1			198477		178808		151060
Modell C	Lehrer	13,9			215612		194245		164101
Modell D	Lehrer	12,5			239760		216000		182480
Modell A	Erzieher	96,0			31219		28125		23760
Modell B	Erzieher	85,2			35176		31690		26772
Modell C	Erzieher	80,0			37463		33750		28513
Modell D	Erzieher	71,2			42093		37921		32037

Schülerzahl 1992/93: 2618000

neue Länder mit Berlin

		Betreuungs-relation (Schüler pro Stelle)	1992 Stellen (Ist)	2000 Schüler	2000 Stellen	2005 Schüler	2005 Stellen	2010 Schüler	2010 Stellen
Ist 92/93	Lehrer	19,1	48100	502000	26283	467000	24450	495000	25916
Modell A	Lehrer	16,7			30060		27964		29641
Modell B	Lehrer	15,1			33245		30927		32781
Modell C	Lehrer	13,9			36115		33597		35612
Modell D	Lehrer	12,5			40160		37360		39600
Modell A	Erzieher	96,0			5229		4865		5156
Modell B	Erzieher	85,2			5892		5481		5810
Modell C	Erzieher	80,0			6275		5838		6188
Modell D	Erzieher	71,2			7051		6559		6952

Schülerzahl 1992/93: 917000

die Bedarfswerte von etwa 48000 in den wenigen Jahren bis nach 2000 auf unter 25000 Stellen ab.

Dieser Status-quo-Entwicklung werden nun die unterschiedlichen Bedarfsentwicklungen unserer Modelle zur Seite gestellt. Im «sparsamsten» Modell A steigt *in den alten Bundesländern* der Bedarf bis zum Jahr 2000 auf etwa 180000 Lehrerstellen und auf weitere gut 31000 Erzieherstellen an. Im Jahre 2010 läge der Gesamtbedarf (Lehrer- und Erzieherstellen) mit etwa 160000 nur noch etwas über dem Stellenbestand, der bei einer konstanten Fortschreibung der Versorgungsrelationen im Jahr 2000 erforderlich wäre! In dem aufwendigsten Modell D steigen die Bedarfswerte bis zum Jahr 2000 auf etwa 240000 Lehrer- und weitere etwa 42000 Erzieherstellen; zusammen verdoppelt sich damit in dieser Variante mit insgesamt etwa 282000 der Stellenbedarf des Jahres 2000 gegenüber dem Bestand zu Beginn der neunziger Jahre. Im Jahr 2010 liegt der Stellenbedarf bei Lehrern und Lehrerinnen in dieser Variante bei 182000 und bei Erziehern bei 32000, also insgesamt bei 214000.

In den neuen Bundesländern reduziert sich der Stellenbedarf in dem am wenigsten aufwendigen Modell A von etwa 48000 Anfang der neunziger Jahre auf etwa 28000 Lehrer- und gut 5000 Erzieherstellen im Jahr 2005. In dem kostspieligsten Modell D verringert sich der Bedarf auf gut 37000 Lehrer- und auf zusätzliche knapp 7000 Erzieherstellen. Damit liegt auch in dem aufwendigen Modell D der Gesamtbedarf mit 44000 Stellen deutlich unter (!) dem aktuellen Bestand von 48000 Lehrerstellen.

8.2 Die Lehrerbedarfsentwicklung in Deutschland

Zur Einschätzung der Entwicklung des Stellenbedarfs der Grundschulen, so wie er sich aus der hier präsentierten Studie zur Grundschule ergibt, ist eine Einbettung der alternativen Bedarfswerte in die derzeit bundesweit vorausgeschätzte Entwicklung des Lehrerbedarfs aller Schulstufen hilfreich. Diese Entwicklung läßt sich, auf der Basis der beiden bereits angesprochenen Schülerzahlenvorausschätzungen und bei Annahme konstanter Schüler-Lehrer-Relationen, wie folgt charakterisieren (vgl. Tabelle 7, S. 268/69):

Ganz unabhängig von unseren Empfehlungen steigt im Westen Deutschlands, also *in den alten Bundesländern* ohne Berlin, der Lehrerstellenbedarf bei Fortschreibung des Status quo von einem Bestandswert von etwa 532000 zu Beginn der neunziger Jahre auf einen Spitzenwert von fast 628000 im Jahr 2005 an. Auch im Jahr 2010 liegt der Bedarfswert mit fast 580000 noch deutlich über den aktuellen Stellenzahlen. Da sich in dem gleichen Zeitraum die Zahl der jetzt beschäftigten Lehrerinnen und Lehrer, in Stellen gerechnet, aufgrund des Ausscheidens aus dem Schuldienst von etwa 532000 auf nur noch etwa 212000 vermindert, können in den Jahren bis 2010 – wenn die Versorgungsrelationen tatsächlich konstant bleiben sollten – etwa 320000 Stellen wieder besetzt werden. Im Bereich der Grundschulen können in diesem Zeitraum – unter den gleichen Annahmen – im Westen Deutschlands fast 63000 Stellen neu besetzt werden – im Jahresdurchschnitt etwa 3500.

In den neuen Bundesländern (unter Einschluß Berlins) ergibt sich in Folge des drastischen Geburtenrückgangs in den Jahren von 1989 bis 1994 eine deutlich andere Entwicklung. Nach einem kurzfristigen Anstieg der Bedarfswerte von etwa 183000 im Jahr 1992 auf gut 188000 Stellen im Jahr 2000 sinkt der Lehrerbedarf bei Fortschreibung der derzeitigen Schüler-Lehrer-Relationen in kürzester Zeit auf ungefähr 105000 Stellen im Jahr 2010. Da zu diesem Zeitpunkt die jetzt bereits beschäftigten Lehrenden noch etwa 99000 Stellen besetzen werden, bleibt im Zeitraum bis 2010 insgesamt nur ein Einstellungsbedarf für etwa 6000 zu besetzende Stellen – sofern es nicht zwischenzeitlich zu Kündigungen im großen Umfang oder zu einer drastischen Steigerung der Teilzeitbeschäftigung kommt.

Im Bereich der Grundschulen stellt sich die absehbare Entwicklung noch dramatischer dar: Dem Lehrerbestand von etwa 48000 zu Beginn der neunziger Jahre steht ein Bedarf von nur noch gut 26000 zu besetzenden Stellen im Jahr 2000 gegenüber. Auch im Jahr 2010 liegt der erwartbare Bedarf in dieser Größenordnung. Da im Jahr 2010 den etwa 26000 zu besetzenden Stellen eine Zahl von jetzt schon im

Tabelle 7: Lehrerbedarf und Lehrerbestand

alte Länder ohne Berlin bei konstanten Schüler-Lehrer-Relationen

Jahr	Stufe	1992	2000	2005	2010
Schüler-zahlen	Primarstufe (1–4)	2618000	2997000	2700000	2281000
	Sekundarstufe I (5–10)	3511000	4202000	4404000	3979000
	S II–A	520000	665000	748000	766000
	S II–B	2028000	2037000	2230000	2317000
	Sonderschulen	259000	298000	291000	257000
	insgesamt	8936000	**10199000**	**10373000**	**9600000**
Lehrer-bedarf	Primarstufe (1–4)*		149200	134400	113600
	Sekundarstufe I (5–10)		270400	283400	256100
	S II–A		63800	71800	73500
	S II–B		85100	93100	96400
	Sonderschulen		46200	45100	39900
	insgesamt		**614700**	**627800**	**579500**
Lehrer-bestand	Primarstufe (1–4)	130300	105900	79500	50700
	Sekundarstufe I (5–10)	226000	183700	137900	87900
	S II–A	49900	40600	30400	19400
	S II–B	85700	69400	53600	36200
	Sonderschulen	40200	32800	25800	17900
	insgesamt	532100	**432400**	**327200**	**212100**

* Abweichungen gegenüber der Tabelle 6 ‹Stellenbedarfsentwicklung in Alternativen› ergeben sich durch Rundungen.

Quelle: Bund-Länder-Kommission für Bildungsplanung und Forschungsförderung: Langfristige Personalentwicklung im Schulbereich der alten und neuen Bundesländer, Bonn 1994.

neue Länder mit Berlin bei konstanten Schüler-Lehrer-Relationen

Jahr	Stufe	1992	2000	2005	2010
Schüler- zahlen	Primarstufe (1–4)	917 000	502 000	467 000	495 000
	Sekundarstufe I (5–10)	1 290 000	1 391 000	809 000	685 000
	S II–A	114 000	263 000	210 000	118 000
	S II–B	434 000	602 000	481 000	269 000
	Sonderschulen	101 000	93 000	62 000	58 000
	insgesamt	2 856 000	**2 851 000**	**2 029 000**	**1 625 000**
Lehrer- bedarf	Primarstufe (1–4)*		26 300	24 400	25 900
	Sekundarstufe I (5–10)		97 300	56 600	47 900
	S II–A		22 700	18 100	10 200
	S II–B		27 300	21 800	12 200
	Sonderschulen		14 700	9 900	9 200
	insgesamt		**188 300**	**130 800**	**105 400**
Lehrer- bestand	Primarstufe (1–4)	48 100	42 300	34 100	26 500
	Sekundarstufe I (5–10)	90 200	79 300	64 000	49 700
	S II–A	9 800	8 600	6 900	5 400
	S II–B	18 300	15 500	12 100	8 800
	Sonderschulen	16 100	13 900	11 000	8 500
	insgesamt	182 500	**159 600**	**128 100**	**98 900**

* Abweichungen gegenüber der Tabelle 6 ‹Stellenbedarfsentwicklung in Alternativen› ergeben sich durch Rundungen.

Quelle: Bund-Länder-Kommission für Bildungsplanung und Forschungsförderung: Langfristige Personalentwicklung im Schulbereich der alten und neuen Bundesländer, Bonn 1994 (Lehrerbestandsentwicklung), und eigene Berechnungen (Entwicklung der Schülerzahlen und Lehrerbedarf).

Dienst befindlichen Lehrerinnen und Lehrern gegenübersteht, die zur Besetzung dieser Stellen ausreichen wird, sind bis dahin – wenn es keine Kündigungen und keine starke Ausweitung der Teilzeitbeschäftigung geben wird – keinerlei Neueinstellungen erwartbar. Zwischenzeitlich – etwa im Jahre 2000 – übersteigt der von den jetzt Beschäftigten verbleibende Bestand, in Stellen gerechnet, mit gut 42 000 den Bedarf von reichlich 26 000 dramatisch.

Ordnet man nun die Bedarfsentwicklung, die sich aus unserem Konzept einer von Grund auf erneuerten Grundschule ergibt, in die Lehrerbedarfsentwicklung einer, was die Versorgungsrelationen angeht, Status-quo-Betrachtung ein, so zeigt sich: Im Westen würde der ohnedies in den Jahren bis 2010 steigende Lehrerbedarf bei Realisation aller unserer Vorschläge noch weiter ansteigen. Die Bedarfssteigerung im Grundschulbereich würde nicht durch Bedarfsminderungen in anderen Schulstufen ausgeglichen – es sei denn, es käme dort zu deutlichen Verschlechterungen der Versorgungsrelationen. Im Osten dagegen ließen sich die hier vorgeschlagenen Reformkonzeptionen selbst noch in der «teuersten» Variante mit einem Stellenvolumen realisieren, das deutlich geringer als das derzeit erreichte Volumen ausfallen könnte.

8.3 Perspektiven der Bildungsfinanzierung

Da die Vorschläge für eine Neugestaltung der Grundschule, die hier entwickelt werden, in Deutschland insgesamt so ganz offensichtlich eine erhebliche Ausweitung der den Grundschulen verfügbaren Stellen für Lehrerinnen und Lehrer sowie für Erzieherinnen und Erzieher erfordern, ist für die Einschätzung der Realisierungsbedingungen ein Blick auf die Perspektiven der Bildungsfinanzierung erforderlich.

Mitte der neunziger Jahre haben die öffentlichen Ausgaben für das Bildungssystem im Vergleich zu früheren Jahren deutlich an Gewicht verloren. Die Bedeutung der Bildungsausgaben (gemessen an ihrem Anteil an allen öffentlichen Haushalten und am Bruttoinlandsprodukt) wurde in den alten Bundesländern nach einem bemerkenswer-

ten Anstieg von 1965 bis 1975 relativ abgeschwächt: 1975 – am Ende
der Reformphase und auf dem Höhepunkt der Bildungsausgaben –
wurden 15,8 Prozent aller öffentlichen Haushaltsmittel, also der
Summe der Haushalte der Kommunen, der Länder und des Bundes,
für Bildungsaufgaben ausgegeben. Dies entsprach 5,5 Prozent des
Bruttoinlandsproduktes.

Danach setzte ein lang anhaltender Bedeutungsverlust der öffentlich finanzierten Bildungsanstrengungen ein. Bis 1990 reduzierten
sich die jährlichen Anteile der Bildungsausgaben an allen öffentlichen
Haushalten auf nur noch 13,9 Prozent. Für die Jahre danach läßt sich
dieser Indikator nicht mehr benutzen: Die vereinigungsbedingte
Aufblähung insbesondere des Bundeshaushaltes führt dazu, daß der
Anteil der traditionellen Ausgabenblöcke am Gesamthaushalt sinkt,
selbst wenn diese Ausgabenblöcke je für sich gesteigert worden wären. Daß es aber auch in den Jahren nach 1990 zu keiner Trendwende
gekommen ist, belegen die Anteile der öffentlichen Bildungsausgaben am Bruttoinlandsprodukt: Dieser Anteilswert ist von 1975 noch
5,5 Prozent auf nur noch 4,2 Prozent im Jahre 1990 gesunken; seither verharrt er auf diesem relativ niedrigen Niveau. Das Ausmaß
dieses Bedeutungsverlustes wird deutlich, wenn man einmal spielerisch nach dem Volumen der Bildungsausgaben fragt, das bei einem
Halten des Anteilswertes auf dem Niveau von 1975 (5,5 Prozent) zur
Verfügung gestanden hätte. Ein Nachrechnen ergibt: Wenn 1992 im
Gebiet der früheren Bundesrepublik noch 5,5 Prozent des Bruttoinlandsproduktes für Bildung eingesetzt worden wären, so hätten mit
153,9 Milliarden DM insgesamt 35,2 Milliarden DM mehr zur Verfügung gestanden, als tatsächlich bereitgestellt wurden.

Die relative Verringerung der Bildungsanstrengungen hat in den
alten Bundesländern die einzelnen Bereiche des Bildungssystems unterschiedlich getroffen. Für den großen Ausgabenblock «Schule» ergibt sich das folgende Bild: In diesem Bereich hat sich der Anteil der
Ausgaben am Bruttoinlandsprodukt, der für jeweils 1 Million Schülerinnen und Schüler aufgebracht wurde, zwischen 1975 und 1985 in
etwa auf einem Niveau zwischen 0,25 Prozent und 0,26 Prozent gehalten; erst nach 1985 sinkt dieser Anteilswert auf 0,24 Prozent

leicht ab. Diese nur geringe und späte Verminderung des relativen Ausgabenanteils im Schulbereich erklärt sich daraus, daß die Reduktion des Anteils aller Schulausgaben am Bruttoinlandsprodukt mit einem starken Schülerzahlenrückgang verbunden war. Gleichwohl ist es bemerkenswert, daß seit 1985 der Anteil je einer Million Schüler sinkt, daß also seither das Absinken der Schulausgaben nicht mehr mit einem Rückgang der Schülerzahlen begründet werden kann.

Insgesamt zeichnet sich bei einem Blick auf die öffentlich getragenen Bildungsausgaben (im Gebiet der alten Bundesländer) folgender Gesamteindruck ab: Nach 1975 hat sich ein kontinuierlicher Verlust des Gewichts der Bildungsausgaben innerhalb des Spektrums aller öffentlichen Ausgaben ergeben. Von dieser relativen Schlechterstellung waren die Schulen infolge des starken Rückgangs der Schülerzahlen zunächst gar nicht und erst nach 1985 allmählich betroffen.

Von diesem Ausgangspunkt her tritt das Bildungssystem insgesamt in eine Phase ein, in dem die durch die Zahl der Lernenden hervorgerufene Nachfrage nach Bildungsausgaben auf breiter Front wieder steigt – nicht zuletzt auch im Schulbereich. Die Aussichten darauf, daß dem mit einem Anstieg des Mitteleinsatzes entsprochen wird, sind mehr als ungünstig, da öffentliche Verschuldung, steigende Pensionslasten und die Konkurrenz anderer öffentlicher Aufgabenbereiche um die knappen Ressourcen einer Steigerung der Bildungsausgaben im Wege stehen.

Die *öffentliche Verschuldung* hat in Deutschland ein bisher nicht gekanntes Ausmaß erreicht. Ende 1993 betrug sie im gesamten Bundesgebiet und bezogen auf alle öffentlichen Haushalte (Bund, Länder und Gemeinden) sowie auf den Fonds Deutsche Einheit und den Kreditabwicklungsfonds etwa 1,4 Billionen DM – mit steil steigender Tendenz. Um das Ausmaß dieser Verschuldung angemessen bewerten zu können, ist ein Verweis auf ihre Relation zum Bruttoinlandsprodukt hilfreich: Ende 1993 machten die Schulden der öffentlichen Haushalte zusammen etwa 45,5 Prozent des Bruttoinlandsproduktes eines Jahres aus. Diese hohe Staatsverschuldung belastet mit dem aus ihr resultierenden Schuldendienst die öffentlichen Haushalte zusehends: Im Jahre 1993 lagen die öffentlichen Kreditkosten bei 106 Milliarden DM. Damit nähern sie sich der Höhe der Bildungsausgaben der alten Bundesländer. Brisant an dieser Entwicklung ist, daß die Kreditkosten Jahr für Jahr vorab den Teil der öffentlichen Haushalte verkleinern, über den die Parlamente im Rahmen ihrer Haushaltsberatungen tatsächlich noch verfügen können.

Eine ähnliche Entwicklung, die die Verfügungsmasse der Parlamente einschränkt, wird von den Pensionskosten der kommenden Jahre verursacht. Da Pensionsleistungen anders als Rentenleistungen nicht durch Rückstellung beziehungsweise die Beitragszahlungen der aktiven Beamten angespart oder bereitgestellt werden, müssen die jährlich für Pensionen erforderlichen Mittel dem jeweils laufenden Haushalt entnommen werden. Dies wirkt sich in den kommenden Jahren fatal aus: Infolge der Altersstruktur der beschäftigten Beamten steigt in den vor uns liegenden Jahrzehnten in den alten Ländern die Zahl der Pensionäre von etwa 800 000 im Jahr 1990 auf 1,05 Millionen im Jahr 2010 und sogar auf 1,2 Millionen im Jahr 2020 an. Pensionszahlungen für bis zu 400 000 Pensionäre zusätzlich werden die Haushalte stark einschnüren.

Die durch Schuldendienst und Alterssicherung zusätzlich belasteten öffentlichen Haushalte sehen sich nicht nur wachsenden Mittelanforderungen aus dem Bildungssystem gegenüber: Mit ebenfalls guten Gründen mahnen zum Beispiel die Gesundheitspolitik, die Arbeitsmarktpolitik oder auch die Umweltpolitik die Bereitstellung zusätzlicher Mittel an. Vor diesem Hintergrund der wachsenden öffentlichen Verschuldung, steigender Kosten der Alterssicherung und einer härter werdenden Konkurrenz beim «Kampf» um knappe Ressourcen benötigt das Bildungssystem sehr gute Gründe, wenn es in den kommenden Verteilungskämpfen erfolgreich bestehen soll. Wir werden die «guten Gründe» im folgenden noch einmal zusammenfassen und konkrete Überlegungen zur Realisierung der neuen Grundschule unterbreiten.

9 Überlegungen zur Realisierung der neuen Grundschule

Staat und Gesellschaft verlangen von der Schule heute mehr und anderes, als traditionell den schulischen Auftrag ausmachte. In modernen Gesellschaften gewinnt die Integration unterschiedlicher Traditionen, Kulturen und Sprachen besondere Brisanz. Wir haben in diesem Zusammenhang von der Grundschule als einer gesellschaftlichen Basisinstitution gesprochen, von der die erste und grundlegende Integrationsleistung erwartet wird: Die Grundschule muß Gemeinsamkeit entstehen lassen *und* die Unterschiedlichkeit der Kinder produktiv aufnehmen. Die Funktionserweiterung der Schule wie auch der gesellschaftliche Wandel insgesamt machen den Bedarf nach einer Modernisierung der Schule dringlicher, auch wenn dies gegenwärtig der Öffentlichkeit noch nicht völlig bewußt ist. Schulreformentwürfe sind daher so notwendig wie kaum zuvor.

Mit diesen Empfehlungen wird das Konzept einer neuen Grundschule vorgelegt. Im vorangegangenen Kapitel wurden vier Modelle mit unterschiedlichen finanziellen Folgen diskutiert. Modell D, die teuerste Variante, würde in den alten Bundesländern für die Grundschulen bis zum Jahre 2000 gegenüber dem jetzigen Stellenbestand fast 110000 neue Lehrer- und etwa 42000 Erzieherstellen erfordern. In den neuen Bundesländern würde dieses Modell infolge des Geburtenrückgangs ohne weiteres realisiert werden können und darüber hinaus immer noch einen Abbau von etwa 8000 Lehrerstellen zulassen.

Der Ausbau im Westen, der mit diesem Modell verbunden wäre, mag auf den ersten Blick utopisch erscheinen. Allerdings wären die Grundschulen – und dies relativiert den utopischen Charakter der erforderlichen Stellenvermehrung – selbst mit dieser Variante in der

Schüler-Lehrer-Relation immer noch schlechter gestellt als derzeit die gymnasiale Oberstufe, deren Schüler-Lehrer-Relation im Bundesdurchschnitt bei 11,0 liegt.

Die Realisierung der neuen Grundschule wirft daher die Frage auf, wieviel Geld Staat und Gesellschaft für die grundlegende Schulstufe einzusetzen bereit sind und wie sie die Prioritäten setzen: sehr gute Personalausstattung für wenige, privilegierte Schüler am Ende ihrer Schullaufbahn oder für *alle* Kinder zu einem Zeitpunkt, zu dem sie ihre schulische Laufbahn beginnen und die Weichen für einen erfolgreichen Start und das Erreichen der grundlegenden Bildungsziele gestellt werden.

Zur Kostenrelevanz der Reformvorschläge

Die vorliegenden Empfehlungen sehen ein Bündel von Maßnahmen vor. Die einzelnen Reformvorschläge, die von der Vorstellung einer neuen Grundschule aus entwickelt wurden, stellen eine Einheit dar. Sie sind daher nicht beliebig voneinander abzukoppeln. Nicht alle erfordern zusätzliche materielle Ressourcen, alle jedoch ein Umdenken.

Zu den eher kostenneutralen Reformvorschlägen gehören:
- die Rückbesinnung auf und Vergewisserung über den Bildungsauftrag der Grundschule;
- die konsequente Gestaltung der Grundschule als Lebens- und Lernort;
- die fachdidaktischen Innovationen für einzelne Lernbereiche und lernbereichsübergreifende Aufgabenfelder;
- die Einführung von Lernentwicklungsberichten auf allen Klassenstufen;
- die Veränderung des Übergangsverfahrens und die Neugestaltung der Zusammenarbeit zwischen Primar- und Sekundarbereich;
- die Angliederung der Klassen 5 und 6 an die Grundschule und deren Ausbau zu einer Brückeninstitution mit Elementen und Personal aus beiden Stufen;
- die Erweiterung der Selbständigkeit der einzelnen Schule;

– die Erprobung jahrgangsübergreifender Lernformen und -gruppen;
– ein Teil der Vorschläge zur veränderten Raumgestaltung und Raumnutzung;
– die Neugestaltung der Zusammenarbeit zwischen Elternhaus und Schule;
– die Vorschläge zur Arbeitszeit der Pädagoginnen und Pädagogen, soweit vom derzeitigen Stand der Arbeitszeit ausgegangen und nur deren Umverteilung vorgeschlagen wird.

Andere Maßnahmen sind kostenrelevant, insbesondere:
– die Einführung der Ganzen Halbtagsschule für alle Grundschulkinder;
– die Integration aller Kinder mit Behinderungen;
– die Neugestaltung der Schulanfangsstrukturen im Sinne eines «integrativen Schulanfangs»;
– die Verwirklichung von mindestens fünf Zeitstunden kooperativen Unterrichts pro Woche in jeder Grundschulklasse;
  die Veränderung der Personalstrukturen der Grundschulen, indem in jeder Klasse eine Erzieherin oder ein Erzieher mit einem viertel Deputat arbeitet;
– die Verringerung der Klassenstärken auf 20 Kinder pro Klasse (Reformziel «kleine Klasse»);
– die weitere Entlastung der Schulleiterinnen und Schulleiter von Unterrichtsverpflichtungen, damit diese ihre Leitungsaufgaben besser wahrnehmen können;
– die Reduzierung der «Kinder-Zeit» der Pädagoginnen und Pädagogen in der Arbeitszeitberechnung (Reformziel «Arbeitszeitgerechtigkeit»);
– mehr und besser ausgestattete Flächen beziehungsweise Räume in den Grundschulen.

Mit Ausnahme des letzten Vorschlags, der Investitionen der Gemeinden voraussetzt, erfordern alle anderen Maßnahmen mehr Personal. Sie schlagen sich in der Verbesserung der Schüler-Lehrer-Relation und der Erhöhung des Stellenbestands in den Grundschulen nieder, die je nach Modell verschieden ausfallen.

Bei der Beurteilung der damit verbundenen Kosten sollte gesehen werden, daß die in Deutschland je Grundschüler eingesetzten Mittel im internationalen Vergleich ausgesprochen gering sind. Die 1995 von der OECD vorgelegten Vergleichsdaten zu den Bildungsausgaben je Schüler belegen, daß die alten Bundesländer 1992 je Grundschüler durchschnittlich 2980 Dollar ausgegeben haben. Der Durchschnittsbetrag, der (berechnet auf der Basis eines kaufkraftbereinigten Wechselkurses) im gleichen Jahr in den OECD-Ländern je Grundschüler aufgebracht und verausgabt wurde, lag bei 4170 Dollar.[12] Angesichts der Tatsache, daß die alten Bundesländer bei ihrem je Einwohner erwirtschafteten Bruttoinlandsprodukt in der Spitzengruppe der OECD rangieren, sollte dieser Hinweis Mut zu Forderungen nach einer Verbesserung der Grundschulausstattung in Deutschland machen. Die Grundschule in Deutschland ist objektiv unterfinanziert.

Überlegungen zur Sicherung des Personals

In den neuen Bundesländern sind die Lehrerinnen und Lehrer, die zur Verwirklichung aller Reformmaßnahmen gebraucht werden, an den Schulen bereits vorhanden. Auch die Erzieherinnen und Erzieher für Schulen stehen auf dem Arbeitsmarkt zur Verfügung. Sofern wir darauf verzichten wollen, vorhandene Lehrerinnen und Lehrer in die Arbeitslosigkeit zu entlassen, und sofern sich die Parlamentarier dazu entschließen könnten, die arbeitslosen Erzieherinnen und Erzieher statt über die Sozial- über die Schulhaushalte zu finanzieren, kann die neue Grundschule in den östlichen Bundesländern sofort eingeführt werden. Die Politikerinnen und Politiker insbesondere der neuen Bundesländer sollten daher dringend prüfen, ob der Vorteil einer vorbildlichen Grundstufe des Bildungswesens, der sich für Ostdeutschland daraus ergäbe, nicht den Einsatz wert wäre.

Die Situation in den alten Bundesländern ist insofern schwieriger,

---

12 Vgl. OECD: Bildung kompakt. OECD-Indikatoren. Paris 1995, S. 89.

als hier bei steigenden Schülerzahlen schon zum Erhalt des schlechten Status quo sehr viele neue Stellen erforderlich sind, die dem Schulbereich gleichwohl von den Finanzpolitikern versagt werden. Zu fragen ist also, wie den Grundschulen die notwendigen Mittel zu einer zukunftsorientierten Neugestaltung der Grundschule zur Verfügung gestellt werden.

Überlegungen zur Beschaffung von Finanzmitteln

Wir empfehlen, die Frage nach der Verwendung von Mitteln und nach der Erschließung neuer Finanzressourcen zu prüfen und die Verteilungsgerechtigkeit auf mehreren Ebenen zu diskutieren:

- Sind die Gewichte zwischen Staatsausgaben und privaten Konsummöglichkeiten in unserer Gesellschaft richtig gesetzt?
- Erhält im Konzert der staatlichen Aufgaben das Bildungswesen ausreichende Finanzmittel?
- Werden innerhalb der Bildungshaushalte die zur Verfügung stehenden Mittel gerecht und sinnvoll verteilt?
- Wie kann in der (Grund-)Schule mit den zur Verfügung stehenden Mitteln effizienter gearbeitet werden?

Auf allen diesen Ebenen sind nicht oder kaum zu rechtfertigende Prioritätensetzungen und die Verschwendung von Mitteln zu erkennen. Staat und Gesellschaft – insbesondere die von den Bürgern gewählten Parlamentarier – räumen der Bildungsaufgabe nicht den Rang ein, der ihr gebührt. Während an der Förderung benachteiligter Kinder gespart wird, wird eine weitergehende Besteuerung von Luxusgütern vermieden. Die Bildungsaufgaben, die von allen finanziert werden, kommen vor allem den Schichten zugute, deren Kinder länger zur Schule gehen. Auf diese Weise profitieren die privaten Haushalte Besserverdienender vom öffentlich finanzierten kostenlosen Angebot.

So gesehen wäre es durchaus vertretbar, gutverdienende Bevölkerungsgruppen stärker an der Finanzierung von Bildungsaufgaben zu beteiligen und dadurch dem Bildungswesen insgesamt mehr Mittel zu erschließen. Zweckgebundene Steuererhöhungen dieser Art würden alle Haushalte oberhalb bestimmter Einkommensgrenzen treffen und wären gerechter als Kürzungen, die nur auf die Beamten- oder Lehrergehälter beschränkt wären und den Zweck der Ressourcenverbesserung durch die Senkung von Staatsausgaben anstreben.

Zur Frage der durchschaubaren und begründeten Verteilung der Mittel innerhalb der einzelnen Ressorts der Länderhaushalte ist zunächst festzustellen, daß eine Reihe von technologischen Großprojekten das Vertrauen der Bürger in den rationalen Umgang mit Steuergeldern erschüttert hat. Für Bildungsausgaben steht zuwenig Geld zur Verfügung. Ihr Anteil am Bruttoinlandsprodukt ging zwischen 1975 und 1990 von 5,5 Prozent auf nur noch 4,2 Prozent zurück. Bezogen auf die öffentlichen Haushaltsmittel, sanken, wie im Kapitel 8 im einzelnen ausgeführt wurde, die Bildungsausgaben im gleichen Zeitraum von 15,8 Prozent auf nur noch 13,9 Prozent. 35,2 Milliarden DM hätten auf dem Gebiet der alten Bundesrepublik 1992 zusätzlich zur Verfügung gestanden, wenn der Anteil der Bildungsausgaben an allen Haushaltsmitteln noch dem Stand von 1975 entspräche. Wenn diese Mittel zukünftig wieder bereitgestellt würden, würden sie eine umfassende Reform der Schule sofort erlauben.

Umverteilungen *innerhalb* des Bildungswesens lassen sich nur unter Vorbehalt ins Gespräch bringen, da jeder Vorschlag dieser Art den Verdacht auslöst, einer Schulstufe oder Schulart Vorteile auf Kosten einer anderen verschaffen zu wollen. Als ein Beispiel vermeidbarer Kostensteigerung im Bildungswesen kann allerdings darauf hingewiesen werden, daß eine nicht geringe Anzahl von Schülerinnen und Schülern die Sekundarstufe II gleich zweimal durchläuft, um sowohl einen allgemeinbildenden als auch einen berufsbildenden Abschluß zu erwerben. Eine Reform der Sekundarstufe II mit der Möglichkeit einer Doppelqualifikation verspräche auch ökonomische Vorteile.

Zur Erschließung neuer Mittel kann nicht zuletzt das Bildungswesen selbst beitragen, indem die vorhandenen Mittel sorgfältiger und sinnvoller eingesetzt werden. Einzelne Schulen beweisen schon heute, daß die autonome Schule Kosten sparen kann, unter anderem auf dem Wege der Kostentransparenz und durch Selbstbewirtschaftung etwa von Strom, Heizwärme, Gas und Wasser.

Das Konzept der neuen Grundschule wird auch mit der Absicht vorgelegt, Kosten einzusparen, beispielsweise durch:

- den weitgehenden Abbau der Sonderschulen für Lernbehinderte, Verhaltensauffällige und Sprachbehinderte, der durch den integrativen Unterricht ermöglicht wird (damit würden zugleich immense Kosten für den Schülertransport eingespart!);
- die eindeutige Regelung der Verantwortlichkeit für die Kinderbetreuung während des Schulvormittags im Zuge der Ganzen Halbtagsschule, die vermeidet, daß gleichzeitig private und weitere staatliche Einrichtungen für diese Aufgabe zur Verfügung gehalten werden müssen;
- die Reduzierung von Arbeitsausfällen und Frühpensionierungen des pädagogischen Personals durch mehr Arbeitszufriedenheit sowie
- die Reduzierung von Schulversagen einschließlich der menschlichen und wirtschaftlichen Folgelasten.

Reformprioritäten und Überlegungen zu deren Realisierung

Die hier vorgelegten Empfehlungen zur Neugestaltung der Primarstufe sehen vier verschiedene Modelle mit steigendem Lehrerbedarf vor.

Die teuerste Variante, das Reformziel «optimale Ausstattung», ist in den neuen Bundesländern mit dem derzeit bereits zur Verfügung stehenden Personal in kürzester Zeit realisierbar und würde sich als «Standortvorteil» beim Anwerben neuer Investoren für diese Länder sicher positiv auswirken.

Für die alten Bundesländer gilt, daß auch die billigste Variante, unser «Anknüpfungsmodell», zusätzliches Personal erfordern würde. Allerdings ist es nicht allzuweit von der in den Grundschulen heute üblichen Personalausstattung entfernt. Dies ist an der Schüler-Lehrer-Relation ablesbar, die für dieses Modell 16,7 beträgt, verglichen mit einem Ist-Stand von 20,4 (1993/94). Nach dem Modell A

wären in den alten Bundesländern im Jahr 2000 mit einem Aufwand von zusätzlich ca. 30 000 Lehrer- und ca. 31 000 Erzieherstellen folgende Reformvorhaben sofort flächendeckend zu realisieren:
– die Ganze Halbtagsschule,
– die gemeinsame Klassenleitung von Lehrer/in und Erzieher/in,
– kooperativer Unterricht im Umfang von fünf Zeitstunden pro Woche sowie
– die verbesserte Berücksichtigung der Schulleiteraufgaben.
Unter Berücksichtigung von Aufwand und Ertrag erscheint uns dieses Modell als eine realistische Zukunftsperspektive für die Grundschule. Die von uns vertretene Zielperspektive der größeren Autonomie der Einzelschule macht es dabei erforderlich, den Schulen die Verwendung der zusätzlich erhaltenen Personalressourcen nicht bis ins Detail vorzugeben, sondern sie zu eigenen Schwerpunktsetzungen auf der Grundlage ihres Schulprogramms zu ermutigen.

Unser Reformziel «optimale Ausstattung» erfordert für das alte Bundesgebiet bis zum Jahr 2000 eine Vermehrung der Lehrerstellen auf etwa 185 Prozent und die Schaffung von 42 000 Erzieherstellen. Es erscheint damit in Westdeutschland derzeit relativ aussichtslos.

Unser Modell C: Reformziel «kleine Klasse», bedingt zwar weniger Stellen als Modell D, aber mehr Stellen als Modell B, unser Reformziel «Arbeitszeitgerechtigkeit». In Abwägung dieser Alternativen geben wir dennoch dem Reformziel «kleine Klasse» die Priorität: Bessere Lernbedingungen für Kinder sind im Konfliktfall besseren Arbeitsbedingungen für Pädagoginnen und Pädagogen vorzuziehen. Die Formel «kleine Klassen» wird die Öffentlichkeit eher bewegen, die notwendigen Mittel zur Verfügung zu stellen, als die Parole, daß die Pädagoginnen und Pädagogen Stundenentlastungen erhalten sollen. Überdies sind die Lernbedingungen der Kinder und die Arbeitsbedingungen der Pädagogen nicht unabhängig voneinander, weil von kleineren Klassen auch ein entspannteres Arbeitsklima für die Lehrenden erwartet werden darf.

Das Modell C mit einer Schüler-Lehrer-Relation von 13,9 und

einem Stellenmehrbedarf (gegenüber der Status-quo-Relation) von fast 67000 Lehrer- und etwa 37000 Erzieherstellen (für die alten Bundesländer im Jahr 2000) ist, wenn man genauer nachrechnet, keinesfalls außer jeder Reichweite. Bildungsreformen erfordern die Berücksichtigung längerer Zeitperspektiven. Sollten bis zum Jahr 2000 nur die Lehrerinnen und Lehrer eingestellt werden, die aufgrund der steigenden Schülerzahlen schon zum Erhalt des schlechen Status quo in der Schüler-Lehrer-Relation erforderlich sind, stünden im Jahr 2010 in der ganzen Republik nur etwa 10000 Personalstellen weniger zur Verfügung als die Stellen, die für Modell C und damit für eine flächendeckende Klassengröße von 20 Kindern in allen Grundschulklassen gebraucht würden!

Unter den von uns vorgeschlagenen Reformmaßnahmen, die in den vier Modellen jeweils in gebündelter Form erscheinen, sollte unseres Erachtens die *Ganze Halbtagsschule allererste Priorität* genießen. Die als pädagogische Einheit geführte verläßliche Ganze Halbtagsschule für alle Kinder entspricht sowohl den gesellschafts- und familienpolitischen Erfordernissen unserer Zeit als auch den pädagogischen Notwendigkeiten, wie wir in dieser Empfehlung ausführlich begründet haben. Alle Entscheidungsträger sind aufgefordert, zumindest dieses Reformvorhaben baldmöglichst zu verwirklichen, dabei aber auch die in diesen Empfehlungen artikulierte Mindestausstattung wirklich bereitzustellen.

In früheren Zeiten wurde die Bildung der Jugend stets als eine große staatliche Aufgabe verstanden, um die unter engagierter Beteiligung der verschiedenen gesellschaftlichen Kräfte öffentlich gerungen wurde. Dieser Rang wird ihr derzeit nicht zugestanden. Wenn Bildung jedoch vornehmlich unter finanziellen Gesichtspunkten diskutiert wird, gerät ihre Bedeutung für das Leben der einzelnen und die Zukunftschancen der Gesellschaft leicht aus dem Blick. In der Grundschule entscheidet sich aber, ob die Kinder ihr Lernen vertrauensvoll beginnen und zu einer soliden Grundlage für weitere Bildung ausbauen können oder frühzeitig Erfahrungen von Mißerfolg und Ausgrenzung machen. Vertrauen oder Mißtrauen gegenüber den Institutionen des Staates und der Gesellschaft im allgemeinen werden von diesen ersten Erfahrungen geprägt. Die Stärkung der Grundschule ist daher eine humane und gesellschaftspolitische Aufgabe von höchster Priorität und Voraussetzung für eine friedvolle Weiterentwicklung unseres Gemeinwesens. Die Zukunft beginnt in der Grundschule!

Der **Arbeitskreis Grundschule – Der Grundschulverband – e.V.** setzt sich für die Weiterentwicklung einer modernen Grundschule ein.

Er will bundesweit und in den einzelnen Ländern
– *bildungspolitisch* die Stellung der Grundschule als grundlegende Bildungseinrichtung verbessern,
– *schulpädagogisch* die Reform der Schulpraxis und der Lehrerbildung entsprechend den Erkenntnissen aus Wissenschaft und Praxis unterstützen und
– *wissenschaftlich* neue Erkenntnisse über die Bildungsmöglichkeiten und Ansprüche von Kindern fördern und verbreiten.

Der Grundschulverband (gegründet 1969) ist eine gemeinnützige und überparteiliche Basisinitiative von mehr als 15 000 Grundschulen, Lehrerinnen und Lehrern, Wissenschaftlerinnen und Wissenschaftlern sowie weiteren an der Grundschule interessierten Personen und Institutionen.

Neben der Veranstaltung bundesweiter Kongresse und Konferenzen, regionalen Grundschultagen, Aktionsbündnissen, Fachtagungen und anderem ist ein weiterer Arbeitsschwerpunkt die Herausgabe der Veröffentlichungsreihe *«Beiträge zur Reform der Grundschule»*, die allen Mitgliedern im Rahmen des Jahresbeitrages zugesandt wird.

Die Mitgliedschaft kann jede Einzelperson und Institution erwerben, die bereit ist, die satzungsmäßigen Ziele zu vertreten. Zur Zeit gelten folgende Jahresbeiträge: 66,00 DM für Lehrerinnen und Lehrer, 50,00 DM für Referendare, 33,00 DM für Studierende und 80,00 DM für Schulen, Institutionen und andere.

Ausführliche Informationen über Programm, Satzung und Veröffentlichungen erhalten Sie über die Geschäftsstelle:

Arbeitskreis Grundschule – Der Grundschulverband – e.V.
Schloßstraße 29, 60486 Frankfurt am Main
Postfach 90 01 48, 60441 Frankfurt am Main
Tel. 069 – 77 60 06, FAX 069 – 70 747 80

Beiträge zur Reform der Grundschule

Schriftenreihe des Arbeitskreises Grundschule – Der Grundschulverband – e.V.
Begründet von Erwin Schwartz, fortgeführt von Dieter Haarmann
Herausgeber: Rudolf Schmitt, Renate Valtin, im Auftrage des Vorstandes
des Arbeitskreises Grundschule – Der Grundschulverband – e.V.

Lieferbare Bände

Arbeitskreis Grundschule – Der Grundschulverband – e.V.
Postfach 90 01 48   60441 Frankfurt am M.

Ratgeber für den Umgang
mit Kindern im Alltag –
Entwicklung, Gesundheit,
Alternative Heilmethoden.

Gisela Brehmer
**Aus der Praxis einer
Kinderärztin** *Entwicklung –
Vollwert-Ernährung –
Erste Hilfe im akuten
Krankheitsfall – Alterna-
tive Heilmethoden*
(rororo sachbuch 8388)

Gela Brüggebors
Körperspiele für die Seele
*312mal Bewegung, Ent-
spannung, Energie, Anre-
gung zur Psychosomatik*
(rororo sachbuch 8526)

Peter J. Fischer
**Allergien bei Kindern und
Jugendlichen** *Vorbeugen,
erkennen, heilen*
(rororo sachbuch 60206)

Sabine Friedrich /
Volker Friebel
Entspannung für Kinder
*Übungen zur Konzentra-
tion und gegen Ängste*
(rororo sachbuch 9397)

Tilo Grüttner
Helfen bei Legasthenie
*Verstehen und üben.
Geschichten*
(rororo sachbuch 8326)

Bettina Hannsz
Kinder mögen Yoga *Entspannung für Körper und Seele*
(rororo sachbuch 9130)

Hans-Dieter Kempf /
Jürgen Fischer
Rückenschule für Kinder
*Haltungsschwächen
korrigieren, Haltungs-
schäden vorbeugen*
(rororo sachbuch 9338)

WALTER KÖSTER

Erfahrungen und Rezepte eines
praktischen Arztes

KRANKE KINDER
HOMÖOPATHISCH
HEILEN

MIT KINDERN / LEBEN

roro
roro

Walter Köster
**Kranke Kinder homöopathisch
heilen** *Erfahrungen und
Rezepte eines praktischen
Arztes*
(rororo sachbuch 60151)

Petra Lange
Hausmittel für Kinder *Natur-
gemäß vorbeugen und
heilen*
(rororo sachbuch 8384)

Manfred Link /
Emil Wieczorek
**Psychische Störungen bei
Kindern** *Verstehen und
helfen*
(rororo sachbuch 9537)

Christian Mohr
Neurodermitis-Kinder *Den
Alltag meistern*
(rororo sachbuch 9539)

R. Voß / R. Wirtz
**Keine Pillen für den
Zappelphilipp** *Alternativen im
Umgang mit unruhigen
Kindern*
(rororo sachbuch 8431)